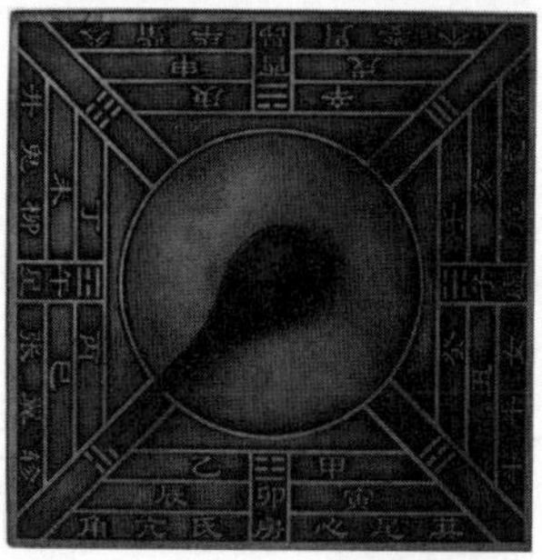

新编国学读本

（修订版）

主　编◎杨　芸　马　飚
主　审◎侯德富　王学礼
副主编◎杨琇玮
参　编◎刘细妹　吕素珍

北京师范大学出版集团
BEIJING NORMAL UNIVERSITY PUBLISHING GROUP
北京师范大学出版社

图书在版编目（CIP）数据

新编国学读本（修订版）/杨芸等主编. —北京：北京师范大学出版社，2016.8（2024.8重印）

ISBN 978-7-303-21235-4

Ⅰ.①新…　Ⅱ.①杨…　Ⅲ.①中华文化—高等职业教育—教材　Ⅳ.①K203

中国版本图书馆CIP数据核字（2016）第205415号

教材意见反馈：zhijiao@bnupg. com
营销中心电话：010-58802755　58800035
编 辑 部 电 话：010-58806368

出版发行：北京师范大学出版社 www. bnupg. com
北京市西城区新街口外大街 12-3 号
邮政编码：100088
印　　刷：天津中印联印务有限公司
经　　销：全国新华书店
开　　本：787 mm×1092 mm　1/16
印　　张：17.25
字　　数：328 千字
版　　次：2016 年 8 月第 1 版
印　　次：2024 年 8 月第 12 次印刷
定　　价：45.80 元

策划编辑：林　子　　责任编辑：林　子
美术编辑：高　霞　　装帧设计：楠竹文化
责任校对：陈　民　　责任印制：马　洁　赵　龙

光大国学　固本开新（代序）

20世纪初，就有人提出了国学的概念，至今已经有100多年了。作为独特的中国文化的代表，虽历经风雨，步履蹒跚，但它越走越坚实，越走越开阔。时至今日，国学已经成为中国人的文化基因和精神家园，因此，在新的历史条件下，研习、传承和弘扬国学，是我们每一个中国人责无旁贷的义务。

19世纪，中华民族历经鸦片战争、甲午战争的种种屈辱，遭遇了空前的民族危机，激发起国人强烈的民族救亡意识，梁启超、邓实、章太炎等国粹派人士，提出了"国学"的概念。这里的"国"，是本国之义；学，是学术之义。章太炎辛亥革命前谓国学可称"中国独有之学"，刘师培后来则称国学为"中国固有之学术"，东南大学国学院以国学为"中国原有之学术"。根据上述等人的说法，国学指中国固有的学术。这种看法，从晚清到民国初年，一直比较流行。

1925年清华国学院成立，吴宓在清华《研究院缘起》及后来的《清华开办研究院之旨趣和经过》中说："兹所谓国学，乃指中国学术文化之全体而言，而研究之道，尤注重准确精密之方法。"这个定义以学术形态的文化为主，故称"学术文化"，不包括民俗文化、器物文化等非学术内容。此外，吴宓还强调，学术文化的"全体"，并非仅是传统学术文化之一二种，如儒家或道家文化。这是流行最广的国学定义。

国学一词流行开来以后，在使用中有不同的意义。其中很重要的一个意义，是指国学研究的体系，即对中国传统学术文化的研究。中国传统学术体系的内容，包括哲学、文学、史学、宗教、语言、艺术、古典学等，最有代表性的是胡适之的说法："中国一切过去的文化历史，这是国故，研究这一切过去文化历史的学问，这是国故学，简称国学。"国学是研究过去历史文化的学问的用法，在20世纪20年代以后广泛流行。周作人谈到黄侃时，赞叹道："他的国学是数一数二的。"这个"国学"概念，不是指他的研究对象——传统学术文化，而是指他对国学体系的研究。顾颉刚认为，"国学就是用科学的方法去研究中国历史、研究中国历史材料"，这也就是说，国学是现代人研究过去及中国历史材料的一个系统。

国学还有一种扩大的用法，即以国学为传统文化的简称。国学为中国传统学术和以国学为传统文化这两种提法，外延是不同的。“中国传统学术”的外延，要大大小于“中国传统文化”。中国传统学术侧重于学术形态的文化，而中国传统文化几乎无所不包，观念的、物质的、制度的、器物的、日常风俗习惯等均囊括在内。

我国有5000多年的文明史，国学的内容非常丰富，涵盖了方方面面，但主要的部分是中国学术。要了解国学的内容，最简便的方法就是从先哲时贤的国学专著入手，了解其论述的内容范围。

20世纪两位国学大师的综论，即章太炎的《国学概论》和钱穆的同名之作，影响深远，至今仍然是国学入门的经典。章太炎是最早使用“国学”概念者之一，一生有过四次关于国学的演讲。第一次是1906—1909年，在东京开办国学讲习会，讲授内容包括诸子和音韵训诂，而以段玉裁的《说文解字注》为主。听讲者有鲁迅、周作人、钱玄同、沈兼士、马幼渔、朱希祖、许寿裳等后来的学界名流。第二次是1913—1916年，在北京被袁世凯软禁时，章太炎自己说是“以讲学自娱”“聊以解忧”，实则所讲内容都是有感而发，批评当时谋立之孔教会。听讲者大都是京城的大学教师和学生，北大的傅斯年、顾颉刚也前来听讲。第三次是1922年夏天，章太炎居上海时，应江苏省教育会邀请作国学演讲，前后十讲，听讲者有几百人。曹聚仁整理成《国学概论》一书。该书论述国学的内涵及研究方法，系统介绍经学、哲学、文学的变迁，对各个历史时期学术发展的特点、代表人物及著作均有精辟的评价，浅显通俗，是著名的国学入门书。第四次是1933年1月，在苏州成立的国学会演讲，前后20多次，一直持续到1936年6月病逝，后整理成书《国学讲演录》。综合《国学概论》和《国学讲演录》二书，章太炎讲论国学的内容，均是中国传统的学术，主要有五大内容：一、小学略说，二、经学略说，三、史学略说，四、诸子略说，五、文学略说。

另一国学大师钱穆的《国学概论》，1931年5月商务印书馆初版，分上、下两册。上册包括“孔子与六经”“先秦诸子”“嬴秦之焚书坑儒”“晚汉之新思潮”“南北朝隋唐之经学注疏及佛典翻译”等7章。下册包括“宋明理学”“清代考证学”及“最近期之学术思想”3章。全书按学术发展脉络加以阐述，向为学界所推崇。

此后国学综论的书籍，也出了不少，但有原创性、独创性的不多，基本是在前人的基础上有所增益，这可以詹杭伦《国学通论讲义》为代表。该书2007年出版，目分八编：一、基础编，阐释国学概念及语言文字学；二、经部编；三、史部编；四、子部编；五、集部编；六、宗教文化编；七、天文历法与社会习俗编；八、海外汉学编。不难看出，该书在经、史、子、集四部基础上，增加了宗教文化、天文历法与社会习俗和海外汉学编，眼界有所扩大。

综论是在经、史、子、集原典的基础上进行阐述的。可是，新中国成立后的读者，尤其是"80后""90后"的青年学子，很多没有受过古文阅读的训练，缺乏阅读国学原典的能力。有鉴于此，有识之士选编了以阅读原典为主的国学著作。具有开拓性价值的两本书特别引人注目。一本是裘仁、林骧华主编的《中国传统文化精华》，1995年出版。该书从浩如烟海的国学典籍中，爬梳钩沉，精选出具有代表性的国学著作95部（篇），每篇前有题解，后有译文，极大地方便了国学爱好者的阅读，有利于国学经典的普及与推广。

另一本是任继愈主编的《国学读本》，2013年出版。该书按文史哲分类，每类前有总论，然后按史的线索精选国学原典120余篇（段）。每篇前有作者简介，后有注释及评析。每类最后还收集了中外的相关评论。全书配有参考阅读书目和练习与思考题。既可研习，也可用于教学。该书普及与提高并重，专业性与通俗性结合，对提高广大读者的国学素养，增强对中国优秀传统文化的了解，大有裨益。

综上所述，国学著作主要包括综论和原典选读两种。国学内容涉及总论、群经、语言文字学、考古学、史学、地学、朱子学、文学、科学、政治、法律学、经济学、社会学、教育学、宗教学、音乐、艺术、目录学等学科。这些经典可谓浩如烟海，读不胜读。今天的青年读者研习国学，只需要大致了解国学的基本常识，阅读部分精选的原典即可；如需深造，可以从梁启超和胡适所开的国学书目中择其要者循序精进。

那么，对于当前中国，尤其当下青年一代来说，学习国学到底有何价值和意义呢？

一、延续民族文化基因，守护国人精神命脉

国学是中华民族历经数千年发展创造而形成的固有学术文化体系。中国文化源远流长，如果从夏朝算起，也有4000多年的历史。国学以经、史、子、集、儒、道、佛为主要内容，记载了中华民族在建设家园的奋斗过程中，开展的文化活动和取得的精神成果，集中反映了中华民族的理想信念，展现了中华民族的伟大追求，是中华民族生生不息、发展壮大的重要滋养。中华文化在人类发展史上独树一帜，为世界文明作出了巨大贡献。中国学术，是中华文明的核心，集中表现了中华民族的文化创造和价值理念，是中华民族的宝贵财富。我们必须认真总结，以延续民族文化的基因，并在新的历史条件下传承创新，要努力吸取国学的思想精华，大力弘扬以爱国主义为核心的民族精神和以与时俱进为特征的时代精神，尤其深入挖掘和阐发国学中讲仁爱、重民本、守诚信、崇正义、尚和合、求大同的儒家价值，涵养社会主义核心价值观。国学精华是中华民族的精神命脉，要从中吸取营养和智慧，延续民族的文化基因，萃取思想精华，展现中华民族的精神魅力。

欲灭一国，先灭其文；同样的道理，欲兴一国，先兴其文。中华民族的伟大复兴，首先要从复兴中华文化做起。国学是维护国家统一、民族团结的有力武器，研习传承国学，才能够延续民族文化的血脉，才能够守护国人的精神家园。

二、增强文化自信，提升国家软实力

研究学习国学，可以增强文化自信，提升国家软实力。以习近平为总书记的党中央提出了“四个自信”，即道路自信、理论自信、制度自信、文化自信，其中最根本的是文化自信。

当前，全球化浪潮汹涌澎湃，全球化处于现代文化的中心地位，对现当代社会有重要的影响力和辐射力，并且由经济领域扩展到文化领域，即经济全球化导致文化全球化。世界各国的文化走向世界，免不了相互碰撞与融合，在吸收对方优长的过程中，也在不断丰富完善本国民族文化，分享本国民族文化，增强认同感和自信力。因此，彰显民族文化的自信力，就必须提升本民族文化的总体实力。全球化背景下的文化竞争依然遵循着“丛林法则”，各民族文化必然是优胜劣败。从整个世界文化市场的份额来看，我国的文化输出，仍然处于逆差状态，文化竞争力不强，文化软实力较弱。有数据显示，当前美国占世界文化市场份额的43%，欧盟占34%，亚太地区占19%，其中日本占10%，韩国占5%，中国和其他亚太国家只占4%。再以图书为例，2012年，我国累计出口图书、报纸、期刊2061.77万册（份），币值7282.58万美元；而我国进口图书、报纸、期刊3138.07万册（份），币值3.01亿美元。由上述数字不难看出，我们的文化输出仍处于明显的劣势，文化软实力亟待大幅度提升。

党的二十大报告指出，传承中华优秀传统文化，不断提升国家文化软实力和中华文化影响力。文化软实力是一个国家以传统文化为根基，以民族特色为标志，并在不断创新发展中所形成的内在凝聚力和外在吸引力、影响力。习近平指出，提高国家文化软实力，关系到我国在世界文化格局中的定位，关系我国国际地位和国际影响力，关系到两个100年奋斗目标和中华民族伟大复兴的中国梦的实现。这高度表明国家高层领导的意志：从国际、国内两大视角将国家软实力提升到前所未有的高度予以重视。习近平主席反复强调，“提高国家文化软实力，要努力展示中华文化独特魅力”，“中华优秀传统文化是中华民族的突出优势，是我们最深厚的文化软实力”。由此可见，凝聚民族精神，源于国家软实力；而国家软实力的提升，又依托于中华传统文化。我们只有积极弘扬中华优秀传统文化，并将其打造成既有国际竞争优势，又有国内主导优势的强势文化，使其成为国家软实力的重要组成部分，才能凝聚民族共识，增强民族自信。

三、提高国民道德水平，获取破解难题启示

国学精华，包含了丰富的哲学思想、人文精神和治国理政的经验，蕴藏着我们解决难题的重要启示。当前，国内外面临着许多突出的问题，比如贫富悬殊持续扩大，追求物欲奢华无度，个人主义恶性膨胀，社会诚信不断消减，伦理道德每况愈下，人与自然的关系日趋紧张，违反和合文化的国际霸权持续发酵……有识之士认为，国学思想精华蕴藏着解决国内外难题的重要启示，可为世界的认知与国内外的认知和改造，提供有益的启迪。例如，国学精华中的“天人一体”的宇宙情怀，“天下一家”的人类感情，以及中和之道的协调智慧，可避免不同文明之间的冲突。习近平将和平、和睦、和谐定义为中华民族最深层的精神追求，其核心理念就是“礼之用，和为贵”，“己所不欲，勿施于人”，国学的这种包容精神和大同理想，是打造“人类命运共同体”的基础，也是破解“修昔底德陷阱”和“国强必霸”的有效武器。

总之，国学是中华民族传统文化的核心，我们可以从中吸取营养和智慧，进行创造性的转化和创新性的发展，进而实现中华民族伟大复兴的中国梦。光大国学，固本开新，这就是国学价值之所在和我们前进的方向。

马　飚

扫二维码获取
参考课程标准

目　录

扫二维码获取
参考样卷

第一专题

忠孝爱国

专题导读

忠孝与爱国是中华优秀传统文化的重要组成部分。

一、忠孝

从历史发展的角度考察，孝是较早产生的观念。在原始社会早中期，生产力落后，生存是第一要务，孝的观念是不存在的。很多部落为了减少劳动产品的消耗，将失去劳动力的老人或病残人士弃于寄死窟或丘子坟。直至原始社会末期，随着生产力的发展和劳动产品的丰富，孝才成为少部分人不自觉的行为，大体以养老为内容。西周时，配合宗族制度的建立，孝被正式提出，以尊祖敬宗和传宗接代为核心内容，主要通过祭祀和生育践行，有强烈的宗教色彩。春秋末战国初，儒家以复兴周礼为宗旨，发展和丰富了孝的内涵。

1. 孝的价值

《论语·学而》中，有子指出孝悌观念能够有效规范人们的行为，使下位者不犯上，不作乱；使上位者遵循仁道的法则治国。

2. 孝的层次

《孝经·开宗明义章》援引孔子话语指出孝的初、中、高级分别为事亲、事君、立身。由“中于事君”的主张可见，孔子有意识地将孝的含义扩展到事君，与“忠”相联系。

3. 孝以忠立

《大戴礼记·曾子大孝》中，曾子进一步将孝泛化。自此，“忠”“孝”并列，不仅成为个人“修身之要”，更是成为中国封建伦理纲常和社会道德的最高原则，被人们看作直接关系天下兴亡和社稷安危的重要因素。

《大戴礼记·曾子立孝》提倡以“忠”和“礼”立孝，即要以忠诚的态度和严格的礼节侍奉父母，并指出孝子最具备成为忠臣的条件。由孝子对父母行忠孝到具备忠臣潜质的逻辑可见，曾子主要把孝泛化的方向指向忠君。

4. 孝的具体要求

《论语·为政》中，孔子主张生、死、祭都要遵循周礼的原则。由这一主张可见，孔子将孝的含义从祭祀先祖扩展到生、死、祭三个方面。

《孝经·纪孝行章》中，孔子又将生、死、祭的礼具体表述为“孝子之事亲也，居则致其敬，养则致其乐，病则致其忧，丧则致其哀，祭则致其严”，指出孝的具体要求，为人们的孝行提供指导和规范。

《论语·为政》中，孔子进一步讨论了养和敬的关系，认为敬大于养，是孝的内在核心要求。

《孟子·离娄上》中，孟子对比曾子养志和曾元养口体，隐晦指出养志重于养口体。

5. 孝的超越性原则

《荀子·子道》主张“从道不从君，从义不从父”是人的大德，对于父母那些危及他们安全、荣誉和品行的指令，孝子不可盲目遵从。是否遵从父母的指令，应以道义为判断标准。可以说，遵循道义是避免愚忠愚孝的超越性原则。

《论语·里仁》指出，发现父母有过失，应当在“敬”的基础上委婉劝谏，与“从义不从父”相呼应。

6. 不孝之行

《孟子·离娄下》指出，懒惰、好口舌之欲、偏爱老婆儿女而不赡养父母，放纵享乐而损害父母名声，打架斗殴而危及双亲，都是不孝的行为。孟子的这些分析是从物质和精神两个方面来谈的，所以，人们在规避这些不孝之行的同时，也能更加明确孝的着眼点。

二、爱国

爱国主义随着国家的产生而产生，随着国家的发展而发展。早在《尚书》《左传》等典籍中，就有“以公灭私”“临患不忘国”等要求。很长时间以来，不食周粟的伯夷、叔齐一类的人物也是受人推重的典范。但也要看到，战国时期，华夏民族处于内部混战中，能人异士们的爱国情怀相对淡薄，他们毕生的愿望是实现个人价值。谁能让他们实现个人价值，他们就侍奉谁，哪怕背弃原生国度也毫无愧疚感。例如，魏国公孙衍，得秦重用就为秦尽忠职守，率军大败魏，夺取河西之地；被张仪排挤后，回魏任大将军，替代惠施任魏相，合纵魏、韩、赵、燕、楚攻秦；失败后，被魏襄王猜忌而去国，任韩相。直到大一统封建王朝建立，为了政权长期稳固，爱国观亦在统治者的倡导下愈益稳固，成为华夏儿女共同的价值追求。为弘扬爱国文化，本专题特从以下几个方面组织内容：

1. 家国同构

传统中国社会是以家族为本位、宗族血缘为纽带的宗法制社会，“家”与“国”，有着天然而紧密的联系。

《孟子·离娄上》“国之本在家”强调国的基础是家，家是国的组成单位，就是家国同构思想的反映。“家之本在人”则强调家的基础是人。从辩证的角度看，人是能动的，唯有人能动地认识到家国的关系，才能从爱家升华到爱国的境界，以至于“爱国如家”。

历史反复证明，当人们做到爱国如家的时候，国就会逐渐强盛；国强盛，家和人都能得到强有力的保障。历史也反复证明，当人们对国之兴亡无动于衷的时候，国就会走向衰落，家和人都难以得到保障。吴伟业《圆圆曲》，从明朝灭亡的背景看，大小官员不顾国力衰微，追逐私利，蛀空国之财政，以致朝廷无力养兵，哪怕崇祯皇帝亲自借款发军饷也不为所动，导致大顺军轻易攻破京城，任意烧杀掳掠，真是害国害家又害人！陈圆圆被卖梨园、被强掳、进宫、出宫、充田府家伎、得遇真爱、掳作他人妻的坎坷遭际，突出了国之衰亡与人之悲剧的关系。从当时狭隘的民族观评价吴三桂冲冠一怒为红颜，他即使拥得美人归，获得清王朝赐封爵位，最终避免不了异族猜忌，落得“全家白骨成灰土”的下场。

2. 爱国用心

李煜《破阵子·四十年来家园》抒发对故国深切思念之情，感人肺腑。但李煜在位期间，不用心治国，再深切的思念都于事无补。因此，上位者应用心治国，普通人也应努力爱护国家。国破家亡时，才后悔不用心爱国，悔之晚矣。

3. 爱国从戎

当国受到外敌入侵的时候，战场上的铁甲男儿是保家卫国的主力军。刘克庄《贺新郎·国脉微如缕》"快投笔，莫题柱"呼吁人们放弃高谈阔论，投身行伍，保家卫国。范晔《后汉书·班梁列传》中，班超愤于匈奴犯边，投笔从戎，躬身践行了保家卫国的理念。刘之呼吁与班之理念可谓遥相呼应。

4. 爱国忘私

曹植《白马篇》歌颂了苦习武艺、公而忘私、为国赴死的英雄形象。

5. 爱国尽忠

班固《汉书·李广苏建传》中，匈奴或以富贵诱惑，或以死胁迫，或以极度恶劣的生存条件折磨，都未能使苏武弃汉归降。苏武历时 19 年，践行"富贵不能淫，贫贱不能移，威武不能屈"的理念，表现了对大汉的忠贞。

脱脱《宋史·岳飞传》中，传主"尽忠报国"深入肤理，且践行不二，忠义之情感人肺腑。

全祖望《梅花岭记》赞颂了史可法为国效死的忠烈形象。

6. 爱国不在年老

爱国是一种不分时候、不分年龄的激烈情怀。历朝衰亡时，都有不少志士渴望保家卫国，即使年龄大了，仍不忘初心。陆游《金错刀行》和辛弃疾《鹧鸪天·壮岁旌旗拥万夫》都强烈地表现出这种激昂的情怀。

7. 爱国不计得失

爱国，要求人们不计个人得失，有得趋利、有失远避的人永远不可能成为爱国志士。林则徐在《赴戍登程口占示家人》中，委婉表达清廷不顾其禁烟功劳，反而将其谪贬边疆的不平之气，又强调为国谋利而不计得失生死，不逃避灾祸的情怀。

第一节　诸子论忠孝

有子论孝的价值

有子曰[1]："其为人也孝弟[2]，而好犯上者[3]，鲜矣[4]。不好犯上而好作乱者，未之有也[5]。君子务本[6]，本立而道生[7]。孝弟也者，其为仁之本与[8]？"（《论语·学而》[9]）

注释

[1] 有子：孔子的学生，姓有，名若，字子有，后人尊为"有子"。《论语》记载的孔子学生，一般称字，仅曾参和有若称"子"。

[2] 孝弟：孝顺父母，敬爱兄长。弟，通"悌"，敬爱兄长，弟弟对待兄长的正确态度。孝、悌是孔子和儒家特别提倡的两个基本道德规范。

[3] 犯上：犯，抵触，违反，冒犯。上，指在上位的人。

[4] 鲜（xiǎn）：稀少，罕见。

[5] 未之有也：此为"未有之也"的倒装句型。古代汉语的句法有一条规律，否定句的宾语若为代词，一般置于动词之前。

[6] 务本：务，从事，致力于。本，根本。

[7] 道：本意为道路，这里是引申义，指仁道，即仁人爱物、修身治国的法则。

[8] 为仁之本：仁是孔子哲学思想的最高范畴，又是伦理道德准则。为仁之本，即以孝悌作为仁的根本。与：同"欤"，语气助词，表示疑问。

[9]《论语》：是一部孔子弟子及再传弟子记录孔子言行的语录体著作，共二十篇。其内容广泛，涵盖了哲学、政治、教育、经济、文艺、道德等多个方面；语言精练含蓄，富有启发性、哲理性，堪称语录体散文典范。宋代朱熹把《论语》与《大学》《中庸》《孟子》合著《四书章句集注》，始称"四书"，奉为儒家基本经典。《论语》又被称为中国的《圣经》，在国外影响也极其深远。

思考与探讨

1. 分别谈谈孝悌观念对下位者和上位者的积极作用。

2. 结合“孝弟也者，其为仁之本与”，谈谈孝治与仁德的关系。

孔子论孝的层次

子曰：“夫孝，德之本也[1]，教之所由生也[2]。……身体发肤[3]，受之父母[4]，不敢毁伤[5]，孝之始也[6]。立身行道[7]，扬名于后世[8]，以显父母[9]，孝之终也[10]。夫孝，始于事亲[11]，中于事君[12]，终于立身[13]。”（《孝经·开宗明义章》[14]）

注释

[1] 本：根本。

[2] 教之所由生：教，指教化，古代统治者用以引导和感化民众，以维持社会秩序及其统治的方法。全句意为，由于孝可以使人们相互亲爱，所以说，教化是从孝道中间产生的。

[3] 身体发肤：指人的肉体及其一切附生之物。身，头颈胸腹。体，四肢。发，身体的毛发。肤，皮肤。

[4] 受之父母：指子女的肉体是父母给予的。受，接受。

[5] 不敢毁伤：指要爱惜身体，不要使其受到伤害和破坏。《论语·泰伯》中记载，曾参在临死前，要他的弟子掀开被衾，看看他的手足有无损伤，然后欣慰地说：“而今如后，吾知免夫!”即谓其终身未曾受过刑戮，可以以完整肉体归见父母之灵了。毁伤，破坏，亏损为毁，见血为伤。

[6] 孝之始也：指此为孝道最基本、最初的要求。始，开始，第一位的，首要的。

[7] 立身：树立自身于天地之间，指有崇高的道德修养，成就功名事业。立，树立，成就。

[8] 扬名：显明名声，为他人所称道赞誉。古人对生前死后的名声十分重视。《论语·卫灵公》载：“子曰：‘君子疾没世而名不称焉。’”

[9] 以显父母：显，光显，荣耀。用以荣耀父母的名声。子女被社会和后人称道，使父母也得到荣耀。《曾子·大孝》言：“父母既没，慎行其身，不遗父母恶名，可谓能

终也。”

[10] 孝之终也：终，最后，终结。指孝道最后的、终极的或最高要求。也有解释终为卒，即死而扬名后世。指在死后，能给后代留下美名，从而使父母在天之灵也感到荣耀。

[11] 始于事亲：始，开始，或指孝道的初级阶段。事，奉事，侍奉。事亲，即对父母行孝。

[12] 中于事君：中，即中间，指人的青壮年时，或指孝道的中级阶段。君，指君主。事君，即为仕、做官。本句意为，人成年为壮，要在侍奉君主时表现出自己崇高的德行。

[13] 终于立身：终，最后，老年时，或指孝道的终极阶段、最高要求。全句意为，孝的实行，从侍奉自己的父母开始；成年后任官侍奉君主，以忠诚体现出自己具有的孝道；最终在于扬名显亲，实现修身立世的宏伟志向。

[14]《孝经》：儒家经典之一。全书共十八章。作者各说不一，以孔门后学所作一说较为合理。《孝经》以“孝”为中心，通过孔子与其门人曾参谈话的形式，对孝的价值、意义、作用以及实行“孝”的要求和方法等问题进行了集中的阐述，是一部儒家孝伦理的系统化著作。《孝经》汉代列为七经之一，在唐代被尊为经书，南宋以后被列为“十三经”之一，全文不足两千字，是十三经中篇幅最短的一部。《孝经》在中国古代影响很大，历代王朝无不标榜“以孝治天下”，唐玄宗曾亲自为《孝经》作注。今《十三经注疏》本即系唐玄宗注、北宋邢昺疏。

思考与探讨

孔子将孝分为几个层次？各层次的主要任务是什么？

孝的泛化论

身者[1]，亲之遗体也[2]。行亲之遗体，敢不敬乎？故居处不庄[3]，非孝也；事君不忠，非孝也；莅官不敬[4]，非孝也；朋友不信，非孝也；战陈无勇[5]，非孝也。五者不遂，灾及乎身，敢不敬乎？（《大戴礼记·曾子大孝》）

注释

[1]身：身体。

[2]亲：父母。

[3]庄：庄重。

[4]莅官：面对工作。不敬：不端正，不认真。

[5]战陈：临阵作战。陈，通“阵”。

思考与探讨

1. 曾子将孝的内涵扩展到哪些方面？

2. 你认为曾子有关孝的泛化论科学吗？如果不科学，他为何如此倡导？

曾子论以忠、礼立孝

曾子曰：“君子立孝[1]，其忠之用[2]，礼之贵[3]。故为人子而不能孝其父者，不敢言人父不畜其子者[4]；为人弟而不能承其兄者[5]，不敢言人兄不能顺其弟者[6]；为人臣而不能事其君者，不敢言人君不能使其臣者也[7]。故与父言，言畜子；与子言，言孝父；与兄言，言顺弟；与弟言，言承兄；与君言，言使臣；与臣言，言事君。君子之孝也，忠爱以敬[8]；反是[9]，乱也[10]。尽力而有礼[11]，庄敬而安之[12]；微谏不倦[13]，听从而不怠[14]，欢欣忠信，咎故不生[15]，可谓孝矣。尽力无礼，则小人也；致敬而不忠，则不入也[16]。是故礼以将其力，敬以入其忠；饮食移味[17]，居处温愉，著心于此[18]，济其志也[19]。子曰：‘可人也，吾任其过；不可人也，吾辞其罪。’诗云：‘有子七人，莫慰母心。’子之辞也。‘夙兴夜寐，无忝尔所生。’言不自舍也。不耻其亲，君子之孝也。是故未有君，而忠臣可知者，孝子之谓也；未有长，而顺下可知者，弟弟之谓也；未有治，而能仕可知者，先修之谓也[20]。故曰：孝子善事君，弟弟善事长，君子一孝一弟，可谓知终矣。”（《大戴礼记·曾子立孝》）

注释

[1]立孝：立孝道。

[2] 忠：忠诚，诚恳的态度。

[3] 礼：礼节，引申为规矩、规范。

[4]不敢：不要。畜：通“蓄”，蓄养，引申为抚养后辈。

[5]承：顺承。

[6] 顺：爱护。

[7]使：使用。

[8]忠爱以敬：忠诚、挚爱，加上敬重。

[9]反是：违反这些规范。反，违反，违背。是，承前文所指。

[10]乱：反叛，犯上。

[11]尽力：竭尽全力。

[12]安之：使父母安宁。

[13]微谏：柔声和气而委婉地劝谏。倦：厌倦，令人厌恶而烦躁。

[14]听从而不怠：父母听从劝谏，子女仍不懈怠。

[15]咎故：灾害与祸事。

[16]不入：不是出于真心。入，内心、真心，真情实意。

[17]饮食移味：根据父母的口味改变饮食的味道。

[18]著心：用心。

[19]济其志：满足他们的愿望。

[20]修：修养，此处指有修养的人。

思考与探讨

1.《曾子立孝》主张孝的方式有哪些？有哪些注意事项？

2.根据《曾子立孝》全文，理解“忠”的内涵。

孔子论孝的无违之礼

樊迟御[1]，子告之曰：“孟孙问孝于我[2]，我对曰无违[3]。”樊迟曰：“何谓也?”子曰：“生，事之以礼，死，葬之以礼，祭之以礼。”（《论语·为政》）

注释

[1] 樊迟：孔子弟子，名须，字子迟。御：驾车。

[2] 孟孙：指孟懿子，鲁国的大夫，姓仲孙，名何忌，“懿”是谥号。其父为孟僖子，据《左传·昭公七年》记载，孟僖子临终前，嘱咐他向孔子学礼。

[3] 无违：不违背礼制。古籍中将违背礼制称为“违”。

子曰："孝子之事亲也，居则致其敬[1]，养则致其乐[2]，病则致其忧[3]，丧则致其哀[4]，祭则致其严[5]。五者备矣，然后能事亲。事亲者，居上不骄[6]，为下不乱[7]，在丑不争[8]。居上而骄则亡，为下而乱则刑，在丑而争则兵[9]。三者不除，虽日用三牲之养[10]，犹为不孝也[11]。"（《孝经·纪孝行章》）

注释

[1] 居则致其敬：孝子在居家的日常生活中，要以最大的敬意去侍奉父母。居，平常家居。致，极尽，尽量。

[2] 养则致其乐：要以最愉悦的心态和表情去奉养父母。养，奉养，赡养，指进饮食、衣着等。乐，高兴。

[3] 病则致其忧：在父母生病时要怀着忧伤焦虑之心去照料。忧，忧虑，担心。

[4] 丧则致其哀：当父母去世时要极尽悲哀痛心。丧，逝世，此处指父母去世，办理殓殡奠馔和拜诵哭泣等丧事的活动。哀，悲伤，痛心，追念父母的养育之恩，而备感伤心。

[5] 祭则致其严：在祭祀亡父亡母时，要极尽崇敬肃穆。祭，供奉神灵的活动或仪式，此处指在三年守丧期满后供奉逝世的父母祖先。严，崇敬，庄重，肃穆。

[6] 居上不骄：孝子即使身居国君之位，也不可骄傲自满，而要始终保持谦逊谨慎的态度。上，高位。居上，身居高位，主要指为诸侯国君。骄，骄傲自满。

[7] 为下不乱：孝子如作臣民无论遇到何种情况都要恭恭敬敬地侍奉上司，而不能反叛作乱。下，下位，在别人之下。为下，指为人臣下。乱，反叛，作乱，犯上。

[8] 在丑不争：当孝子处于低贱地位时，要特别注意与别人和睦相处而不要忿争。丑，古人解释为类、众，即卑贱。在丑，指处于低贱的地位，如奴仆隶役。争，忿争。

[9] 兵：兵器，在此指用兵器相杀戮。

[10] 日用三牲之养：指给父母每天吃食的供给极为丰富。日，每天。三牲，指猪、牛、羊。古人宴会或祭祀时用三牲，称为太牢，是最高等级的供奉。

[11] 犹为不孝：还是不孝顺。

思考与探讨

1. 孔子主张无违的是什么？

2. 孔子认为孝的根本要求是什么？其内在精神实质又是什么？

3. 孔子将孝礼分为几种情形？

4. 孔子认为孝的具体要求有哪些？

5. 居上而骄、为下而乱、在丑而争会招致什么后果？当你居于上位、下位或卑贱地位时，该如何尽孝？

孔子论敬甚于养

子游问孝[1]。子曰："今之孝者，是谓能养[2]。至于犬马，皆能有养。不敬，何以别乎？[3]"（《论语·为政》）

注释

［1］子游：孔子弟子。姓言，名偃，字子游。

［2］养：供养，侍奉。

［3］"至于犬马"四句：此句有歧解。其一认为，犬守家看户，马代人劳作，皆能有以养人。但犬马无知，不会对人产生敬意。人假如仅是供养父母而无敬心，与犬马有何区别？这是将人养父母跟犬马养人相比。其二认为，人对犬马，也供给饮食加以饲养，假如仅是供养父母而无敬心，与犬马有何区别？这是将人养父母跟人养犬马相比。

思考与探讨

1. 孔子认为敬与养哪个更重要？

2. 你认为怎么解释"至于犬马，皆能有养。不敬，何以别乎"妥当？为什么？

孟子论养志甚于养口体

孟子曰："事，孰为大？事亲为大；守，孰为大？守身为大。不失其身而能事其亲者，吾闻之矣；失其身而能事其亲者，吾未之闻也。孰不为事？事亲，事之本也；孰不为守？守身，守之本也。曾子养曾皙[1]，必有酒肉；将彻[2]，必请所与[3]；问有余[4]，必曰：'有。'曾皙死，曾元养曾子[5]，必有酒肉；将彻，不请所与；问有余，曰：‘亡矣。’将以复进也。此所谓养口体者也。若曾子，则可谓养志也。事亲若曾子者，可也。”（《孟子·离娄上》[6]）

注释

[1] 曾子：名参，字子舆，孔子弟子，后世尊奉为“宗圣”。曾晳：名点，曾参之父，也是孔子弟子。

[2] 彻：撤除，撤去。这里指撤下酒肉。

[3] 必请所与：一定请示（将剩余酒肉）给谁。

[4] 问有余：曾晳问是否还有多余的酒肉。

[5] 曾元：曾参的长子。

[6]《孟子》：儒家经典之一。战国时孟子及其弟子万章等著，一说是孟子弟子、再传弟子的记录，现存七篇。书中记载了孟子及其弟子的政治、教育、哲学、伦理等思想观点和政治活动，为研究孟子及其思孟学派的主要材料。孟子（约前372—前289），战国时思想家、政治家、教育家。名轲，字子舆。鲁国邹（今山东邹城东南）人。受业于子思的门人。历游齐、宋、滕、魏等国，一度任齐宣王客卿。因主张不见用，晚年与弟子万章等著书立说。把孔子“仁”的观念发展为“仁政”学说。提出“民贵君轻”说，认定暴君是“独夫”，人民可以推翻他。反对武力兼并，主张“法先王”“行仁政”。肯定人性本善，提出所谓“良知”“良能”说，但也重视环境和教育对人的影响。主张尽心知性知天，提出养心寡欲的思想，要求排除感官物累，“善养吾浩然之气”。把治学和认识归结为找回散失本心的心性修养问题，强调认识论和伦理学相统一的“天人合一”说。还指出“劳心者治人，劳力者治于人”的历史事实。其学说对后世儒者影响很大，被认为是孔子学说的继承者，有“亚圣”之称。

思考与探讨

1.“守身为大”的“身”是何意？孟子为何要强调守身？

2. 曾子养曾晳与曾元养曾子有何区别？哪种方式更符合孝的内在要求？为什么？

荀子论孝的超越性原则

入孝出弟，人之小行也[1]。上顺下笃[2]，人之中行也。从道不从君，从义不从父[3]，人之大行也。若夫志以礼安[4]，言以类使[5]，则儒道毕矣[6]，虽尧舜不能加毫末于是矣。孝子所以不从命有三：从命则亲危[7]，不从命则亲安，孝子不从命乃衷[8]；从命则亲辱，不从命则亲荣，孝子不从命乃义；从命则禽兽[9]，不从命则修饰[10]，孝子不从命乃敬。故可以从而不从，是不子也[11]；未可以从而从，是不衷也。明于从不从之义，而能致恭敬、忠信、端悫以慎行之[12]，则可谓大孝矣。《传》曰："从道不从君，从义不从父。"此之谓也。故劳苦雕萃而能无失其敬[13]，灾祸患难而能无失其义，则不幸不顺见恶而能无失其爱[14]，非仁人莫能行。（《荀子·子道》[15]）

注释

[1] 行：德行。

[2] 上顺下笃：对上顺从于君父，对下则笃爱于卑幼。

[3] 从道不从君，从义不从父：如果君父的意愿和命令与道义相违背，就服从道义，而不是顺从君父。

[4] 志以礼安：心意、思想依礼而动，违礼则心志不安。

[5] 言以类使：言语据义类而发，即言语本于义理和礼法。

[6] 毕：尽备，齐备。

[7] 亲：指父母亲。

[8] 衷：通"忠"。

[9] 禽兽：谓使父母陷于不齿于人的境地。

[10] 修饰：指品德修养。谓使父母不失为有品德修养之士。

[11] 不子：谓没有行儿子之所当行。

[12] 端悫（què）：端正诚笃。

[13] 雕萃：衰败憔悴。

[14] 则：即使。见恶（wù）：被憎恶。

[15]《荀子》：《荀子》是战国末年著名思想家荀况的著作，也是战国后期儒家学派最重要的著作。荀子（约前313—前238），名况，又称荀卿、孙卿，战国末叶赵国人，著名的思想家、文学家，也是先秦儒家思想的集大成者。早年曾游学于齐国，广泛接触各派学说，曾在齐国首都临淄（今山东淄博市）的稷下学宫任祭酒。晚年到楚国，春申君黄歇任他为兰陵（今山东兰陵县）令。失官后家居著书，死后葬于兰陵。李斯、韩非都是他的学生。荀子是一位儒学大师，他综合了战国道家、墨家、名家、法家诸家的成分，而对儒学做了创造性的发展。他尊王道，也称霸力；崇礼义，又讲法治；在"法先王"的同时，又主张"法后王"。孟子创"性善"论，强调养性；荀子主"性恶"论，强调后天的学习。这些都说明他与嫡传的儒学有所不同。他还提出了人定胜天，万物都循着自

然规律运行变化等朴素唯物主义观点，反对宿命论。《荀子》全书共十二卷三十二篇，是他和弟子们整理或记录其言行的文字，内容涉及哲学思想、政治主张、治学方法、处世之道、学术论辩等。《荀子》书中各篇大都通篇议论，论说严密，结构完整，标志着论说散文的成熟。荀子学识广博，论证中多引儒家经典文句，行文又汲取战国纵横家之长处，故行文句式整齐，辞采宏富，注重修辞的运用，常用排比句增强议论的气势，语言颇具韵律美和形象美，有很强的说服力和感染力。

思考与探讨

1. 荀子认为最大的德行是什么？

2. 怎样对父母尽到忠、义和敬？

3. 荀子认为什么是大孝？

孔子论几谏

子曰："事父母几谏[1]，见志不从，又敬不违[2]，劳而不怨[3]。"（《论语·里仁》）

注释

[1]事父母：对父母行孝。事，奉事，侍奉。几（jī）谏：委婉地劝谏。

[2]违：违抗、违背，不依从。

[3]劳：忧愁、烦劳。

思考与探讨

1.《弟子规》曰："亲有过，谏使更。怡吾色，柔吾声。谏不入，悦复谏。"与孔子的主张是否一致？当父母有过失时，我们该如何劝谏？

2. 结合现实谈谈子女劝谏父母的失误及其后果。

3. 谈谈子不言父之过与几谏的内涵及区别，哪种方式才是真孝？为什么？

孟子论不孝

公都子曰[1]："匡章[2]，通国皆称不孝焉，夫子与之游，又从而礼貌之，敢问何也？"孟子曰："世俗所谓不孝者五：惰其四支[3]，不顾父母之养，一不孝也；博弈好饮酒，不顾父母之养，二不孝也；好货财，私妻子，不顾父母之养，三不孝也。从耳目之欲[4]，以为父母戮[5]，四不孝也；好勇斗很[6]，以危父母，五不孝也。章子有一于是乎？夫章子，子父责善而不相遇也[7]。责善，朋友之道也；父子责善，贼恩之大者[8]。夫章子，岂不欲有夫妻子母之属哉！为得罪于父，不得近；出妻屏子[9]，终身不养焉。其设心，以为不若是，是则罪之大者。是则章子已矣！"（《孟子·离娄下》）

注释

[1] 公都子：孟子的学生。

[2] 匡章：又称匡子、章子，战国时期齐国将领，曾率军击败燕国、楚国，并于公元前 298 年率齐、魏等国联军攻破秦国函谷关，迫使秦国求和。

[3] 支：通"肢"。

[4] 从：通"纵"，放纵。

[5] 戮：羞辱。

[6] 很：通"狠"，凶狠。

[7] 责善：以善相责，劝勉从善。遇：合。

[8]贼恩：伤害感情。

[9]屏（bǐng）：赶出。

思考与探讨

1. 孟子指出世俗有哪些不孝表现？当今现实中有没有这些行为？你如何评价？

2. 由孟子"五不孝"反观自身，你有不当之处吗？你准备怎么改进？

3. 孟子"五不孝"可以归结为哪两个方面？对你有何启发？

第二节　爱国观念

孟子论国、家、个人的关系

孟子曰："人有恒言[1]，皆曰'天下国家[2]'。天下之本在国[3]，国之本在家，家之本在身[4]。"（《孟子·离娄上》）

注释

[1]恒言：俗话。

[2]天下："普天之下"的缩写，指政权所有效控制的疆域，也可代指国家。

[3]本：根本、基础。

[4]身：个人。

思考与探讨

孟子指出天下、国、家与个人的关系是怎样的？

扫二维码获取诵读音频

圆圆曲[1]

吴伟业

鼎湖当日弃人间[2]，破敌收京下玉关[3]。恸哭六军俱缟素[4]，冲冠一怒为红颜[5]。红颜流落非吾恋，逆贼天亡自荒宴[6]。电扫黄巾定黑山[7]，哭罢君亲再相见[8]。

相见初经田窦家[9]，侯门歌舞出如花。许将戚里空侯伎[10]，等取将军油璧车[11]。家本姑苏浣花里[12]，圆圆小字娇罗绮[13]。梦向夫差苑里游[14]，宫娥拥入君王起。前身合是采莲人，门前一片横塘水[15]。横塘双桨去如飞，何处豪家强载归[16]？此际岂知非薄命，此时只有泪沾衣。熏天意气连宫掖[17]，明眸皓齿无人惜[18]。夺归永巷闭良家[19]，教就新声倾座客。座客飞觞红日莫[20]，一曲哀弦向谁诉？白皙通侯最少年[21]，拣取花枝屡回顾。早携娇鸟出樊笼，待得银河几时渡[22]？恨杀军书抵死催[23]，苦留后约将人误。

相约恩深相见难，一朝蚁贼满长安[24]。可怜思妇楼头柳[25]，认作天边粉絮看[26]。遍索绿珠围内第[27]，强呼绛树出雕栏[28]。若非壮士全师胜，争得蛾眉匹马还。蛾眉马上传呼进，云鬟不整惊魂定。蜡炬迎来在战场[29]，啼妆满面残红印[30]。专征萧鼓向秦川[31]，金牛道上车千乘[32]。斜谷云深起画楼[33]，散关月落开妆镜[34]。传来消息满江乡，乌桕红经十度霜[35]。教曲伎师怜尚在，浣纱女伴忆同行。旧巢共是衔泥燕，飞上枝头变凤凰。长向尊前悲老大[36]，有人夫婿擅侯王[37]。当时只受声名累，贵戚名豪竞延致[38]。一斛珠连万斛愁，关山漂泊腰支细[39]。错怨狂风扬落花，无边春色来天地[40]。

尝闻倾国与倾城[41]，翻使周郎受重名[42]。妻子岂应关大计，英雄无奈是多情。全家白骨成灰土[43]，一代红妆照汗青[44]。君不见馆娃初起鸳鸯宿，越女如花看不足[45]。香径尘生鸟自啼[46]，屧廊人去苔空绿[47]。换羽移宫万里愁[48]，珠歌翠舞古梁州[49]。为君别唱吴宫曲，汉水东南日夜流[50]！

注释

[1] 此诗作于清顺治九年（1652）。据说诗成后，吴三桂馈以重金，请吴伟业删去此诗，遭到拒绝。圆圆：陈圆圆，本姓邢名沅，字畹芬，小字圆圆，明末苏州名妓，辽东总兵吴三桂纳之为妾。李自成起义军攻克北京，圆圆被俘。吴三桂出于私愤，乞降于清引兵入关，圆圆复为吴所得。后随吴三桂至云南。晚年出家为女道士。作者吴伟业（1609—1672），字骏公，号梅村，江苏太仓人。明清之际著名诗人，与钱谦益、龚鼎孳并称“江左三大家”。擅写七言歌行体叙事诗。以明清易代之际的史实为题材，反映社会变故，感慨朝代兴亡，具有“诗史”风格。艺术上，在学习白居易长篇歌行的基础上，自成特点：结构跌宕，多用典，讲声律，辞藻缤纷，后人称之为“梅村体”。《圆圆曲》为其代表作。

[2] 鼎湖：代指帝王死去。此指明思宗朱由检自缢于煤山（今景山）。

[3] 破敌：吴三桂引清兵击败李自成义军。玉关：甘肃玉门关，此借指山海关。

[4] 恸哭：因哀痛而大哭。恸，哀痛之至。六军：泛称朝廷军队。六军缟素：指吴

三桂军队为明思宗服丧。

［5］冲冠：即“怒发上冲冠”，语出《史记·蔺相如列传》。红颜：女子美艳的容颜，代指陈圆圆。

［6］逆贼：指李自成。天亡：为天所灭。荒宴：沉溺于酒色。

［7］电扫：扫荡如闪电。黄巾、黑山：均指李自成义军。黄巾，东汉灵帝时，张角的农民起义军头裹黄巾，称黄巾军。黑山，在今河南汤阴、鹤壁间，东汉末黑山人张燕领导的农民起义军，时称“黑山贼”。

［8］君亲：指崇祯帝和吴三桂父吴襄（或作骧）。李自成破京城，逼迫吴襄写信招降吴三桂。吴三桂引清兵入关，李自成遂杀吴襄。

［9］田窦家：田，指武安侯田蚡；窦，指魏其侯窦婴。二家均为西汉初外戚。这里指崇祯帝外戚田妃家的田宏遇。

［10］“许将”句：意谓田宏遇答应将圆圆送给吴三桂。戚里：帝王外戚聚居的地方，借指田宏遇家。空侯伎：弹箜篌的歌伎。空侯，即箜篌，古乐器名。

［11］油壁车：用油漆涂饰车壁的车子，为古代女子所乘。乐府《苏小小歌》：“我乘油壁车，郎骑青骢马。”

［12］姑苏：江苏苏州别称，因其地有姑苏山得名。浣花里：在今四川成都西北，唐代蜀中名妓薛涛曾在此居住。此为借用，暗指圆圆妓女身份。

［13］娇罗绮：形容圆圆长得比罗绮还娇艳可爱。罗绮，华丽的丝织品。江淹《别赋》：“珠与玉兮艳暮秋，罗与绮兮娇上春。”

［14］夫差苑：即馆娃宫，吴王夫差为西施所建。此句谓圆圆以西施自比，向往宫中生活。

［15］横塘：古堤名，在苏州市西南胥门外。

［16］“横塘”二句：写圆圆曾被豪强家（田宏遇）抢掠而去。

［17］“熏天”句：熏天意气，气焰冲天。连宫掖：势通宫掖。掖，即掖庭，宫中旁舍，妃嫔居所。

［18］“明眸”句：谓外戚将圆圆夺去献给崇祯帝，帝不纳。明眸皓齿，形容女子美貌。

［19］“夺归”句：写圆圆自宫中遣返，仍为家妓。永巷：宫中长巷，宫女居住的地方。良家，指田宏遇家。

［20］飞觞：举杯饮酒。莫：通“暮”。

［21］白皙：肤色白净。通侯：汉代列侯中最高的一等。这里指吴三桂。

［22］“待得”句：用牛郎、织女只能每年七夕渡银河相会的传说，谓吴三桂与陈圆圆匆匆离别，后会难期。

［23］军书抵死催：指朝廷下达军书催促吴三桂速归山海关驻地。

[24] 蚁贼：李自成义军，谓其人多如蚁。长安：代指明朝都城北京。

[25] 思妇楼头柳：典出王昌龄《闺怨》，指圆圆已被吴三桂纳为妾。

[26] 粉絮：白色的杨花（柳絮）。旧喻未从良的妓女。

[27] "遍索"句：谓义军在京城搜索美女。绿珠，西晋石崇爱妾，借指陈圆圆。内第，内宅。

[28] 绛树：汉末著名舞妓，此借指圆圆。

[29] "蜡炬"句：典出《拾遗记》。曹丕聘娶薛灵芸，未到京师数十里，烧烛之光相继不绝。又筑高台，列烛于下，远望如列星坠地。据《觚剩》载，吴三桂迎归圆圆，在营中结五彩楼，列旌旗，箫鼓三十里。

[30] 啼妆：东汉时，妇女以粉薄拭目下，有似啼痕，称为啼妆。见《后汉书·五行志》。残红印：形容泪痕斑斑，沾湿脂粉。

[31] "专征"句：谓吴三桂赴秦川进攻义军。专征，不待天子之命，得以自主征伐。顺治八年（1651），清廷册封吴三桂为平西王，特授金州金印。秦川，指陕西、甘肃秦岭以北关中平原地区。

[32] 金牛道：一名石牛通，旧称金牛峡，从陕西沔县入四川的古栈道。车千乘（shèng），兵车千辆。古代四匹马拉的兵车叫乘。

[33] 斜谷：山谷名，在陕西眉县西南。画楼：雕镂彩绘的华丽楼阁。

[34] 散关：即大散关，在陕西宝鸡市西南大散岭上，当秦岭咽喉，为川陕要道。

[35] "乌桕"句：承上句谓圆圆的消息传到苏州，已是她离开后十年的时间了。乌桕，落叶乔木，秋天经霜变红。十度霜，经霜十次，即十年。

[36] "长向"句：指圆圆旧时女伴自悲年华老去。尊，同"樽"，酒器名。老大，年纪老。

[37] "有人"句：谓吴三桂身居侯王的尊贵地位。擅，居。侯王，指高位。

[38] 延致：延请招致。

[39] "一斛"二句：写圆圆因身名之累，不断漂泊，以致腰肢瘦损。一斛（hú）珠，十斗珍珠，极言圆圆身价之高。万斛愁，极言愁深怨长。腰支，即腰肢。

[40] "错怨"二句：写圆圆埋怨自己的身世像飘扬的落花，但表面上看却好像"无边春色"。

[41] 倾国与倾城：形容女子极端美丽。《汉书·孝武李夫人传》："北方有佳人，绝世而独立。一顾倾人城，再顾倾人国。"

[42] "翻使"句：借周瑜事讥讽吴三桂引清兵入关，反而使其名声显著。周郎，指三国时周瑜，年轻时即为东吴名将，娶美女小乔为妻。

[43] "全家"句：李自成令吴襄劝降三桂未成，吴襄全家三十余为义军所杀，仅圆圆得脱。

[44] 照汗青：名垂史册。

[45] 越女：越地女子，指西施。

[46] 香径：即采香径，在苏州市西南香山。相传吴王常遣宫中美人来此采香。

[47] 屧（xiè）：鞋子的木底，后借指木屐。屧廊，又名响屧廊，吴宫廊名。《吴郡志》卷八："响屧廊在灵岩山寺。相传吴王令西施步屧，廊虚而响，故名。"

[48] 换羽移宫：变换乐调。羽、宫，古代五音中的两个音阶名。这里比喻人事变迁，朝代更迭。

[49] 珠歌翠舞：形容声色美妙的歌舞。古梁州：晋太康中治所在南郑。时吴三桂镇守汉中，故称。

[50]"为君"二句：暗喻吴三桂功名富贵必不能常保。吴宫曲，吴王夫差时的歌曲，代指本诗。汉水，亦称汉江。吴三桂开藩汉中，西临汉水。

思考与探讨

1. 陈圆圆遭遇哪些人生曲折？你认为用哪个成语可以概括她的人生？

2. 联系陈圆圆所在的时代，你认为陈圆圆的悲剧是个别现象还是普遍现象？由此，谈谈什么样的社会能给人们带来更大的幸福感？

3. 明清交替是满族政权替代汉族政权，按照当时狭隘的民族观，吴三桂引清兵入关能为他带来持久的好处吗？事实上，历史上叛国者的最终结果会好吗？

4. 李自成起义军未受过专业训练，缺乏强大战斗力，却能够轻易攻破京城。这与大小官员贪污国财，导致财政不足以养兵有直接关系。崇祯皇帝为了发军饷，曾经向大臣及皇亲国戚借钱，没有得到响应。大顺军入京后，这些大小官员及皇亲国戚不仅生命安全受到严重威胁，财富也被搜刮干净。由此，谈谈个人、家庭和国的关系。

破阵子·四十年来家国

李 煜[1]

四十年来家国，三千里地山河[1]。凤阁龙楼连霄汉，玉树琼枝作烟萝，几曾识干戈[2]。

一旦归为臣虏，沈腰潘鬓消磨[3]。最是仓皇辞庙日[4]，教坊犹奏别离歌[5]，垂泪对宫娥。

注释

[1] 李煜（937—978），字重光，史称南唐后主。继位前，南唐已奉宋正朔，他继承其父李璟的保国方针，厚贡强宋，以冀苟延国祚。最终还是亡国被俘，受封违命侯，三年后被毒杀。李煜多才艺，能书画，通音律，尤工词。其词前后迥别。王国维评曰："词至李后主而眼界始大，感慨遂深，遂变伶工之词而为士大夫之词。"（《人间词话》）

[1]"四十年来"二句：南唐开国到灭亡（937—975）共三十八年，称四十年是举成数。南唐国境包括现江苏、安徽、江西、福建一带，约三千里。

[2] 干戈：兵器的统称，又可引申为战争。

[3] 沈腰：南朝沈约说："老病百日数旬，革带常应移孔。""沈腰"遂成人消瘦的代称。潘鬓：晋潘岳《秋兴赋》称鬓发已斑，"潘鬓"遂成人衰老的代称。

[4] 庙：此指宗庙。

[5] 教坊：宫廷中掌管乐舞的机构。

思考与探讨

1. 李煜失国之后，情感发生了什么变化？

2. 联系身居帝位时的优游玩乐之作，谈谈李煜失国的责任。由此，你获得什么启发？

贺新郎·国脉微如缕

刘克庄[1]

国脉微如缕。问长缨何时入手[2]，缚将戎主[3]？未必人间无好汉，谁与宽些尺度？试看取当年韩五[4]。岂有谷城公付授，也不干曾遇骊山母[5]。谈笑起，两河路[6]。

少时棋柝曾联句[7]。叹而今登楼揽镜[8]，事机频误。闻说北风吹面急，边上冲梯屡舞[9]。君莫道投鞭虚语[10]，自古一贤能制难[11]，有金汤便可无张许[12]？快投笔[13]，莫题柱。

注释

[1]刘克庄（1187—1269），字潜夫，号后村居士，莆田（今福建莆田市）人。南宋著名辛（辛弃疾）派词人。

[2]长缨：长绳。

[3]戎主：敌人的首领。

[4]韩五：韩世忠，南宋著名抗金将领，因其排行第五，故称。

[5]“岂有”二句：谓韩世忠即使没有像张良那样得到谷城公（黄石公）传授《太公兵法》，也没有像李筌那样得到骊山老母传授《阴符经》，也同样能保家卫国，建功立业。

[6]两河路：指宋代行政区划河北东路和河北西路。北宋末年，韩世忠统帅部队在这一带屡次挫败金兵。

[7]棋柝（tuò）：化用韩愈与李正封联句“从军古云乐，谈笑青油幕。灯明夜观棋，月暗秋城柝”。联句：两人或几人各作一句或两句，组合成一首诗，称之为联句。

[8]登楼揽镜：上楼照镜。语出杜甫《江上》“勋业频看镜，行藏独倚楼”，暗指容颜憔悴衰老。

[9]冲梯：攻城用的冲车和云梯，此指边城受到了敌人的围攻。

[10]投鞭：典出《晋书》，苻坚进攻东晋时说：“以吾之众旅，投鞭于江，足断其流。”虚语：不可能实现的话。

[11]制难：解除危难。

[12]金汤：指坚固的防御工事，此指长江天险。张许：张巡和许远，唐安史之乱时死守睢阳的名将。

[13]投笔：取班超投笔从戎的典故。

思考与探讨

1. “问长缨何时入手，缚将戎主”表达作者什么愿望？

2. “快投笔，莫题柱”，铿锵有力，做了什么呼吁？

班超传[1]

班超，字仲升，扶风平陵人，徐令彪之少子也[2]。为人有大志，不修细节，然内孝谨，居家常执勤苦，不耻劳辱。有口辩，而涉猎书传。

永平五年[3]，兄固被召诣校书郎[4]，超与母随至洛阳[5]。家贫，常为官佣书以供养[6]，久劳苦。尝辍业投笔叹曰：“大丈夫无它志略，犹当效傅介子、张骞立功异域[7]，以取封侯，安能久事笔研间乎[8]？”左右皆笑之。超曰：“小子安知壮士志哉？”其后行诣相者，曰：“祭酒[9]，布衣诸生耳，而当封侯万里之外。”超问其状。相者指曰：“生燕颔虎颈[10]，飞而食肉，此万里侯相也。”久之，显宗问固[11]：“卿弟安在?”固对：“为官写书，受直以养老母[12]。”帝乃除超为兰台令史[13]。后坐事免官。

十六年[14]，奉车都尉窦固出击匈奴[15]，以超为假司马[16]，将兵别击伊吾[17]，战于蒲类海[18]，多斩首虏而还。固以为能，遣与从事郭恂俱使西域[19]。超到鄯善[20]，鄯善王广奉超礼敬甚备，后忽更疏懈。超谓其官属曰："宁觉广礼意薄乎？此必有北虏使来[21]，狐疑未知所从故也[22]。明者睹未萌，况已著邪?”乃召侍胡诈之曰[23]：“匈奴使来数日，今安在乎?”侍胡惶恐，具服其状[24]。超乃闭侍胡[25]，悉会其吏士三十六人，与共饮，酒酣，因激怒之曰：“卿曹与我俱在绝域[26]，欲立大功以求富贵。今虏使到裁数日[27]，而王广礼敬即废，如今鄯善收吾属送匈奴，骸骨长为豺狼食矣[28]。为之奈何!”官属皆曰：“今在危亡之地，死生从司马。”超曰：“不入虎穴，不得虎子。当今之计，独有因夜以火攻虏使[29]，彼不知我多少，必大震怖，可殄尽也[30]。灭此虏则鄯善破胆，功成事立矣。”众曰：“当与从事议之。”超怒曰：“吉凶决于今日。从事文俗吏[31]，闻此必恐而谋泄，死无所名，非壮士也。”众曰：“善。”

初夜，遂将吏士往奔虏营。会天大风，超令十人持鼓，藏虏舍后。约曰：“见火然[32]，皆当鸣鼓大呼。”余人悉持兵弩夹门而伏[33]，超乃顺风纵火，前后鼓噪。虏众惊乱，超手格杀三人，吏兵斩其使及从士三十余级，余众百许人悉烧死。明日，乃还告郭恂。恂大惊，既而色动，超知其意，举手曰：“掾虽不行[34]，班超何心独擅之乎[35]?”恂乃悦。超于是召鄯善王广，以虏使首示之，一国震怖。超晓告抚慰，遂纳子为质[36]。还奏于窦固，固大喜。具上超功效，并求更选使使西域。帝壮超节[37]，诏固曰：“吏如班超，何故不遣，而更选乎？今以超为军司马[38]，令遂前功[39]。”

超复受使，固欲益其兵[40]，超曰：“愿将本所从三十余人足矣，如有不虞[41]，多益为累。”是时于阗王广德新攻破莎车[42]，遂雄张南道[43]，而匈奴遣使监护其国。超既西，先至于阗，广德礼意甚疏，且其俗信巫[44]，巫言：“神怒，何故欲向汉？汉使有騧马[45]，急求取以祠我。”广德乃遣使就超请马。超密知其状，报许之，而令巫自来取马。有顷，巫至，超即斩其首，以送广德，因辞让之[46]。广德素闻超在鄯善诛灭虏使，大惶恐，即令攻杀匈奴使者而降超。超重赐其王以下，因镇抚焉。

时龟兹王建为匈奴所立[47]，倚恃虏威，据有北道，攻破疏勒[48]，杀其王，而立龟兹人兜题为疏勒王。明年春，超从间道至疏勒，去兜题所居槃橐城九十里[49]，逆遣吏田虑先往降之[50]。敕虑曰[51]："兜题本非疏勒种，国人必不用命，若不即降，便可执之。"虑既到，兜题见虑轻弱，殊无降意。虑因其无备，遂前劫缚兜题。左右出其不意，皆惊惧奔走。虑驰报超，超即赴之，悉召疏勒将吏，说以龟兹无道之状，因立其故王兄子忠为王，国人大悦。忠及官属皆请杀兜题，超不听，欲示以威信，释而遣之。疏勒由是与龟兹结怨。

十八年，帝崩。焉耆以中国大丧[52]，遂攻没都护陈睦[53]。超孤立无援，而龟兹、姑墨数发兵攻疏勒[54]。超守槃橐城，与忠为首尾，士吏单少，拒守岁余。肃宗初即位[55]，以陈睦新没，恐超单危，不能自立，下诏征超。超发还，疏勒举国忧恐，其都尉黎弇曰[56]："汉使弃我，我必复为龟兹所灭耳。诚不忍见汉使去。"因以刀自刭[57]。超还至于阗，王侯以下皆号泣曰："依汉使如父母，诚不可去。"互抱超马脚，不得行。超恐于阗终不听其东，又欲遂本志，乃更还疏勒。疏勒两城自超去后，复降龟兹，而与尉头连兵[58]。超捕斩反者，击破尉头，杀六百余人，疏勒复安。

建初三年[59]，超率疏勒、康居、于阗、拘弥兵一万人[60]，攻占墨石城，破之，斩首七百级。超欲因此叵平诸国[61]，乃上疏请兵曰："臣窃见先帝欲开西域[62]，故北击匈奴[63]，西使外国[64]，鄯善、于阗，即时向化。今拘弥、莎车、疏勒、月氏、乌孙、康居复愿归附[65]，欲共并力，破灭龟兹，平通汉道。若得龟兹，则西域未服者百分之一耳。臣伏自惟念[66]，卒伍小吏，实愿从谷吉效命绝域[67]，庶几张骞弃身旷野[68]。昔魏绛列国大夫[69]，尚能和辑诸戎，况臣奉大汉之威，而无铅刀一割之用乎[70]？前世议者皆曰取三十六国，号为断匈奴右臂[71]。今西域诸国，自日之所入[72]，莫不向化[73]，大小欣欣，贡奉不绝，唯焉耆、龟兹独未服从。臣前与官属三十六人奉使绝域，备遭艰厄，自孤守疏勒，于今五载，胡夷情数[74]，臣颇识之。问其城廓小大，皆言依汉与倚天等。以是效之[75]，则葱领可通[76]；葱领通，则龟兹可伐。今宜拜龟兹侍子白霸为其国王[77]，以步骑数百送之，与诸国连兵。岁月之间，龟兹可禽[78]。以夷狄攻夷狄[79]，计之善者也。臣见莎车、疏勒田地肥广，草牧饶衍[80]，不比敦煌、鄯善间也[81]。兵可不费中国，而粮食自足。且姑墨、温宿二王特为龟兹所置[82]，既非其种，更相厌苦，其势必有降反，若二国来降，则龟兹自破。愿下臣章，参考行事，诚有万分，死复何恨？臣超区区，特蒙神灵[83]，窃冀未便僵仆[84]，目见西域平定、陛下举万年之觞[85]，荐勋祖庙[86]，布大喜于天下。”

书奏，帝知其功可成，议欲给兵。平陵人徐干素与超同志[87]，上疏愿奋身佐超。五年，遂以干为假司马，将弛刑及义从千人就超[88]。先是莎车以为汉兵不出，遂降于龟兹，而疏勒都尉番辰亦复反叛[89]，会徐干适至，超遂与干击番辰，大破之，斩首千余级。多获生口。超既破番辰，欲进攻龟兹，以乌孙兵强，宜因其力[90]，乃上言：“乌孙大国，控弦十万[91]，故武帝妻以公主[92]，至孝宣皇帝卒得其用[93]。今可遣使招慰，与共合力。”帝纳之。八年，拜超为将兵长史[94]，假鼓吹幢麾[95]，以徐干为军司马，别遣卫侯李邑护送乌孙使者[96]，赐大小昆弥以下锦帛[97]。

李邑始到于阗，而值龟兹攻疏勒，恐惧不敢前，因上书陈西域之功不可成，又盛毁超拥爱妻[98]，抱爱子，安乐外国，无内顾心。超闻之叹曰：“身非曾参，而有三至之谗[99]，恐见疑于当时矣。”遂去其妻。帝知超忠，乃切责邑曰：“纵超拥爱妻，抱爱子，思归之士千余人，何能尽与超同心乎？”令邑诣超受节度[100]。诏超：若邑任在外者，便留与从事[101]。超即遣邑将乌孙侍子还京师。徐干谓超曰：“邑前亲毁君，欲败西域[102]。今何不缘诏书留之[103]，更遣它吏送侍子乎？”超曰：“是何言之陋也，以邑毁超，故今遣之，内省不疚，何恤人言[104]？快意留之，非忠臣也。”

明年，复遣假司马和恭等四人将兵八百诣超，超因发疏勒、于阗兵击莎车。莎车阴通使疏勒王忠，啖以重利[105]，忠遂反，从之西保乌即城。超乃更立其府丞成大为疏勒王[106]，悉发其不反者以攻忠，积半岁而康居遣精兵救之，超不能下。是时月氏新与康居婚，相亲，超乃使使多赍锦帛遗月氏王[107]，令晓示康居王。康居王乃罢兵，执忠以归其国，乌即城遂降于超。后三年，忠说康居王借兵，还据损中[108]，密与龟兹谋，遣使诈降于超，超内知其奸，而外伪许之。忠大喜，即从轻骑诣超。超密勒兵待之[109]，为供张设乐[110]。酒行，乃叱吏缚忠斩之，因击破其众，杀七百余人，南道于是遂通。

明年，超发于阗诸国兵二万五千人，复击莎车，而龟兹王遣左将军发温宿、姑墨、尉头合五万人救之。超召将校及于阗王议曰：“今兵少不敌，其计莫若各散去，于阗从是而东，长史亦于此西归，可须夜鼓声而发[111]。”阴缓所得生口[112]。龟兹王闻之，大喜，自以万骑于西界遮超[113]，温宿王将八千骑于东界徼于阗[114]。超知二虏已出，密召诸部勒兵，鸡鸣，驰赴莎车营，胡大惊乱奔走，追斩五千余级，大获其马畜财物，莎车遂降。龟兹等因各退散。自是威震西域。

注释

［1］《班超传》节选自《后汉书》卷四十七《班梁列传》。作者范晔（398—445），字蔚宗，南朝宋顺阳（今河南淅川县东南）人，少承家学，博学多才。所著《后汉书》体大思精，其中包括十纪、十志（未成）、八十列传，是继《汉书》后记载自东汉光武帝刘秀至献帝刘协近二百年史事的重要史书。其《列女传》《文苑列传》《逸民传》《党锢传》《宦者传》等，或填补旧史空阙，或反映一代风尚，足称良史。由于范晔生前未完成全书，后梁代刘昭为之作注时取司马彪《续汉书》之八志补入，成今本一百二十卷。

［2］扶风：汉郡名，辖区相当于今咸阳、兴平、扶风、乾县一带。平陵：扶风下属县名，故城在今陕西咸阳市东北。按：据《后汉书·班彪传》，超应为安陵（故城在今河南舞阳县北）人。徐令：徐县县令。徐县，当时属临淮郡，在今安徽泗县西北部。彪：即班彪，班固和班超的父亲，史学家。性“沈重好古”，汉光武帝时举茂才，拜徐令。后以病免，遂专心史籍。《汉书》是从他开始编写的。

［3］永平五年：公元 62 年。永平，东汉汉明帝年号。

［4］固：班固，字孟坚，博贯载籍，曾历时二十余年，著《汉书》一百二十卷（其中“八表”及《天文志》为班昭续作）。永元四年（92），因窦宪被控“图谋弑逆”案，牵连入狱，并死于狱中。诣（yì）：到。这里指赴任。校书郎：管理书籍的官。

［5］洛阳：东汉首都。

［6］为官佣书：受官府雇用抄写书籍。

［7］傅介子：汉义渠人，年幼好学。曾弃笔而叹曰：“大丈夫当立功绝域，何能坐事散儒!”遂从军。昭帝时奉命出使西域，因楼兰（即下文之“鄯善”）帮助匈奴反对汉朝，他“愿往刺之”，杀楼兰王而还，被封为义阳侯。张骞：西汉汉中人，曾应募出使月氏，经匈奴时被留居十余年，逃归后拜大中大夫，随大将军卫青击匈奴，封博望侯，是武帝时代首先打通西域的探险家。

［8］久事笔研：以舞文弄墨为生。研，同“砚”。

［9］祭酒：犹言先辈。古代酹酒祭神，每由坐中尊长率先举酒以祭，后遂称位尊或年长者为祭酒。

［10］燕颔虎颈：下巴颏像燕子，头颈像老虎一般肥硕粗健。这是相士的迷信说法。

［11］显宗：东汉明帝的庙号。汉代皇帝有在谥号外别具庙号者，如明帝全称是“显宗孝明皇帝”，其中“显宗”是庙号，“孝明皇帝”是谥号。

［12］直：同“值”，报酬。

[13] 除：任命。兰台：皇室藏珍秘图书的地方。令史：官名，掌报表文书事。据《续汉志》："兰台令史六人，秩百石，掌书劾奏及印主文书。"

[14] 十六年：永平十六年，即公元 73 年。

[15] 奉车都尉：官名，掌管皇帝御乘舆车，是皇帝的高级侍从。窦固：字孟孙，窦融之侄，汉光武帝之婿。好览书传，尤喜兵法，中元初封显亲侯，明帝时拜奉车都尉。窦固与班超是同乡，窦氏家族因班彪劝导而归附汉光武帝，故二人交好。

[16] 假司马：次于军司马的官职。汉制，大将军营凡五部，每部设校尉、军司马各一人，又有军假司马一人为副。

[17] 伊吾：西域地名，故址在今新疆哈密市一带，汉取此以通西域。

[18] 蒲类海：湖泊名。即今新疆巴里坤哈萨克自治县之巴里坤湖。

[19] 从事：幕僚一类的文职官员。

[20] 鄯善：西域国名，西汉初称楼兰，汉昭帝元凤四年（公元前 77 年）改称鄯善，故地在今新疆鄯善县、若羌县一带。

[21] 北虏：指匈奴。

[22] 狐疑：犹豫不决。

[23] 侍胡：服侍汉使的胡人。

[24] 具服其状：把实情都招供了。服，通"伏"，有"伏罪"之意。

[25] 闭：指关押。

[26] 卿曹：你们。曹，辈。绝域：离中原极远的地方。

[27] 裁：同"才"。

[28] 长：永远。

[29] 因：趁着。

[30] 殄（tiǎn）：灭绝。

[31] 文俗吏：平庸的文官。

[32] 然：同"燃"。

[33] 弩：用机关放射的弓。这里泛指弓箭。

[34] 掾（yuàn）：古代官府属员的通称，这里指从事。

[35] 独擅：此指独占（功劳）。

[36] 纳：派遣。质：人质。古代外国为表示臣服，每遣其子弟到汉朝来做人质抵押，表示不会背叛汉朝。

[37] 壮：称赞，嘉许。节：此指为人行事。

[38] 军司马：汉代大将军下属部将，率部卒三千。

[39] 遂：完成。前功：指通西域。

[40] 益：增加。

［41］不虞：不测，意料不到的情况。

［42］于阗（tián）：西域国名，即今新疆和田县。于阗国在鄯善国以西，当时较强大，有十三个小国服从它。其北是大沙漠，不易行走。莎车：西域国名，即今新疆莎车县。

［43］雄张：谓声威大振。南道：据《汉书・西域传》载：西域南北有大山，中央有河。出玉门关向西，由鄯善傍南山沿河西行至莎车为南道，由车师前王庭（大致位于今新疆吐鲁番市西）随北山傍河西行至疏勒则为北道。

［44］巫（wū）：为人祈祷求神的人。

［45］䯄（guā）马：黑嘴的黄马。

［46］让：责备。

［47］龟兹（qiū cí）：西域国名，故地在今新疆库车、沙雅两县间。

［48］疏勒：西域国名，故地即今新疆疏勒县。与莎车国相邻，居“丝绸之路”要冲。

［49］槃橐（tuó）城：即盘橐城，位于今新疆喀什市东南郊的吐曼河岸边，是西域三十六国之一的疏勒国宫城，公元 73 年成了班超经营西域的大本营，班超在此驻守 17 年，荡平匈奴势力，恢复了中央政权对西域的统治，并重新开通了丝绸之路。

［50］逆：预先。

［51］敕（chì）：命令。

［52］焉耆（qí）：西域国名，位于龟兹以东，故地在大裕勒都斯河中央，即今新疆焉耆回族自治县。

［53］都护：汉朝驻西域负责监督保护西域国家和东西交通的最高行政和军事长官。始置于西汉宣帝朝，并护南北道使者，故称。按：陈睦为都护时，郭恂为副校尉，睦驻地被攻陷，战死；恂亦被杀。

［54］姑墨：西域国名，故地即今新疆拜城县。数（shuò）：屡次。

［55］肃宗：东汉章帝刘炟的庙号。

［56］都尉：西域官名，其职次于将军。

［57］自刭（jǐng）：割颈自杀。

［58］尉头：西域国名，故地在今新疆乌什县西。

［59］建初：汉章帝刘炟年号（76—83）。

［60］康居：古国名，故地相当于今新疆北部一带及中亚地区，不属汉都护所辖范围。拘弥：一称“扜弥”，西域国名，故地在今新疆于阗县克勒底雅以东地区。

［61］叵（pǒ）：遂；就。

［62］先帝：指汉明帝刘庄，在位十九年（57—75）。

［63］北击匈奴：指窦固击匈奴事。

［64］西使外国：即遣超与郭恂出使西域。

［65］月氏（yuè zhī）：古代西北民族名，也作“月支”。其族先居今甘肃敦煌市与青海祁连县间。汉文帝前元三至四年时，遭匈奴攻击，西迁至塞种故地（今新疆伊犁河上游一带），称大月氏。余部迁入祁连山区，称小月氏。乌孙：西域国名，故地相当今新疆阿克苏县以北伊宁市以南一带。

［66］伏：俯伏。自谦之辞。惟念：思量。

［67］谷吉：西汉谷永之父，长安人。元帝时为卫司马，曾奉命出使西域，为匈奴郅支单于所杀。

［68］庶几：近似；差不多。表希望。

［69］魏绛：春秋时晋国大夫。据《左传》载，晋悼公时，山戎曾使孟乐至晋，因绛纳虎豹之皮请和诸戎，悼公遂使绛与诸戎结盟，从而使晋国免遭戎族国家的侵犯骚扰。

［70］铅刀一割：铅制之刀，利不如宝剑，一割即失其锋。这里是班超自喻才力微薄的自谦之辞。

［71］取：联合。三十六国：指西域诸国，均位于匈奴之西，乌孙之南，后逐渐分裂为五十五国，乃至百余国。按：匈奴在中国北方，坐北朝南向，西域处其右，它经常胁迫、利用西域，视为己之右臂。

［72］日之所入：谓日落之处的国家，极言其西、其远。《后汉书·西域传》：“自条支国乘水西行，可百余日，近日所入。”

［73］向化：倾向归化汉朝。

［74］情数：犹情况。

［75］效：检验。

［76］葱领：天山、昆仑之发源处，在今新疆西南部。据《西河旧事》：“葱领山，其上多葱，因以为名。”领，同“岭”。

［77］侍子：为表示臣服而派往汉朝做人质的外国王子。

［78］禽：同“擒”。

［79］夷：古代东部少数民族；狄：亦作“翟”，北方少数民族。夷狄，对边地民族的通称。

［80］草牧饶衍：水草丰茂，牧业兴旺。衍，繁衍。

［81］敦煌：郡名，汉置。今属甘肃。

［82］温宿：西域国名，故地在今新疆阿克苏县。特：只是，不过是。

［83］特蒙神灵：恭维语，意谓只不过托天子的洪福罢了。

［84］未便：还不至于。僵仆：死亡。

［85］举万年之觞：意谓举杯祝贺天下长治久安。觞，酒杯。

［86］荐勋：进献功劳。

[87] 平陵：古县名，在今陕西咸阳市西北。西汉五陵之一，汉昭帝刘弗陵筑陵置县，死后即葬于此地。徐干：字伯张，擅书法，与班超相善。

[88] 弛刑：减刑的罪犯。义从：自愿从军者。

[89] 番（pān）辰：疏勒都尉名。

[90] 宜：理应。因：借助。

[91] 控弦：引弓待发，这里指强健的兵卒。

[92] 公主：名细君，汉景帝孙，江都王刘建之女。武帝以为公主，远嫁乌孙，赠送甚盛，乌孙以为右夫人。

[93] 孝宣皇帝：即汉宣帝刘询，武帝曾孙，在位二十六年（前74—前49）。卒：终于。用：功效。汉宣帝本始三年（前71），汉朝曾连兵乌孙大败匈奴。

[94] 将兵长（zhǎng）史：汉代特置的驻防边郡的统兵长官。

[95] 鼓吹：军乐。《古今乐录》："横吹，胡乐也。张骞入西域，传其法于长安，唯得《摩诃兜勒》一曲，李延年因之更造新声二十八解，乘舆以为武乐，后汉以给边将，万人将军得之。"幢（chuáng）麾：旗帜一类仪仗，其上饰以鸟羽。按：这都是大将所有之仪式，超非统兵万人的大将，故言"假"，即特准借用之意。

[96] 卫侯：官名，禁卫军中级军职。

[97] 昆弥：乌孙称王曰昆弥。老昆弥死，其子孙争王位，汉宣帝时遂令立大小两昆弥，各赐印绶。

[98] 盛毁：竭力诋毁。

[99] 曾参：孔子弟子，字子舆，事亲孝，有德行。三至之谗：据《战国策·秦策》载：有与曾参同姓名者在外杀人，人告参母，其母不信，织布自若。不一会儿，又一人来告其母，参母仍织如故。一会儿，又有第三者来告曾参杀人，参母终于误信传闻，吓得借机翻墙逃走了。

[100] 受节度：接受（班超）指挥。

[101]"若邑"二句：谓若李邑在外面倘能任职，便留他在那里共事（否则即遣送回国）。

[102] 欲败西域：要破坏打通西域的谋划。

[103] 缘：依据。

[104] 内省（xǐng）：自我检查。疚：病。恤：顾虑，忧患。语本《论语·颜渊》："内省不疚，夫何忧何惧？"

[105] 啖（dàn）：此指引诱。

[106] 府丞：西域各国王室之行政官长。

[107] 赍（jī）：携带。遗（wèi）：赠送。

[108] 损中：或作"顿中""桢中"。《后汉书·西域传》载：灵帝建宁三年（170），凉州刺史孟佗曾发兵三万人，"攻桢中城"。

[109] 勒兵：布置军队。勒，拉紧缰绳令马前行。

[110] 供张：陈设营帐。张，通“帐”。

[111] 须：等到。

[112] 阴缓：暗中放松。

[113] 遮：阻击，拦击。

[114] 徼（yāo）：半路上截击。

思考与探讨

1. 投笔从戎反映传主什么志向？

2. 班超经营西域有哪些忠诚的表现？

白马篇[1]

曹　植

白马饰金羁[2]，连翩西北驰[3]。借问谁家子？幽并游侠儿[4]。
少小去乡邑[5]，扬声沙漠垂[6]。宿昔秉良弓[7]，楛矢何参差[8]！
控弦破左的[9]，右发摧月支[10]。仰手接飞猱[11]，俯身散马蹄[12]。
狡捷过猴猿[13]，勇剽若豹螭[14]。边城多警急，虏骑数迁移[15]。
羽檄从北来[16]，厉马登高堤[17]。长驱蹈匈奴[18]，左顾凌鲜卑[19]。
弃身锋刃端[20]，性命安可怀[21]？父母且不顾，何言子与妻？
名编壮士籍，不得中顾私[22]。捐躯赴国难[23]，视死忽如归。

注释

[1]白马篇：又名“游侠篇”，是曹植创作的乐府新题，属《杂曲歌·齐瑟行》，以开头二字名篇。曹植（192—232），字子建，曹操第三子。“生于乱，长于军”，天资聪颖，曾一度为太子人选，因其“任性而行，不自雕励”，终致失宠。曹丕即位后，一再贬爵徙封，终郁郁而卒。曹植为建安时期最有成就的诗人，尤其推动了五言诗的发展和繁荣。

[2]金羁（jī）：金饰的马笼头。

[3]连翩（piān）：连续不断，原指鸟飞的样子，这里用来形容白马奔驰的俊逸形象。

[4]幽并：幽州和并州，在今河北、山西、陕西一带。

[5]去乡邑：离开家乡。

[6]扬声：扬名。垂：同“陲”，边境。

[7]宿昔：早晚。秉：执、持。

[8]楛（hù）矢：用楛木做成的箭。何：多么。参差（cēn cī）：长短不齐的样子。

[9]控弦：开弓。的：箭靶。

[10]摧：毁坏。月支：箭靶的名称。左、右是互文见义。

[11]接：接射。飞猱（náo）：飞奔的猿猴。猱，猿的一种，行动轻捷，攀缘树木，上下如飞。

[12]散：射碎。马蹄：箭靶的名称。

[13]狡捷：灵活敏捷。

[14]勇剽（piāo）：勇敢剽悍。螭（chī）：传说中形状如龙的黄色猛兽。

[15]虏骑（jì）：指匈奴、鲜卑的骑兵。数（shuò）迁移：指经常进兵人侵。数，经常。

[16]羽檄（xí）：军事文书，插鸟羽以示紧急，必须迅速传递。

[17]厉马：扬鞭策马。

[18]长驱：向前奔驰不止。蹈：践踏。

[19]顾：看。凌：压制。鲜卑：中国东北方的少数民族，东汉末成为北方强族。

[20]弃身：舍身。

[21]怀：爱惜。

[22]中顾私：心里想着个人的私事。中，内心。

[23]捐躯：献身。赴：奔赴。

思考与探讨

1. 幽并游侠为什么能够扬名沙漠？
2. “名编壮士籍，不得中顾私”反映了军人的哪些品质？
3. 联系学习此诗的体会，说说当个人利益与国家利益不能兼顾的时候，你如何取舍？

苏武传[1]

武，字子卿[2]。少以父任，兄弟并为郎[3]。稍迁至栘中厩监[4]。时汉连伐胡，数通使相窥观[5]。匈奴留汉使郭吉、路充国等，前后十余辈[6]。匈奴使来，汉亦留之以相当[7]。天汉元年[8]，且鞮侯单于初立[9]，恐汉袭之，乃曰[10]：“汉天子我丈人行也[11]。”尽归汉使路充国等。武帝嘉其义[12]，乃遣武以中郎将使持节送匈奴使留在汉者[13]，因厚赂单于[14]，答其善意[15]。武与副中郎将张胜及假吏常惠等募士斥候百余人俱[16]。既至匈奴，置币遗单于[17]。单于益骄[18]，非汉所望也[19]。

方欲发使送武等[20]，会缑王与长水虞常等谋反匈奴中[21]。缑王者，昆邪王姊子也[22]，与昆邪王俱降汉，后随浞野侯没胡中[23]。及卫律所将降者[24]，阴相与谋劫单于母阏氏归汉[25]。会武等至匈奴，虞常在汉时素与副张胜相知[26]，私候胜曰[27]：“闻汉天子甚怨卫律，常能为汉伏弩射杀之[28]。吾母与弟在汉，幸蒙其赏赐[29]。”张胜许之，以货物与常[30]。后月余，单于出猎，独阏氏子弟在[31]。虞常等七十余人欲发[32]，其一人夜亡[33]，告之[34]。单于子弟发兵与战。缑王等皆死，虞常生得[35]。

单于使卫律治其事[36]。张胜闻之，恐前语发[37]，以状语武[38]。武曰：“事如此，此必及我[39]。见犯乃死，重负国[40]。”欲自杀，胜、惠共止之。虞常果引张胜[41]。单于怒，召诸贵人议[42]，欲杀汉使者。左伊秩訾曰[43]：“即谋单于，何以复加[44]？宜皆降之[45]。”单于使卫律召武受辞[46]，武谓惠等：“屈节辱命[47]，虽生[48]，何面目以归汉！”引佩刀自刺。卫律惊，自抱持武，驰召医[49]。凿地为坎[50]，置煴火[51]，覆武其上[52]，蹈其背以出血[53]。武气绝半日，复息[54]。惠等哭，舆归营[55]。单于壮其节[56]，朝夕遣人候问武[57]，而收系张胜[58]。

武益愈[59]，单于使使晓武[60]。会论虞常[61]，欲因此时降武[62]。剑斩虞常已[63]，律曰：“汉使张胜谋杀单于近臣[64]，当死[65]，单于募降者赦罪[66]。”举剑欲击之，胜请降。律谓武曰：“副有罪，当相坐[67]。”武曰：“本无谋[68]，又非亲属，何谓相坐[69]？”复举剑拟之[70]，武不动。律曰：“苏君，律前负汉归匈奴，幸蒙大恩[71]，赐号称王[72]，拥众数万，马畜弥山[73]，富贵如此。苏君今日降，明日复然[74]。空以身膏草野[75]，谁复知之！”武不应。律曰：“君因我降[76]，与君为兄弟，今不听吾计，后虽欲复见我，尚可得乎？”武骂律曰：“女为人臣子[77]，不顾恩义，畔主背亲[78]，为降虏于蛮夷[79]，何以女为见[80]？且单于信女，使决人死生，不平心持正，反欲斗两主，观祸败[81]。南越杀汉使者，屠为九郡；宛王杀汉使者，头县北阙；朝鲜杀汉使者，即时诛灭。独匈奴未耳。若知我不降明[82]，欲令两国相攻，匈奴之祸[83]，从我始矣。”

律知武终不可胁[84]，白单于[85]。单于愈益欲降之[86]，乃幽武置大窖中[87]，绝不饮食[88]。天雨雪[89]，武卧啮雪与旃毛并咽之[90]，数日不死。匈奴以为神，乃徙武北海上无人处[91]，使牧羝[92]，羝乳乃得归[93]。别其官属常惠等各置他所[94]。

武既至海上，廪食不至[95]，掘野鼠去草实而食之[96]。杖汉节牧羊[97]，卧起操持，节旄尽落[98]。积五六年，单于弟於靬王弋射海上[99]。武能网[100]纺缴[101]，檠弓弩[102]，於靬王爱之，给其衣食[103]。三岁余，王病，赐武马畜、服匿、穹庐[104]。王死后，人众徙去。其冬，丁令盗武牛羊[105]，武复穷厄[106]。

初，武与李陵俱为侍中[107]，武使匈奴，明年[108]，陵降，不敢求武[109]。久之[110]，单于使陵至海上，为武置酒设乐[111]，因谓武曰："单于闻陵与子卿素厚[112]，故使陵来说足下，虚心欲相待[113]。终不得归汉，空自苦亡人之地[114]，信义安所见乎[115]？前长君为奉车[116]，从至雍棫阳宫[117]，扶辇下除[118]，触柱折辕[119]，劾大不敬[120]，伏剑自刎[121]，赐钱二百万以葬。孺卿从祠河东后土[122]，宦骑与黄门驸马争船[123]，推堕驸马河中溺死，宦骑亡，诏使孺卿逐捕不得[124]，惶恐饮药而死[125]。来时，太夫人已不幸[126]，陵送葬至阳陵[127]。子卿妇年少，闻已更嫁[128]矣。独有女弟二人[129]，两女一男[130]，今复十余年，存亡不可知。人生如朝露，何久自苦如此[131]！陵始降时，忽忽如狂，自痛负汉[132]，加以老母系保宫[133]，子卿不欲降，何以过陵[134]？且陛下春秋高[135]，法令亡常[136]，大臣亡罪夷灭者数十家[137]，安危不可知，子卿尚复谁为乎[138]？愿听陵计，勿复有云[139]。"武曰："武父子亡功德[140]，皆为陛下所成就[141]，位列将[142]，爵通侯[143]，兄弟亲近[144]，常愿肝脑涂地[145]。今得杀身自效，虽蒙斧钺汤镬[146]，诚甘乐之[147]。臣事君，犹子事父也。子为父死亡所恨。愿勿复再言。"陵与武饮数日，复曰："子卿壹听陵言[148]。"武曰："自分已死久矣[149]！王必欲降武，请毕今日之欢，效死于前[150]！"陵见其至诚，喟然叹曰："嗟乎，义士！陵与卫律之罪上通于天[151]。"因泣下沾衿[152]，与武决去[153]。

陵恶自赐武，使其妻赐武牛羊数十头。后陵复至北海上，语武："区脱捕得云中生口，言太守以下吏民皆白服，曰上崩。"武闻之，南向号哭，欧血，旦夕临数月。

昭帝即位数年[154]，匈奴与汉和亲。汉求武等，匈奴诡言武死[155]。后汉使复至匈奴，常惠请其守者与俱[156]，得夜见汉使。具自陈过[157]。教使者谓单于，言天子射上林中[158]，得雁，足有系帛书，言武等在荒泽中。使者大喜，如惠语以让单于[159]。单于视左右而惊，谢汉使曰[160]："武等实在。"于是李陵置酒贺武曰："今足下还归，扬名于匈奴，功显于汉室，虽古竹帛所载，丹青所画，何以过子卿！陵虽驽怯，令汉且贳陵罪，全其老母，使得奋大辱之积志，庶几乎曹柯之盟，此陵宿昔之所不忘也。收族陵家，为世大戮，陵尚复何顾乎？已矣！令子卿知吾心耳。异域之人，壹别长绝！陵起舞，歌曰："径万里兮度沙幕，为君将兮奋匈奴。路穷绝兮矢刃摧，士众灭兮名已聩。老母已死，虽欲报恩将安归！"陵泣下数行，因与武决。单于召会武官属，前以降及物故[161]，凡随武还者九人[162]。

武以始元六年春至京师[163]。……武留匈奴凡十九岁，始以强壮出，及还，须发尽白。

注释

[1]《苏武传》选自《汉书·李广苏建传》。作者班固（32—92），字孟坚，东汉扶风安陵（今陕西咸阳）人，东汉著名的史学家、文学家。其父班彪曾作《史记后传》，未竟即逝。班固继承父志，在此基础上撰写《汉书》，"潜精积思二十余年"，终于完成。《汉书》是我国第一部纪传体断代史，体例模仿《史记》，略有变更。全书有纪十二篇，表八篇，志十篇，传七十篇，共一百篇，记载了从汉高祖刘邦元年（前 206）到王莽地皇四年（23）229 年的历史。《汉书》思想锋芒虽不如《史记》，但于史家实录中，对现实亦多揭露和批评，与《史记》并称"史汉"。史学家刘知幾认为"言皆精炼，事甚赅密"，刘勰《文心雕龙》评之"裁密而思靡"。

[2] 武，字子卿：苏武的传是附在其父苏建的传后面的，所以这里不再写明他的姓。

[3] 少以父任，兄弟并为郎：年轻时，因为父亲职任的关系而被任用，兄弟都做了皇帝的侍从官。任，指他父亲的职任。汉朝制度，凡职位在二千石以上的官吏可以保举子弟做官。苏武的父亲苏建曾任右将军、卫尉、代郡太守，并被封为平陵侯，故可保举其子做官。并，都。郎，官名，汉代专指皇帝的侍从官。

[4] 稍迁至栘（yí）中厩监：渐渐升到栘中厩监。稍，渐渐。迁，升迁、升任。栘中厩，汉宫中有栘园，园中马厩就称栘中厩。监，管事的官员，这里是指管理马厩的官。

[5] 时汉连伐胡，数通使相窥观：当时汉朝接连讨伐匈奴，屡次互派使者窥探观察（对方的情况）。伐，征讨。胡，我国古代对北部和西部民族的泛称，此处指匈奴。通使，

互派使者。

［6］十余辈：十余批。

［7］当（dàng）：抵押。

［8］天汉元年：公元前 100 年。天汉，汉武帝年号。

［9］且（jū）鞮（dī）侯单于：且鞮侯，单于名。单于，匈奴的最高首领。

［10］乃曰：就说。

［11］汉天子我丈人行也：汉天子是我的长辈啊。丈人，对老人和长辈的尊称。行（háng），辈。

［12］嘉其义：赞许他这种合乎情理的做法。义，宜，做事合乎情理。

［13］乃遣武以中郎将使持节送匈奴使留在汉者：（武帝）就派苏武以中郎将的身份，让他持节出使匈奴，送留在汉朝的匈奴使者。节，旄（máo）节，以竹为竿，上缀以旄牛尾，是使者所持的信物（即凭证）。匈奴使留在汉者，就是“留在汉之匈奴使”。

［14］厚赂（lù）：赠以丰厚的礼物。赂，赠送礼物。

［15］答其善意：回报他的好意。

［16］武与副中郎将张胜及假吏常惠等募士斥候百余人俱：苏武与副中郎将张胜以及临时充任使臣属吏的常惠等招募士卒和侦察敌情的一百多人，一同（前往）。假吏，指临时充任使臣属吏。募，招募。士，士卒。斥候，侦察兵。俱，一同。“俱”后省略动词谓语。

［17］置币遗单于：备办了一些财物送给单于。

［18］益骄：更加倨傲。

［19］非汉所望也：不是汉朝所期望的。

［20］方欲发使送武等：汉正要打发派送苏武等人以及以前扣留的匈奴使者等的时候。发、使、送，都是动词。

［21］会缑（gōu）王与长水虞常等谋反匈奴中：适逢匈奴国内缑王与原长水校尉虞常等人密谋反叛。缑王，匈奴的一个王。长水，水名，在今陕西蓝田西北。长水虞常，指汉朝投降匈奴的原长水校尉虞常。长水校尉，官名。

［22］昆（hún）邪（yé）王：匈奴的一个王，其部落在今甘肃省中部的武威至酒泉一带。

［23］后随浞（zhuó）野侯没胡中：后来又跟随浞野侯陷没在匈奴。浞野侯，是汉将赵破奴的封号，太初二年（前 103）出击匈奴，兵败投降。没，陷没。

［24］及卫律所将降者：以及卫律所带领的那些被迫投降匈奴的人。卫律，长水胡人，生长于汉，曾任汉使出使匈奴，后因事株连，畏罪逃亡投降匈奴，封为丁灵王，成为单于的亲信。丁灵，匈奴的一个部落。将，带领。降者，投降匈奴的人。

［25］阴相与谋劫单于母阏（yān）氏（zhī）归汉：暗地里一起密谋劫抢单于的母亲

阏氏归附汉朝。阴，暗地里。相与，共同、一起。阏氏，匈奴单于配偶的称号，如王后。

［26］相知：相熟识、有交情。

［27］私候胜：私自拜访张胜。

［28］常能为汉伏弩射杀之：我虞常能为汉朝暗中用弩弓射死他（指卫律）。

［29］幸蒙其赏赐：希望得到皇帝的赏赐。幸，希望。蒙，蒙受、得到。其，代词，指汉天子。

［30］以货物与常：把财物给虞常。货物，指一般财物。

［31］独阏氏子弟在：只有阏氏和单于的子弟在家。

［32］欲发：准备发动（叛乱）。

［33］其一人夜亡：他们当中有一个人夜里跑了出来。亡，逃亡，逃跑。

［34］告之：告发这件事。

［35］生得：被活捉。

［36］治其事：审理这个案件。

［37］恐前语发：担心以前（与虞常）的谈话被揭发。

［38］以状语武：把情况告诉苏武。语（yù），动词，告诉。

［39］此必及我：这一定会牵连到我。及，动词，牵连到。

［40］见犯乃死，重（zhòng）负国：等到被（匈奴）侮辱以后才死，更加对不起国家。见犯，受到侵犯、侮辱。重，更加。

［41］果引张胜：果然招出张胜。引，牵攀、招供。

［42］召诸贵人议：召集贵族们商议。

［43］左伊秩訾（zī）：匈奴贵族的一种称号。

［44］即谋单于，何以复加：假使谋杀单于，又该用什么更重的处罚呢？意思是说，因为谋劫阏氏杀卫律就把汉使处死，处罚太重。

［45］宜皆降之：应该招降他们。

［46］受辞：受审讯。

［47］屈节辱命：屈辱了使命。

［48］虽生：即使活着。

［49］驰召医：（派人）骑马跑去召医生来。

［50］坎：坑。

［51］煴（yūn）火：无焰的火。

［52］覆武其上：把苏武背朝上放在坑上。

［53］蹈：通“搯（tāo）”，叩击，轻轻敲打。

［54］复息：又能呼吸。息，气息。

［55］舆：用车载运。

［56］壮其节：钦佩苏武的气节。壮，形容词的意动用法，“以……为壮”，钦佩，佩服。

［57］候问：问候。

［58］收系：逮捕并监禁。

［59］益愈：渐渐痊愈。

［60］使使晓武：派使者通知苏武。前一个“使”作动词，派遣。后一个“使”是名词，使者。

［61］会论虞常：共同判定虞常的罪。论，判罪。

［62］因：就。

［63］已：完毕。

［64］近臣：亲近之臣。这里是卫律自指。

［65］当死：判处死罪。

［66］募降者赦罪：招募投降的人就免罪。

［67］相坐：连带（治罪）。一个人犯了罪，有关的人连带治罪，叫“连坐”或“相坐”。

［68］本无谋：本来没有参加谋划。

［69］何谓相坐：说什么连坐（治罪）？

［70］举剑拟之：举起剑来做要砍的样子。拟，比画。

［71］幸蒙大恩：幸而受到单于的大恩。

［72］赐号称王：赐我爵号称王。卫律曾被单于封为丁灵王。

［73］弥山：满山。

［74］复然：也会这样。

［75］空以身膏草野：白白地把身体给野草做肥料。指被杀身死。空，徒然，白白地。膏，滋润。膏草野，使野草滋润肥美，也就是做肥料的意思。

［76］君因我降：你通过我的关系而投降。

［77］女：同“汝”。

［78］畔主背亲：背叛主上，离弃双亲。畔，同“叛”。

［79］为降虏于蛮夷：在异族那里投降做奴隶。蛮夷，古代用以指边远民族。

［80］何以女为见：即“何用见女为”，要见你干什么？为，语气助词。

［81］斗两主，观祸败：挑拨汉天子和单于的关系，（从旁）观看祸败。斗两主，使两主相斗。斗，使动用法。

［82］若知我不降明：你明明知道我不会投降。若，你。

［83］匈奴之祸，从我始矣：匈奴的灾难，就要从（杀死）我苏武开始了。

［84］不可胁：不因威胁而屈服。

［85］白：告诉、禀告。

［86］单于愈益欲降之：单于越发想使他投降。

［87］乃幽武置大窖中：就把苏武囚禁起来，安置在大地窖里面。幽，禁闭。

［88］绝不饮食：断绝供应，不给他喝的、吃的。

［89］天雨（yù）雪：天下雪。雨，动词，下。

［90］啮（niè）：咬、嚼。与旃（zhān）毛并咽之：同旃毛一起吞下去。旃，同“毡”，毛织的毡毯。

［91］北海：在匈奴的北境，即现在的俄罗斯境内的贝加尔湖。

［92］羝（dī）：公羊。

［93］羝乳乃得归：公羊生了小羊才能回。乳，生子，公羊不能生子，说明苏武永远没有回国的希望。

［94］别其官属常惠等各置他所：分开他的随从官吏常惠等人，分别安置到另外的地方。别，分别隔离。官属，所属官吏、部下。他所，别的处所。

［95］廪食不至：公家发给的粮食不来。这是指匈奴断绝了苏武的粮食供应。

［96］掘野鼠去草实而食之：掘野鼠、收草实来吃。去，通“弆”（jǔ），收藏。草实，野生果实。

［97］杖汉节牧羊：拄着汉朝的旄节牧羊。杖，执、拄。

［98］节旄尽落：节上旄牛尾的毛全部脱落。

［99］单于弟於（wū）靬（qiān）王弋（yì）射海上：单于的弟弟於靬王在北海打猎。弋射，用绳系在箭上而射。

［100］网：结网，用作动词。

［101］纺缴（zhuó）：纺制系在箭尾的丝绳。

［102］檠（qíng）弓弩：矫正弓和弩。檠，本是矫正弓弩的工具，此处用作动词，用檠矫正弓弩。

［103］给（jǐ）：供给。

［104］服匿：盛酒酪的瓦器。穹庐：毡帐，类似“蒙古包”。

［105］丁令：即丁灵，匈奴族的一支。卫律被封为丁灵王。“丁令盗武牛羊”，也许是他所使。

［106］穷厄：陷于困境。穷，失意。厄，困窘。

［107］武与李陵俱为侍中：苏武与李陵都做皇帝的侍从。李陵，字少卿，汉代名将李广的孙子，汉武帝时为骑都尉（官名），天汉二年（前99），兵败投降匈奴。侍中，汉时在其本官职外的加衔。

［108］明年：第二年。

［109］求：访求。

［110］久之：时间过了很久。之，助词，无实在意义。

[111] 置酒设乐：备办酒宴，安排歌舞。

[112] 素厚：一向关系很好。

[113] 虚心欲相待：单于准备以礼相待。

[114] 空自苦亡人之地：白白地在这荒无人烟的地方受苦。亡，同“无”。

[115] 信义安所见（xiàn）乎：（您对汉朝）的信义表现在哪里呢（即有谁知道您的信义呢）？安，何。见，同“现”。

[116] 前长君为奉车：前些时候您的大哥做奉车都尉。长君，大哥，指苏武的哥哥苏嘉。奉车，奉车都尉，皇帝出行时的侍从，掌管皇帝的车马。

[117] 从至雍棫（yù）阳宫：跟随皇帝到雍城的棫阳宫去。雍，在今陕西凤翔南。棫阳宫，本是秦宫，在雍的东边，在今陕西扶风东北。

[118] 扶辇（niǎn）下除：扶着皇帝的车子下殿除。除，殿阶。

[119] 触柱折辕：碰到柱子上有车辕折断了。

[120] 劾（hé）大不敬：被指控为“大不敬”。对皇上犯了“大不敬”的罪，在当时是要处极刑的。劾，弹劾。

[121] 伏剑自刎：用剑自杀了。

[122] 孺卿从祠河东后土：您的弟弟苏贤跟随皇帝去祭祀河东后土。孺卿，苏武的弟弟苏贤的字。祠，祭祀。河东，郡名，在今山西夏县北。后土，相对皇天而言，指地神。汉武帝曾去河东祭祀地神。

[123] 宦骑与黄门驸马争船：一个骑马的宦官和黄门驸马抢着上船。宦骑，侍卫皇帝的骑马的宦官。黄门驸马，宫中掌管车辆马匹的官。

[124] 诏使孺卿逐捕：（皇帝）命令苏贤追捕。

[125] 惶恐饮药而死：因害怕而服毒自杀了。

[126] 太夫人已不幸：您的母亲已去世。太夫人，称苏武的母亲。不幸，对去世的委婉说法。

[127] 阳陵：县名，今陕西咸阳东。

[128] 更（gēng）嫁：改嫁。

[129] 女弟：妹妹。

[130] 两女一男：指苏武的三个孩子。

[131] 人生如朝露，何久自苦如此：人生像早晨的露水（一下子就消失了），何必久久地这样折磨自己？

[132] 忽忽如狂，自痛负汉：精神恍惚，好像发狂一样，痛心自己对不起汉朝。

[133] 系保宫：关押在保宫。保宫，汉代囚禁大臣及其眷属的处所。

[134] 子卿不欲降，何以过陵：您不肯投降的心情，怎能超过当时的我？

[135] 春秋高：年纪老。

［136］法令亡常：法令没有定规，意思是随意变更法令。

［137］大臣亡罪夷灭者数十家：大臣无罪而全家被杀的有几十家。夷灭，消灭，这里指全家杀尽。

［138］尚复谁为乎：还又为谁（守节）呢？

［139］勿复有云：不要再有什么话说了。

［140］亡（wú）功德：无功无德。亡，通“无”。德，指施于民的德惠。

［141］成就：栽培，提拔。

［142］位列将：官职升到列将。列将，一般将军的总称。苏武的父亲苏建伐匈奴有功，封为“游击将军”“右将军”。

［143］爵通侯：爵位封为通侯。通侯，爵位名，秦代置爵二十级，最高一级叫彻侯。汉朝继承秦制，后因汉武帝名彻，避讳改为通侯，苏建封为平陵侯。

［144］兄弟亲近：兄弟三人都是皇上的亲近之臣。苏武的大哥苏嘉做过奉车都尉，弟弟苏贤做过骑都尉，苏武出使前也是郎，都是皇帝的侍从官。

［145］常愿肝脑涂地：常常希望为朝廷献出生命。肝脑涂地，本是形容死亡惨状，这里喻以身许国。

［146］虽蒙斧钺（yuè）汤镬（huò）：即使被杀。斧钺，古代军法用以杀人的斧子。斧钺、汤镬，这里泛指刑戮。

［147］诚甘乐之：的确甘心乐意。

［148］壹听陵言：听一听我的话。

［149］分（fèn）：料想，断定。

［150］王必欲降武，请毕今日之欢，效死于前：您一定要逼迫我投降，那就请结束今天的欢聚，在您面前死去。王，指李陵（李陵被单于封为右校王）。毕，尽。效，献出。

［151］上通于天：意思是罪行严重，无以复加。通，达。

［152］沾衿：沾湿了衣襟。衿，同“襟”。

［153］决去：告别而去。决，同“诀”，辞别。

［154］昭帝：公元前87—前74年在位。汉武帝少子，名弗陵，即位后次年（前86）改年号为“始元”。

［155］诡言：欺骗说。

［156］常惠请其守者与俱：常惠请求看守他的人同他一起去（见汉使）。

［157］具自陈过：自己详细地陈说（这几年的经过情况）。具，一五一十地、详尽。陈过，陈述说明。

［158］上林：即上林苑，皇帝游猎的场所，在长安西。

［159］如惠语以让单于：（汉使）依照常惠的话去责备单于。让，责问。

［160］谢：道歉、谢罪。

[161] 前以降及物故：以前已经投降匈奴和死去的。以，通“已”，已经。物故，死亡。

[162] 凡：共，副词。

[163] 武以始元六年：苏武在始元六年。以，在……的时候。始元，汉昭帝年号。始元六年，公元前 81 年。

思考与探讨

1. 简要概括苏武的精神，并说说在当下中国社会还需要这种精神吗。为什么？
2. 本文通过哪些情节和人物的对比来突出苏武性格？

岳飞传[1]

岳飞，字鹏举，相州汤阴人。世力农。父和，能节食以济饥者。有耕侵其地，割而与之；贳其财者不责偿[2]。少负气节，沈厚寡言[3]，家贫力学，尤好《左氏春秋》、孙吴兵法。生有神力，未冠[4]，挽弓三百斤，弩八石[5]，学射于周同，尽其术，能左右射。同死，朔望设祭于其冢[6]。父义之[7]，曰：“汝为时用，其徇国死义乎！”

飞至孝，母留河北，遣人求访，迎归。母有痼疾，药饵必亲[8]。母卒，水浆不入口者三日。家无姬侍。吴玠素服飞[9]，愿与交欢[10]，饰名姝遗之。飞曰：“主上宵旰[11]，岂大将安乐时？”却不受，玠益敬服。少豪饮，帝戒之曰：“卿异时到河朔，乃可饮。”遂绝不饮。帝初为飞营第[12]，飞辞曰：“敌未灭，何以家为？”或问天下何时太平，飞曰：“文臣不爱钱，武臣不惜死，天下太平矣。”师每休舍[13]，课将士注坡跳壕[14]，皆重铠习之。子云尝习注坡，马踬[15]，怒而鞭之。卒有取民麻一缕以束刍者[16]，立斩以徇[17]。卒夜宿，民开门愿纳，无敢入者。军号“冻死不拆屋，饿死不卤掠”。卒有疾，躬为调药；诸将远戍，遣妻问劳其家[18]；死事者哭之而育其孤，或以子婚其女。凡有颁犒，均给军吏，秋毫不私。

善以少击众。欲有所举，尽召诸统制与谋，谋定而后战，故有胜无败。猝遇敌不动，故敌为之语曰：“撼山易，撼岳家军难。”张俊尝问用兵之术[19]，曰：“仁、智、信、勇、严，阙一不可。”每调军食，必蹙额曰[20]：“东南民力，耗敝极矣。”荆湖平，募民营田，又为屯田，岁省漕运之半。帝手书曹操、诸葛亮、羊祜三事赐之[21]。飞跋其后，独指操为奸贼而鄙之，尤桧所恶也[22]。

李宝自楚来归，韩世忠留之[23]，宝痛哭愿归飞。世忠以书来谂[24]，飞复曰：“均为国家，何分彼此？”世忠叹服。好贤礼士，览经史，雅歌投壶，恂恂如书生。每辞官，必曰：“将士效力，飞何功之有！”然忠愤激烈，议论持正，不挫于人，卒以此得祸。桧遣使捕飞父子证张宪事[25]，使者至，飞笑曰：“皇天后土，可表此心。”初命何铸鞫之[26]，飞裂裳以背示铸，有“尽忠报国”四大字，深入肤理。既而阅实无左验，铸明其无辜。岁暮，狱不成，桧手书小纸付狱，即报飞死，时年三十九。

注释

[1] 本文节选自《宋史》卷三百六十五，有删改。《宋史》乃元代官修的一部纪传体史书，是“二十四史”中篇幅最大的一部史书。记载了宋太祖赵匡胤建隆元年（960）到宋帝昺（bǐng）祥兴二年（1279）间的历史，是一部比较系统、全面的记录两宋政治、经济、军事、文化、科技以及社会风俗的历史文献。作者署名“脱脱（清改译作：托克托）等撰”。据考，脱脱仅由于其官居宰相而担任了编修《宋史》的都总裁，全书编修工作实际上是由汉、蒙、回鹘、西夏等族数十名学者共同完成的，其中，汉族史学家欧阳玄起主要作用，乃实际总负责人。

[2] 贳（shì）：借贷，租借。

[3] 沈厚：性格深沉而宽厚。沈，通“沉”。

[4] 冠：古代男子二十岁时行加冠礼，表示成人。

[5] 石：古代重量单位，一百二十市斤。今读 dàn。

[6] 朔望：农历每月的初一日叫朔，每月十五日叫望。

[7] 义之：认为他很重义气。

[8] 药饵必亲：一定亲自给母亲喂药。

[9] 吴玠（1093—1139）：字晋卿，生于德顺军陇干（今甘肃省静宁县），兴国州永兴（今湖北省阳新县）人，北宋抗金名将。早年从军御边，抗击西夏建功。后领兵抗金，和尚原之战中，大败金兵兀术部，破川陕路金兵进攻。因功官至四川宣抚使。由于长期鞍马之劳，病卒于防地仙人关，享年47岁，谥号武安，作庙于仙人关，号思烈。淳熙中，追封涪王。

[10] 交欢：结友。

[11] 宵旰（gàn）：宵衣旰食，即天不亮起床，天晚了才吃饭歇息，形容终日操劳国

事，这里指皇上昼夜烦忧。

[12] 营第：建造住宅。

[13] 舍：驻扎休息。

[14] 课：督促。注坡跳壕：从山坡上急驰而下，从壕沟低处向上跳。此处指练兵。

[15] 踬（zhì）：跌倒，绊倒。

[16] 束刍：捆扎喂牲口的草料。

[17] 徇：示众。

[18] 劳：慰劳。

[19] 张俊（1086—1154）：字伯英，凤翔府成纪（今甘肃省天水市）人。南宋将领，曾与岳飞、韩世忠、刘光世并称南宋中兴四将，后转主和，成为谋杀岳飞的帮凶之一，并以此博得宋高宗深宠。晚年封清河郡王，显赫一时。

[20] 蹙额：皱眉，表示忧虑。

[21] 羊祜（221—278）：字叔子，泰山南城人。著名战略家、政治家和文学家。博学能文，清廉正直，曾拒绝曹爽和司马昭的多次征辟，后为朝廷公车征拜。司马昭建五等爵制时以功封为巨平子，与荀勖共掌机密。西晋建立后司马炎为吞并东吴，命羊祜坐镇襄阳，都督荆州诸军事。在之后的十年里，羊祜屯田兴学，以德怀柔，深得军民之心；一方面缮甲训卒，广为戎备，做好了伐吴的军事和物质准备，并在吴将陆抗去世后上表奏请伐吴，却遭到众大臣的反对。咸宁四年（278），羊祜抱病回洛阳，同年 11 月病故。

[22] 桧：指秦桧。秦桧（1090—1155），字会之，汉族，生于黄州，籍贯江宁（今江苏南京），在宋高宗时期曾两次拜相，前后执政 19 年。秦桧在南宋朝廷内属于主和派，奉行割地、称臣、纳贡的议和政策。第二次拜相期间，他极力贬斥抗金将士，阻止恢复；同时结纳私党，斥逐异己，屡兴大狱，是杀害岳飞的元凶，也是中国历史上著名的奸臣之一。

[23] 韩世忠（1089—1151）：字良臣，延安（今陕西省绥德县）人，南宋名将，与岳飞、张俊、刘光世合称“中兴四将”。韩世忠身材魁伟，勇猛过人。出身贫寒，18 岁应募从军。英勇善战，胸怀韬略，在抗击西夏和金的战争中为宋朝立下汗马功劳，而且在平定各地的叛乱中也作出重大的贡献。为官正派，不肯依附奸相秦桧，为岳飞遭陷害而鸣不平。

[24] 谂：告知。

[25] 张宪：南宋抗金名将，岳飞最为倚重的将领之一，从微相随，以列校奋身，官至龙神卫四厢都指挥使、阆州观察使、高阳关路马步军副都总管。宋孝宗即位后，张宪冤狱得以昭雪，被追复为龙神卫四厢都指挥使、阆州观察使，追赠宁远军承宣使。

[26] 何铸（1088—1152）：字伯寿，浙江余杭人。宋政和五年（1115）进士，历官州县。以品德高尚、品性刚直入为诸王宫大小学教授，先后任秘书郎、监察御史、御史

中丞等职。南宋绍兴十一年（1141），岳飞下狱，何铸时任御史中丞，被命主持审讯。何铸曾经试图免除岳飞死罪。后来，何铸因反对议和，降为秘书少监，谪贬徽州。后曾任资政殿学士，出知徽州。年65而卒。鞫：通“鞠”，审问，审讯。

思考与探讨

1. 本文怎样刻画岳飞忠孝爱国的伟大精神？

2. 千百年来，精忠岳飞的故事在神州大地到处流传。但现在有人否认岳飞的爱国情操，认为他不能称之为民族英雄。你认为这种认识对吗？为什么？

梅花岭记[1]

全祖望

顺治二年乙酉四月[2]，江都围急[3]。督相史忠烈公知势不可为[4]，集诸将而语之曰：“吾誓与城为殉，然仓皇中不可落于敌人之手以死，谁为我临朝成此大节者？”副将军史德威慨然任之。忠烈喜曰：“吾尚未有子，汝当以同姓为吾后，吾上书太夫人，谱汝诸孙中[5]。”

二十五日城陷，忠烈拔刀自裁[6]，诸将果争前抱持之，忠烈大呼“德威”，德威流涕不能执刃，遂为诸将所拥而行，至小东门，大兵如林而至，马副使鸣騄、任太守民育及诸将刘都督肇基等皆死[7]。忠烈乃瞠目曰：“我史阁部也[8]。”被执至南门，和硕豫亲王以“先生”呼之[9]，劝之降。忠烈大骂而死。初忠烈遗言：“我死，当葬梅花岭上。”至是德威求公之骨不可得，乃以衣冠葬之。

或曰[10]：“城之破也，有亲见忠烈青衣乌帽，乘白马出天宁门投江死者，未尝殒于城中也[11]。”自有是言，大江南北，遂谓忠烈未死。已而[12]，英霍山师大起[13]，皆托忠烈之名，仿佛陈涉之称项燕。吴中孙公兆奎以起兵不克，执至白下[14]，经略洪承畴与之有旧，问曰：“先生在兵间，审知故扬州阁部史公果死耶[15]？抑未死耶？”孙公答曰：“经略从北来，审知故松山殉难督师洪公果死耶？抑未死耶？”承畴大恚[16]，急呼麾下驱出斩之。呜呼，神仙诡诞之说，谓颜太师以兵解[17]，文少保亦以悟大光明法蝉脱[18]，实未尝死；不知忠义者，圣贤家法，其气浩然，长留天地之间。何必出世入世之面目[19]，神仙之说，所谓为蛇画足。即如忠烈遗骸，不可问矣！百年而后，予登岭上，与客述忠烈遗言，无不泪下如雨，想见当日围城光景，此即忠烈之面目，宛然可遇，是不必问其果解脱否也，而况冒其未死之名者哉？

墓旁有丹徒钱烈女之冢，亦以乙酉在扬，凡五死而得绝[20]，时告其父母火之，无留骨秽地，扬人葬之于此。江右王猷定、关中黄遵岩、粤东屈大均为作传铭哀词[21]。顾尚有未尽表章者：予闻忠烈兄弟自翰林可程下[22]，尚有数人，其后皆来江都省墓。适英霍山师败，捕得冒称忠烈者，大将发至江都，令史氏男女来认之，忠烈之第八弟已亡，其夫人年少有色，守节，亦出视之，大将艳其色，欲强娶之，夫人自裁而死。时以其出于大将之所逼也，莫敢为之表章者。呜呼，忠烈尝恨可程在北，当易姓之间，不能仗节，出疏纠之[23]，岂知身后乃有弟妇以女子而踵兄公之余烈乎[24]？梅花如雪，芳香不染，异日有作忠烈祠者，副使诸公谅在从祀之列，当另为别室以祀夫人，附以烈女一辈也。

注释

［1］本文选自《鲒埼亭文集选注》（黄云眉选注，齐鲁书社，1982年版），有删节。全祖望（1705—1755），字绍衣，号谢山，学者尊称为谢山先生，鄞州（今浙江宁波）人，清代史学家、文学家和思想家，浙东学派重要代表人物。乾隆元年（1736），荐举博学鸿词，同年中进士，选翰林院庶吉士。次年即返里，后未出仕，专事著述。曾主讲于浙江蕺山书院、广东端溪书院。全祖望学术上推崇黄宗羲，并受万斯同的影响，注重史料校订，精研宋末及南明史事，留心乡邦文献。他一生贫病而著述不辍，撰《鲒埼亭集》38卷，《外编》50卷，《诗集》10卷。另有《汉书地理志稽疑》6卷，辑补《宋元学案》100卷，《全校水经注》40卷并补附4卷。

［2］乙酉：顺治（清世祖福临的年号）二年（1645）的干支。

［3］江都：今江苏省扬州市。

［4］督相史忠烈公：即史可法。史可法（1602—1645），字宪之，号道邻，顺天府大兴人，明末抗清名将、民族英雄。史可法为崇祯元年（1628）进士，任西安府推官。后转各地平叛。北京城被攻陷后，史可法拥立明福王（弘光帝），继续与清军作战。官至督师、建极殿大学士、兵部尚书。弘光元年（1645），清军大举围攻扬州城，不久后城破，史可法拒降遇害，尸体不知下落。督相，明代的大学士，相当于宰相职位。史可法为内阁大学士，故称督相。忠烈，为史可法死后福王所赠谥号。

［5］谱：家谱。此处用为动词，即“续家谱”的意思。

［6］自裁：自杀。

［7］马副使鸣騄：马鸣騄，褒城人，时为扬州兵马副统帅。任太守民育：任民育，济宁人，时任扬州太守。城破殉难。刘都督肇基：刘肇基，辽东人，时为都督，守扬州北门。城破率残部巷战，殉难。

［8］阁部：史可法为内阁大学士，故自称“阁部”。

［9］执：押解。和硕豫亲王：即清太祖努尔哈赤第十五子多铎，史可法为其所杀。多铎在率领清兵占领扬州后，纵兵屠城，十日后始封刀，史称“扬州十日”。

［10］或曰：有人说。

［11］殒：死。

［12］已而：不久。

［13］英霍山师大起：顺治五、六年间（1648—1649），侯应龙等抗清志士纷纷于英山、霍山（均在今安徽省）起义，其中冯弘图倡言史可法实未死，以史可法名义号召人民，聚众数千。曾攻占英山、霍山等县，后败于清军。

［14］孙公兆奎：孙兆奎，与吴日生义军联合抗清，称“孙吴军”，兵败被杀。白下：今江苏省南京市。

［15］审知：确实知道。

［16］恚：恨，恼羞成怒。

［17］颜太师以兵解：颜真卿于唐德宗时官太子太师，建中三年（782）淮宁节度使李希烈反叛，次年朝廷派颜真卿前往晓谕，被杀。兵解，死于兵刃。据《太平广记》卷三十二载，颜真卿死后十余年，颜氏仆人曾于洛阳遇真卿，当时传说他尸解成仙。

［18］文少保亦以悟大光明法蝉蜕：文天祥，宋末抗元领袖，官右丞相加少保。祥兴元年（1278）兵败，为元军所俘，后被押至大都（今北京市）遇害。大光明法，即佛法，指死后成佛。《文文山年谱》记载，文天祥在狱中被人授此佛法而出世成佛。蝉蜕，谓人遗下形骸仙去，若蝉蜕皮一样，即死去。

［19］出世：成仙。入世：还在人世。

［20］凡五死而得绝：（钱氏女）先后以刀刎颈、自焚、上吊、服毒求死，均未成，后以衣带自缢死。

［21］江右：长江下游西部，今指江西。王猷定：南昌人，明遗民，隐居不出，工古诗文。关中：今陕西。黄遵严：不详。粤东：今广东。屈大均：广东番禺人，明亡后，出家为僧，以诗文名当时。

［22］翰林：官名。可程：史可法弟。史可程崇祯十六年（1643）进士，入翰林院，后归附李自成，旋又降清，不久南归。史可法曾上书朝廷，要求惩处其弟。

［23］出疏纠之：疏，奏章。纠之，弹劾他（史可程）。

[24] 踵：追随。兄公：旧时妻称夫之兄为“兄公”。

思考与探讨

1. 本文通过哪些情节刻画史可法宁死不屈的性格和强烈的爱国主义精神？

2. 在明末清初的历史上，江阴典史阎应元率领江阴全城百姓抵抗清军长达81天，在城破以后，仍拼死巷战，“竟无一人降者”，使清军遭受重大损失，史称“江阴八十一日”。阎应元曾在江阴城门留下绝命诗：“八十日带发效忠，表太祖十七朝人物；十万人同心死义，留大明三百里江山。”江阴城中一个不知名女子也留下绝命诗：“腐胔白骨满疆场，万死孤城未肯降。寄语路人休掩鼻，活人不及死人香。”（详见邵长蘅《阎典史传》）请结合本文记载，谈谈你对史可法、阎应元等人慷慨赴死、忠孝爱国精神的感受。

金错刀行[1]

陆　游

黄金错刀白玉装[2]，夜穿窗扉出光芒。
丈夫五十功未立，提刀独立顾八荒[3]。
京华结交尽奇士[4]，意气相期共生死[5]。
千年史策耻无名[6]，一片丹心报天子[7]。
尔来从军天汉滨[8]，南山晓雪玉嶙峋[9]。
呜呼！楚虽三户能亡秦[10]，岂有堂堂中国空无人！

注释

[1]金错刀：用黄金装饰的刀。陆游（1125—1210），字务观，自号放翁，越州山阴（今浙江绍兴市）人。南宋著名爱国诗人，是中国古典诗歌集大成者。留诗近万首，以七言诗成就最高，尤工七律。陆游诗兼李白之清新和杜甫之深刻，诗风自然清新又雄浑奔放。有《剑南诗稿》。

[2]白玉：白色的玉，亦指白璧。

[3]八荒：指四面八方边远地区。

[4]京华：京城之美称。因京城是文物、人才汇集之地，故称。这里指南宋京城临安（今浙江杭州市）。奇士：非常之士。德行或才智出众的人。

[5]意气：豪情气概。相期：期待，相约，这里指互相期望和勉励。

[6]史策：即史册、史书。

[7]丹心：赤诚的心。

[8]尔来：近来。天汉滨：汉水边，这里指汉中一带。

[9]南山：终南山，一名秦岭，在陕西省南部。嶙峋：山石参差重叠的样子。

[10]“楚虽三户”句：战国时，秦攻楚，占领了楚国不少地方。楚人激愤，有楚南公云：“楚虽三户，亡秦必楚。”意思说：楚国即使只剩下三户人家，最后也一定能报仇灭秦。三户，指屈、景、昭三家。

思考与探讨

1. 诗歌的前十句塑造了什么形象？表现了什么愿望？
2. 诗歌的后两句抒发了作者的什么情怀？

鹧鸪天·壮岁旌旗拥万夫[1]

辛弃疾

有客慨然谈功名，因追念少年时事，戏作。

壮岁旌旗拥万夫[2]，锦襜突骑渡江初[3]。燕兵夜娖银胡䩮[4]，汉箭朝飞金仆姑[5]。

追往事，叹今吾，春风不染白髭须[6]。却将万字平戎策[7]。换得东家种树书[8]。

注释

[1]鹧鸪天：词牌名。双调五十五字，上、下片各三平韵。辛弃疾（1140—1207），字幼安，号稼轩，山东济南人。与苏轼并称“苏辛”。有《稼轩长短句》。

[2]“壮岁”句：指作者领导起义军抗金事，当时正二十岁出头。他在《进美芹十论札子》里说：“臣尝鸠众二千，隶耿京，为掌书记，与图恢复，共藉兵二十五万，纳款于朝。”壮岁，少壮之时。

[3]“锦襜”句：指作者南归前统率部队与敌人战斗之事。锦襜（chān）突骑，穿锦绣短衣的快速骑兵。襜，战袍。衣蔽前曰“襜”。

[4]“燕兵”句：意谓金兵在夜晚枕着箭袋小心防备。燕兵，此处指金兵。娖(chuò)，整理的意思。银胡簶（lù)，银色或镶银的箭袋。一说娖为谨慎貌，胡簶是一种用皮制成的测听器，军士枕着它，可以测听三十里内外的人马声响。

[5]“汉箭”句：意谓清晨宋军便万箭齐发，向金兵发起进攻。汉，代指宋。金仆姑，箭名。《左传·庄公十一年》：“乘丘之役，公以金仆姑射南宫长万。”晋杜预注：“金仆姑，矢名。”

[6]髭（zī）须：胡子。唇上曰髭，唇下为须。

[7]平戎策：平定当时入侵者的策略。此指作者南归后向朝廷提出的《美芹十论》《九议》等在政治上、军事上都很有价值的抗金意见书。

[8]东家：东邻。种树书：研究栽培树木的书籍。此句喻退休归耕农田。

思考与探讨

1. 上片写了作者壮年的什么经历？
2. 下片作者收复河山的愿望实现了没有？
3. 作者从壮岁到髭须发白都不忘初心，这个形象给你怎样的精神感染？

赴戍登程口占示家人[1]

林则徐

其一

出门一笑莫心哀，浩荡襟怀到处开。
时事难从无过立[2]，达官非自有生来。
风涛回首空三岛[3]，尘壤从头数九垓[4]。
休信儿童轻薄语[5]，嗤他赵老送灯台[6]。

其二

力微任重久神疲，再竭衰庸定不支[7]。
苟利国家生死以，岂因祸福避趋之[8]？
谪居正是君恩厚[9]，养拙刚于戍卒宜[10]。
戏与山妻谈故事，试吟断送老头皮[11]。

注释

[1]林则徐（1785—1850），字少穆，侯官（今福建闽侯）人。嘉庆进士。道光十八年（1838）任湖广总督时，严禁鸦片，成为禁烟派代表人物。旋以钦差大臣身份赴广东禁烟，在虎门销毁鸦片237万斤。并积极筹备海防，倡办义勇，屡挫英军武装进犯。后被投降派诬陷革职，充军伊犁（今新疆伊犁哈萨克自治州）。暮年再被起用，病殁于潮州。这两首是留别诗，写于道光二十二年（1842）7月，林则徐离开西安赴伊犁远戍别家之时。

[2]立：成。

[3]三岛：指英伦三岛，即英国的英格兰、苏格兰、爱尔兰。此句回顾抗英经历，足见英国无人。

[4]九垓（gāi）：九州，天下，这句可能是用古神话中竖亥自东极步行至西极的故事（见《山海经·海外东经》），表示自己将风尘仆仆地走遍各地观察形势。

[5]儿童：指幼稚无知的人，代指对林则徐被贬幸灾乐祸的人。

[6]赵老送灯台：即上句的轻薄语。《归田录》："俚谚云：'赵老送灯台，一去更不来。'当时清廷中的投降派诅咒林则徐，说他被贬新疆是"赵老送灯台"，永无回来之日。

[7]衰庸：意近"衰朽"，衰老而无能，这里是自谦之词。

[8]"苟利"二句：郑国大夫子产改革军赋，受到时人的诽谤，子产曰："何害！苟利社稷，死生以之。"（见《左传·昭公四年》）诗语本此。以，用，去做。

[9]谪居：因有罪被遣戍远方。

[10]养拙：犹言藏拙，有守本分、不显露自己的意思。刚：正好。戍卒宜：做一名戍卒为适当。这句诗谦恭中含有愤激与不平。

[11]"戏与"二句：作者自注云："宋真宗闻隐者杨朴能诗，召对，问：'此来有人作诗送卿否？'对曰：'臣妻有一首，云："更休落魄耽杯酒，且莫猖狂爱咏诗。今日捉将官里去，这回断送老头皮。"'上大笑，放还山。东坡赴诏狱，妻子送出门，皆哭。坡顾谓曰：'子独不能如杨处士妻作一首诗送我乎？'妻子失笑，坡乃出。"这两句诗用此典故，表达他的旷达胸襟。山妻，对自己妻子的谦称。故事，旧事，典故。

思考与探讨

1. 第一首写了作者什么遭遇？他的态度是怎样的？是否做到荣辱不惊？

2. 第二首颔联表现了作者什么情怀？

第二专题

修身自强

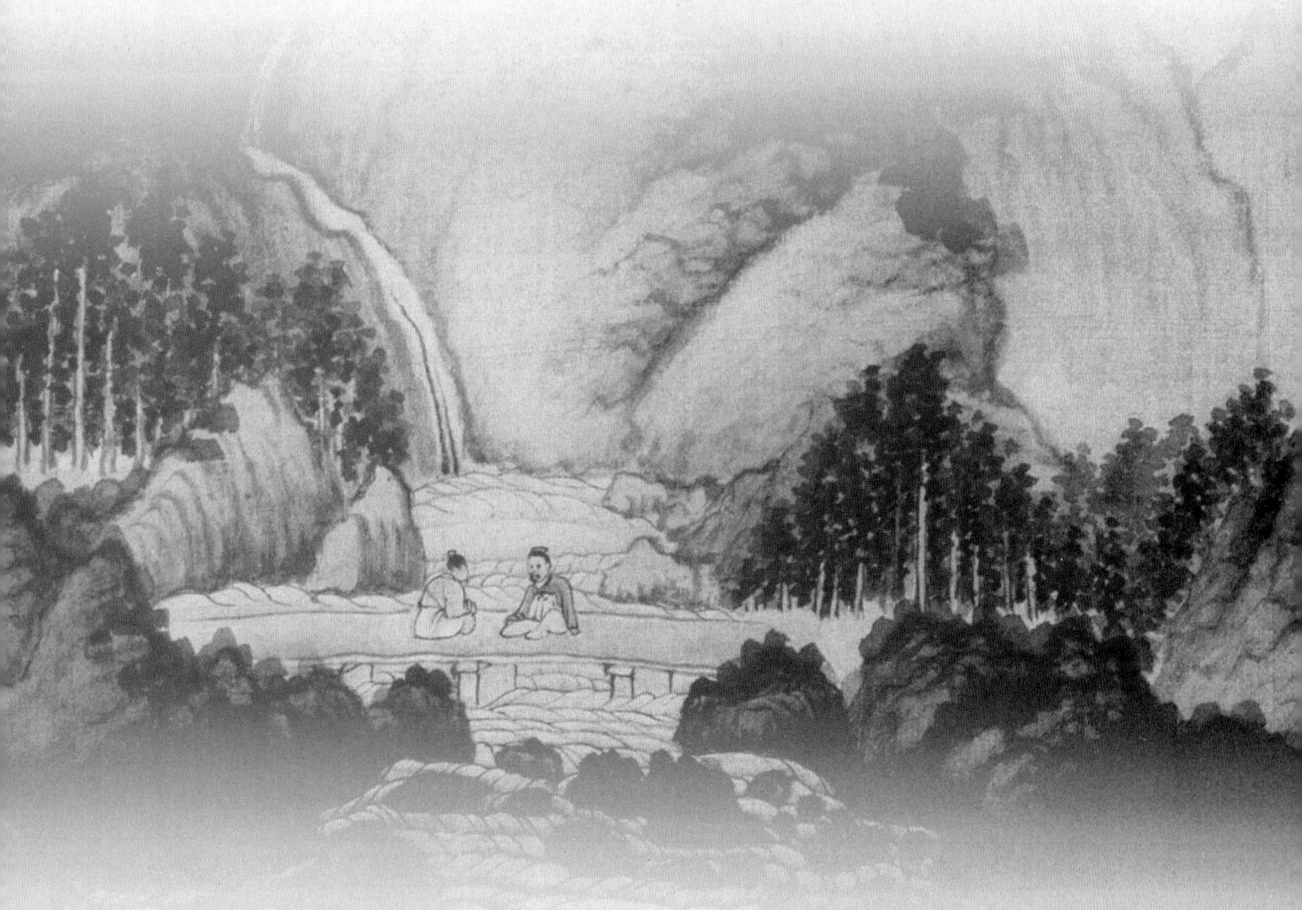

专题导读

修身与自强是中华民族久远的两个话题，历代先贤或身体力行，追求人品的完善，为世人津津乐道；或担当思想导师，谆谆善诱，引导后人提高心理素质和个人修养；或著书立说，形成诸多观点，丰富了我国的哲学思想。

修身与自强密切相关，又相互独立。修身是促成个体人格完善，为自强提供动力；自强则反作用于修身，促进人的品质。

一、修身

修身，指修养身心，择善而从，强烈体现出华夏民族热衷于追求个体完善的观念。战国诸子百家及后世文人学士就修身作了许多讨论，为今人修身提供了许多有益的借鉴。就大学生修身而言，可以从以下方面入手：

1. 明确读书宗旨和实现宗旨的途径

《大学》是儒家“四书”之首，作为古人接受高等教育的入门读物，尤其注重思想引导。该书的核心思想是通过修身明德，达到至善至美的境界。其书第一章就开篇明义，提出儒家的修身的总纲领和目标是明明德、亲民、止于至善，引导大学生由修养自身而心系天下，树立远大理想。此即儒家“内圣”“外王”并举的要求。而后引出“八条目”——格物、致知、诚意、正心、修身、齐家、治国、平天下，为三纲领的实现指明路径。八条目中，特别强调修身的根本地位，即修身是个人从内圣转向外王的根本条件。因此，文章呼吁国家元首以至普通百姓都应当以修身为根本。希望本专题能对当今大学生具有引导作用，帮助他们将读书、个人命运和社会、国家紧密联系起来。

2. 树立修身理念和促进道德的完善

（1）躬身实践好德行，有余力方始学文

《论语·学而》中，孔子主张践行孝、悌、谨而信、泛爱众、亲仁，再去学习文化经典，旗帜鲜明地提出“先德后文”的观点，回答了“文化重要，还是道德重要”的问题。

（2）安贫乐道是正途，莫为富贵弃道义

《论语·述而》中，如果在道义和富贵之间抉择，孔子倾向于选择道义，主张安贫乐道。这一观念对当前一些组织及个人只顾赚钱罔顾道义的现象有强烈的批判意义。

（3）知错能改人仰望，拖延不改人不耻

《孟子·公孙丑下》以日食、月食类比人的过错，说明纠正错误之后还能获得人们的尊重。

《孟子·滕文公下》主张知错即改，不要假借任何理由拖延。

（4）繁文缛节误修身，根本原则记牢固

《墨子·修身》由讽刺儒家办理丧事的繁文缛节入手，提出丧礼的根本是“哀”，而非“礼”，进而引出君子务本的根本是修身的观点，讨论品行修养与君子人格问题，鲜明地提出“谮慝之言，无入之耳；批扞之声，无出之口”“贫则见廉，富则见义”“务言而缓行，虽辩必不听”“多力而伐功，虽劳必不图”的修身原则，指出“君子之道”包括“贫则见廉，富则见义，生则见爱，死则见哀”以及明察是非、讲究信用、注重实际等内容，强调品行是为人治国的

第二专题　修身自强

根本，君子必须以品德修养为重。文末呼吁人们通过身体力行来达成修身，成为天下贤士。

（5）以境界引领善心，务必去除恶天性

《荀子·修身》将修身提到关系个人和国家安危的高度予以论述，指出君子应当有“遍善之度”，用以治气养心，修身自强，而达到骄富贵、重道义、轻王公的境界。

《荀子·性恶》一反孟子性善说，提出“性恶”说。文章认为人的天性本恶，强调通过“师法之化，礼仪之道”矫正恶的天性。尤其是“涂之人可以为禹”以及普通人只要“伏术为学，专心一志，思索孰察，加日县久，积善而不息”，就可以达到“通于神明，参与天地”的境界成为圣贤等观点的提出，对于鼓励人们改正错误，追求高洁的品质有积极意义。

（6）严格责己重以周，切忌毁谤待人约

《原毁》是“唐宋八大家”之首韩愈的作品，从“责己”“待人”两方面进行古今对比，剖析当时社会风气浇薄、毁谤滋多的原因在于“怠”与“忌”。首段以“古之君子，其责己也重以周，其待人也轻以约”起笔，从责己和待人两个角度论述君子接人待物的正确态度。第二段则批判“今之君子”“责人”“待己”的错误。

（7）重视礼义与廉耻，明确途径和重点

鉴于明末清初某些学人和士大夫寡廉鲜耻、趋炎附势、丧失民族气节等现象，顾炎武创作《廉耻》一文，由国家四个纲纪“礼、义、廉、耻”开篇，重点讨论“廉”和“耻”，认为“廉”是培植人民操守的重要途径，“耻”是四个纲纪的重点。本文对当前“荣辱”观教育有重要意义。

二、自强

自强是在自爱、自信的基础上发挥个体主观能动性，积极进取，力争上游的精神体现，在个体成长过程中起着强大的动力作用，是人活出尊严、活出人生价值的必备品质。人，只要具备自强品质，无论遭遇什么困难，都能勇敢面对，战胜困难。因此，培养自强品质应当成为每个人的必修课。

1. 吉利顺遂非天定，自强厚德避危害

《周易·乾》以龙的方位变化反映事物由低级向高级发展及衰落的规律，同时指出龙在不同方位的注意事项，启发人们在各个阶段通过主观努力和自强奋进趋利避害。

《周易·坤》以牝马柔顺的特性引导人们厚积德，以宽厚的德行承载万物。德厚同样可以获得吉利。

2. 读书有方愚变明，意志坚定柔变强

《中庸》提出“博学”“审问”“慎思”“明辨”“笃行”五个学习的阶段论，辩证地指出广博涉猎、仔细请教、谨慎思考、明白辨别、切实力行的重要性。尤其强调坚持不懈，不断努力的重要性，主张通过反复努力成长为刚强的个体。

3. 卧薪尝胆强国力，励精图治报国仇

吴、越两国，是春秋后期长江下游的两个大国，两国相邻，世代结怨，互相攻伐。公元前496年，吴王阖闾攻越，兵败，负伤而死，死前叮嘱儿子夫差复仇。公元前494年，夫差大败越兵，将越国逼迫到亡国边缘。越王勾践率领五千残兵退守会稽山后，一面派大夫文种向吴国求和，一面采取十年生聚、十年教训的策略，富国强兵，终于灭掉吴国。勾践励精图治，发奋图强，气概悲壮，是自强不息的典范。我们不仅要歌颂他的丰功伟绩，也要学习他的精神。

4. 闻鸡起舞习武功，不灭国土收复梦

祖逖在少年时期非常淘气，进入青年时代才意识到知识贫乏，无以报效国家，才奋发读书，学问大有长进，时人称赞他是个能辅佐帝王治理国家的人才。祖逖不仅热衷文化学习，还努力提高武艺，每天鸡叫时分即起床练剑，寒暑不断，成为文武全才。祖逖的自强精神值得我们发扬。

华夏文明有关“修身”和“自强”的华章浩如烟海，可以给当代人提供丰富的精神食粮，我们只要认真研习，并将之落实到生活和工作中，必将以崭新的面貌出现于世人面前。

第一节　修身

大学之道[1]

扫二维码获取
诵读音频

大学之道，在明明德，在亲民，在止于至善[2]。知止而后有定，定而后能静，静而后能安，安而后能虑，虑而后能得[3]。物有本末，事有终始[4]。知所先后，则近道矣[5]。

古之欲明明德于天下者，先治其国；欲治其国者，先齐其家；欲齐其家者，先修其身；欲修其身者，先正其心；欲正其心者，先诚其意；欲诚其意者，先致其知；致知在格物[6]。

物格而后知至，知至而后意诚，意诚而后心正，心正而后身修，身修而后家齐，家齐而后国治，国治而后天下平。

自天子以至于庶人，壹是皆以修身为本。其本乱而末治者否矣。其所厚者薄，而其所薄者厚，未之有也[7]。

注释

［1］本文出自《大学》。《大学》本是《小戴礼记》的一篇，宋代学者将之析出成书，与《中庸》《论语》《孟子》并称“四书”，成为官定教科书和科举考试的必读书。今本主要有两个体系。一是经朱熹编排整理，划分为经、传的《大学章句》本。一是按《礼记》次序排列的古本。

［2］大学之道：大学的宗旨。大学，大人之学。古人八岁入小学，十五岁入大学，学习伦理、政治、哲学等“穷理正心，修己治人”的学问。明明德：前“明”是动词，使彰明、发扬、弘扬之意。后“明”作形容词。明德，光明正大的品德。亲民：唐孔颖达谓“亲爱于民”，依此说，亲为“亲近”之意；宋朱熹解释为使人弃旧图新，去恶从善，依此说，亲通“新”。

［3］知止：知道目标所在。定：使……坚定。静：使……沉静。安：安宁。虑：思虑。得：收获。

[4] 本末：尤言主次、先后的关系。本，根本。末，末梢。

[5] 道：规律。

[6] 齐其家：管理好自己的家庭或家族。修其身：修养自身的品性。致其知：使自己获得知识。格物：推究万事万物的规律。

[7] 庶人：平民百姓。壹是：都是。厚者薄：该重视的不重视。薄者厚：不该重视的却重视。未之有也：即未有之也，没有这样的道理。

思考与探讨

1. 朱熹认为《大学》第一章是“为学纲目”，“穷理正心，修己治人之道”。请结合治学的宗旨，谈谈你的理解。

2. 孙中山认为格物、致知、诚意、正心、修身、齐家、治国、平天下是“应该要保存”的中国的“独有宝贝”。请从“内圣外王”的角度谈谈八条目的现实意义。

孔子论先德后文

扫二维码获取
诵读音频

子曰：“弟子入则孝[1]，出则悌[2]，谨而信[3]，泛爱众而亲仁[4]。行有余力[5]，则以学文[6]。”（《论语·学而》）

注释

[1] 孝：孝顺。

[2] 悌：敬重兄长。

[3] 谨而信：（说话）谨慎守信。

[4] 泛爱众：将对自己、对亲人的爱推而广之到他人（不等于西方“博爱”精神）。亲：亲近。

[5] 行：躬身实践。

[6] 文：文化典籍。

孔子论安贫乐道

扫二维码获取
诵读音频

子曰："饭疏食[1]，饮水，曲肱而枕之[2]，乐亦在其中矣。不义而富且贵[3]，于我如浮云。"（论语·述而》）

注释

[1] 疏食：粗粮。

[2] 肱：胳膊。

[3] 不义：不正当的手段。

思考与探讨

1. 请根据《学而·第六章》谈谈"做人"与"做学问"之间的关系。

2. 请根据《述而·第十六章》说说孔子对道义和富贵的态度。并结合现实，谈谈你对当前社会一些组织和个人为赚钱罔顾道义的看法。

孟子论知错能改

古之君子，其过也如日月之食[1]，民皆见之。及其更也[2]，民皆仰之[3]。今之君子，岂徒顺之[4]，又从为之辞[5]。（《孟子·公孙丑下》）

注释

[1] 过：过错。日月之食：日食（蚀）、月食（蚀）。

[2] 更：改正。

[3] 仰：仰望。

[4] 徒：只，仅仅。顺之：将错就错。

[5] 从：顺着。辞：辞令，借口。

孟子论非义速已

孟子曰："今有人日攘其邻之鸡者[1]，或告之曰[2]：'是非君子之道。'

曰：'请损之[3]，月攘一鸡，以待来年，然后已[4]。'如知其非义[5]，斯速已矣[6]，何待来年？”（《孟子·滕文公下》）

注释

[1] 攘：偷。

[2] 告：告诫。

[3] 损：减少。

[4] 已：停止。

[5] 非义：不符合道义。

[6] 斯速已：尤言“就应该迅速停止”。

思考与探讨

请结合《孟子·公孙丑下》和《孟子·滕文公下》，谈谈你对错误的个人修养的认识。

墨子·修身[1]

君子战虽有陈，而勇为本焉[2]；丧虽有礼，而哀为本焉[3]；士虽有学，而行为本焉[4]。是故置本不安者，无务丰末[5]；近者不亲，无务求远[6]；亲戚不附，无务外交；事无终始，无务多业；举物而暗，无务博闻[7]。

是故先王之治天下也，必察迩来远。君子察迩修者也[8]，修身见毁而反之身者也。此以怨省而行修矣[9]。谮慝之言，无入之耳；批扞之声，无出之口[10]；杀伤人之孩，无存之心，虽有诋讦之民，无所依矣[11]。故君子力事日强，愿欲日逾，设壮日盛[12]。

君子之道也：贫则见廉，富则见义，生则见爱，死则见哀[13]；四行者不可虚假，反之身者也[14]。藏于心者，无以竭爱；动于身者，无以竭恭[15]；出于口者，无以竭驯[16]。畅之四支，接之肌肤，华发隳颠，而犹弗舍者，其唯圣人乎[17]！

志不强者智不达，言不信者行不果。据财不能以分人者，不足与友；守道不笃，遍物不博，辩是非不察者，不足与游[18]。本不固者末必几，雄而不修者，其后必惰，原浊者流不清，行不信者名必秏[19]。名不徒生而誉不自长[20]。功成名遂，名誉不可虚假，反之身者也。务言而缓行，虽辩必不听[21]。多力而伐功，虽劳必不图[22]。慧者心辩而不繁说，多力而不伐功，此以名誉扬天下。言无务为多而务为智，无务为文而务为察[23]。故彼智无察，在身而情[24]，反其路者也。善无主于心者不留，行莫辩于身者不立。名不可简而成也，誉不可巧而立也，君子以身戴行者也[25]。思利寻焉，忘名忽焉，可以为士于天下者，未尝有也[26]。

注释

[1]《墨子》是一部集中反映墨家政治主张的书籍，倡导兼爱、非攻、尚贤、尚同，宣传天志、明鬼，针对当时流行的命定论，主张“非命”。在真理的原则上，主张经验论。墨家以“义”为根本观念，认为“义”的观念来源于“天”，在此基础上，建立了义利统一的道德观。确立了“三表法”作为立论说理的准则，在中国哲学史和逻辑史上占有重要地位，其体裁虽保留了对话的形式，但基本上已具论说文的雏形。墨家的政治主张，都是以解救时弊为目的，今本为汉代刘向校定，著于《别录》。刘歆《七略》与班固《汉书·艺文志》均据此。

墨子（约前468—前376），名翟，春秋时期鲁国人，相传早年受孔子教育，后弃儒学而开创与之对立的墨家学派。

本篇主要讨论品行修养与君子人格问题，强调品行是为人治国的根本，君子必须以品德修养为重。篇中“君子之道”包括“贫则见廉，富则见义，生则见爱，死则见哀”以及明察是非、讲究信用、注重实际等内容。

[2] 陈：通“阵”，阵势。勇：勇气。本：根本。

[3] 丧：丧事。礼：礼节。哀：哀痛。

[4] 士：同“仕”，官员。学：学问。行：行动、实践。

[5] 置本：“置”同“植”，立本。安：牢固、牢靠。务：求得。丰：丰富、繁盛。

[6] 近者：身边的人。求：招徕。

[7] 暗：不明白。

[8] 察：明察。迩。身旁的人。修：修养。

[9] 见毁：见，表被动；毁：诋毁。省：反省。

[10] 谮慝（zèn tè）：谗害、诽谤。批扞（pī hàn）：批评、攻击。

[11] 诋讦（dǐ jié）：诋毁、攻击。

[12] 愿欲：志向。逾：跨越、超越，此处引申为远大。设壮：庄敬的品行。盛：旺盛，引申为完善。

[13] 道：处事方式。见：表现出。

[14] 四行：指廉、义、爱、哀四种品行。

[15] 恭：谦恭。

[16] 驯：雅驯，典雅。

[17] 畅：畅达。支：通“肢”。隳（huī）颠：秃顶，指年老。舍：舍弃。

[18] 笃：坚定。遍：阅历，通“识”；一说通“别”，辨别之意。辩：同“辨”。

[19] 几：尤言危险。雄：英勇。惰：衰败，堕落。原：通“源”，源头。秏（hào）：败坏。

[20] 名：名誉、声誉。

[21] 务：仅只。

[22] 伐：夸耀。图：收获。

[23] 文：文采。察：便于明白，明察。

[24] 情：同“惰”，懈怠。

[25] 巧：机巧。以身戴行：身体力行。

[26] 本句大意：重利益，轻名誉，可以成为天下贤人的，从来没有。

思考与探讨

1. 本文提出了哪些修身原则？
2. 墨子指出说话和听话的原则各是怎样的，对你有何启发？
3. 结合本文以及当前的社会现实，谈谈如何成为一位贤士。

荀子·修身

见善，修然必以自存也[2]；见不善，愀然必以自省也[3]。善在身，介然必以自好也；不善在身，菑然必以自恶也[4]。故非我而当者，吾师也；是我而当者，吾友也；谄谀我者，吾贼也。故君子隆师而亲友，以致恶其贼。好善无厌，受谏而能诫，虽欲无进，得乎哉？小人反是，致乱，而恶人之非己也，致不肖而欲人之贤己也；心如虎狼，行如禽兽，而又恶人之贼己也。谄谀者亲，谏诤者疏[5]，修正为笑，至忠为贼，虽欲无灭亡，得乎哉？《诗》曰[6]：“噏噏呰呰[7]，亦孔之哀[8]。谋之其臧，则具是违；谋之不臧，则具是依。”此之谓也。

扁善之度[9]，以治气养生，则身后彭祖[10]；以修身自强[11]，则配名尧、禹[12]。宜于时通[13]，利以处穷，礼信是也[14]。凡用血气、志意、知虑，由礼则治通，不由礼则勃乱提僈[15]；食饮、衣服、居处、动静，由礼则和节，不由礼则触陷生疾；容貌、态度、进退、趋行，由礼则雅，不由礼则夷固僻违，庸众而野。故人无礼则不生，事无礼则不成，国家无礼则不宁。《诗》曰："礼仪卒度，笑语卒获[16]。"此之谓也。

以善先人者谓之教，以善和人者谓之顺[17]；以不善先人者谓之谄，以不善和人者谓之谀。是是、非非谓之知，非是、是非谓之愚[18]。伤良曰谗，害良曰贼。是谓是，非谓非曰直。窃货曰盗，匿行曰诈，易言曰诞，趣舍无定谓之无常[19]，保利弃义谓之至贼。多闻曰博，少闻曰浅。多见曰闲[20]，少见曰陋。难进曰偍，易忘曰漏。少而理曰治，多而乱曰秏[21]。

治气养心之术：血气刚强，则柔之以调和；知虑渐深，则一之以易良[22]；勇胆猛戾，则辅之以道顺[23]；齐给便利[24]，则节之以动止；狭隘褊小，则廓之以广大[25]；卑湿重迟贪利，则抗之以高志[26]；庸众驽散，则劫之以师友；怠慢僄弃，则炤之以祸灾[27]；愚款端悫[28]，则合之以礼乐，通之以思索。凡治气、养心之术，莫径由礼，莫要得师，莫神一好。夫是之谓治气、养心之术也。

志意修则骄富贵，道义重则轻王公[29]；内省而外物轻矣。传曰[30]："君子役物，小人役于物。"此之谓矣。身劳而心安，为之；利少而义多，为之。事乱君而通，不如事穷君而顺焉[31]。故良农不为水旱不耕，良贾不为折阅不市[32]，士君子不为贫穷怠乎道。

体恭敬而心忠信，术礼义而情爱人，横行天下，虽困四夷，人莫不贵[33]。劳苦之事则争先，饶乐之事则能让，端悫诚信，拘守而详，横行天下，虽困四夷，人莫不任[34]。体倨固而心执诈，术顺墨而精杂污，横行天下，虽达四方，人莫不贱[35]；劳苦之事则偷儒转脱，饶乐之事则佞兑而不曲，辟违而不悫，程役而不录，横行天下，虽达四方，人莫不弃[36]。

行而供冀，非渍淖也[37]；行而俯项，非击戾也[38]；偶视而先俯，非恐惧也[39]。然夫士欲独修其身，不以得罪于此俗之人也[40]。

夫骥一日而千里，驽马十驾则亦及之矣。将以穷无穷逐无极与？其折骨绝筋，终身不可以相及也；将有所止之，则千里虽远，亦或迟、或速、或先、或后，胡为乎其不可以相及也？不识步道者将以穷无穷、逐无极与？意亦有所止之与[41]？夫“坚白”“同异”“有厚无厚”之察[42]，非不察也，然而君子不辩，止之也；倚魁之行[43]，非不难也，然而君子不行，止之也。故学曰：“迟，彼止而待我，我行而就之，则亦或迟、或速、或先、或后，胡为乎其不可以同至也？”故跬步而不休[44]，跛鳖千里；累土而不辍，丘山崇成[45]；厌其源，开其渎，江河可竭[46]；一进一退，一左一右，六骥不致。彼人之才性之相县也[47]，岂若跛鳖之与六骥足哉？然而跛鳖致之，六骥不致，是无他故焉，或为之、或不为尔！道虽迩，不行不至；事虽小，不为不成。其为人也多暇日者，其出人不远矣[48]。好法而行[49]，士也；笃志而体[50]，君子也；齐明而不竭[51]，圣人也。人无法，则伥伥然[52]；有法而无志其义，则渠渠然[53]；依乎法而又深其类，然后温温然[54]。

礼者，所以正身也；师者，所以正礼也。无礼，何以正身？无师，吾安知礼之为是也？礼然而然，则是情安礼也[55]；师云而云，则是知若师也。情安礼，知若师，则是圣人也。故非礼，是无法也；非师，是无师也。不是师法而好自用，譬之是犹以盲辨色，以聋辨声也，舍乱妄无为也[56]。故学也者，礼法也；夫师，以身为正仪而贵自安者也[57]。《诗》云：“不识不知，顺帝之则。”[58]此之谓也。

端悫顺弟[59]，则可谓善少者矣；加好学逊敏焉，则有钧无上[60]，可以为君子者矣。偷儒惮事，无廉耻而嗜乎饮食，则可谓恶少者矣；加炀悍而不顺，险贼而不弟焉，则可谓不详少者矣[61]；虽陷刑戮可也。老老而壮者归焉，不穷穷而通者积焉，行乎冥冥而施乎无报，而贤不肖一焉[62]。人有此三行，虽有大过，天其不遂乎[63]！

君子之求利也略[64]，其远害也早，其避辱也惧，其行道理也勇。君子贫穷而志广，富贵而体恭，安燕而血气不惰，劳倦而容貌不枯，怒不过夺，喜不过予[65]。君子贫穷而志广，隆仁也；富贵而体恭，杀势也[66]；安燕而血气不惰，柬理也[67]；劳倦而容貌不枯，好交也[68]；怒不过夺，喜不过予，是法胜私也。《书》曰：“无有作好，遵王之道；无有作恶，遵王之路。”[69]此言君子之能以公义胜私欲也。

注释

[1]《荀子》及作者简介详见第一专题注释。

[2] 修然：整饬的样子。存：省问。

[3] 愀（qiǎo）然：忧惧的样子。

[4] 菑（zāi）：通“灾”，害。

[5] 诤：《集解》作“争”，据世德堂本改。

[6] 引诗见《诗·小雅·小旻》。

[7] 噏噏（xī）：同“吸吸”，吸取。呰呰（zǐ）：通“訾訾”，诋毁。

[8] 孔：甚，很。

[9] 扁善之度：遵循法则（行事）无所往而不善。扁，通“遍”。度，道，法则。

[10]《集解》无“身”字，据《韩诗外传》卷一第六章补。彭祖：姓篯，名铿，尧封之于彭城，传说他经历了虞、夏、商、周，活了八百岁。

[11] 强：《集解》作“名”，据《韩诗外传》卷一改。

[12]《集解》“配”下无“名”字，据《韩诗外传》卷一补。尧：姓伊祁，名放勋，古唐国（今山西临汾尧都区）人，中国上古时期部落联盟首领。帝喾之子，“五帝”之一，母为陈锋氏。十三岁辅佐兄长帝挚，封于陶地。十五岁改封于唐地，号为陶唐氏。十八岁，尧代挚为天子，定都平阳，开创了“禅让制”的先河。禹：传说中的贤君，夏后氏部落的首领，夏王朝的创始者。

[13] 时：通“跱”，处。

[14] 穷：困境。信：真，确实。

[15] 勃乱：昏乱。“勃”通“悖”。提僈：松弛缓慢。“提”通“偍”，舒缓。“僈”通“慢”。

[16] 见《诗·小雅·楚茨》。卒：尽，都，完全。获：得时，得当。

[17] 和：附和、响应。

[18] 是是、非非：辨别是非。是，正确的。非，错误的。

[19] 趣（qū）：同“趋”，趋向，进取。

[20] 闲：同“僩”（xiàn），一说通“娴”；宽大、娴雅，这里指见识广博。

[21] 偍（tí）：迟缓。秏（mào）：通“眊”，昏乱不明。

[22] 知：通“智”。渐深：有胸怀不坦荡、城府太深意。“渐”与“良”相对，通“潜”。易良：平易温和。

[23] 猛戾：乖张。道顺：引导，使遵循。

[24] 齐给便利：意谓言行举止敏捷快速而不慎重。

[25] 褊（biǎn）小：心胸狭小。廓：开阔。

[26] 卑湿重迟：志向卑下，迟缓。抗：举，提高。

[27] 僄（piào）：轻薄。炤：同“照”，晓喻，使明白。

[28] 愚款：单纯朴实。端悫（què）：端正谨慎。

[29] 志意：志向。修：修正、修炼。

[30] 传曰：古书所传之言。先秦典籍使用该词表示引用古书的话语。

[31] 事：侍奉、为……做事。乱君：大国暴乱之君。穷君：小国窘迫之君。

[32] 折（shé）：亏损。市：买卖。

[33] 术：通“述”，遵循。爱人：仁爱。横行：广行。

[34] 饶乐：富足，享乐。拘守而详：谨守法度，明察事理。

[35] 倨固：倨傲固陋。执：是“势”字之误（王引之说），谋略，引申为狡诈。顺：当作“慎”（杨倞说），指慎到，战国中期赵国人，主张法治、势治，是一个由黄老学派演变而来的早期法家人物。墨：指墨翟。

[36] 儒：通“懦”，指怕事。偷儒：苟且偷安，懒惰。佞（nìng）：口齿伶俐。此指施展口才不顾一切地争抢。《庄子·渔父》：“莫之顾而进之谓之佞。”兑：通“锐”，锐利，也指口齿伶俐。不曲：不转弯，指毫不谦让地直取之。辟：通“僻”，邪恶。辟违，指行邪僻背理之事。程役：通“逞欲”。录：检束（杨倞说）。

[37] 供：通“恭”。冀：当作“翼”（杨倞说），敬。渍淖：陷入烂泥。

[38] 俯项：低头。击戾：碰撞东西。

[39] 偶视：两人对视。

[40] 此俗之人：普通人。此，《集解》作“比”。

[41] 步道：道路。意：同“抑”，选择连词，抑或，还是。

[42] 坚白：以战国名家公孙龙为代表的“离坚白”论者认为“坚”和“白”两种属性是各自独立，互相分离的。墨家则主张“坚白相盈”，认为“坚”和“白”不能离开具体的石头而独立存在。同异：战国名家惠施的论题。他认为事物的同异是相对的。具体的事物之间有“小同”“小异”；而从宇宙万物的总体来看，万物又莫不“毕同”“毕异”。有厚无厚：亦为惠施提出的哲学命题。他认为平面从厚（体积）来说是无，但面积仍可大至千里。一说是春秋时邓析的论题。

[43] 倚魁：通“奇傀（guī）”，怪诞骇俗的行为或事物。

[44] 跬步：亦作“蹞步”。半步，跨一脚。

[45] 崇：通“终”。

[46] 厌（yā）：同“压”，堵塞。渎：沟渠。

[47] 县：同“悬”，悬殊。

[48] 多暇日：指懒惰而不做事。人：《集解》作“入”，据《删定荀子》改。

[49] 法：礼法。

[50] 笃：坚定。体：即“身体力行”之“体”，与“行”同义，实行之意。

[51] 齐明：智虑敏捷。齐，全。不竭：指其思虑左右逢源，不但能明察一切，而且能“深其类”。竭，穷尽。

[52] 依依然：无所适从的样子。

[53] 志：识，知。渠渠然：局促不安的样子。

[54] 温：平和。

[55] 情安礼：天性所安，不是后天学的。

[56] 舍：除了。乱妄：悖乱狂妄。

[57] 正仪：正确的准则，榜样。自安：自我安心。

[58] 见《诗·大雅·皇矣》。帝：老天。

[59] 弟（tì）：同“悌”，敬重兄长。

[60] 逊敏：谦逊敏捷。钧：通“均”，相等。

[61] 炀：同“荡”，放荡。悍：凶悍。详：通“祥”（杨倞说），吉祥。

[62] 老老：以老者之礼敬老。穷穷：窘迫穷困。通：贤能的人。行乎冥冥：行事不求人知。

[63] 遂：通“墜”（坠）。

[64] 略：不斤斤计较。

[65] 燕：通“宴”，安逸。劳倦：劳累疲倦。夺：剥夺，使丧失，此指处罚。

[66] 杀（shài）：减弱。杀势：指不盛气凌人。

[67] 柬：挑选。理：通“礼”。

[68] 交：当作“文”（王念孙说），指礼仪。

[69] 引文见《尚书·洪范》。作好：个人喜好。道：先王制定的礼仪。作恶：个人憎恶。无：通“毋”，不。

思考与探讨

1. 荀子认为修身的关键是什么？
2. 荀子是如何区分益友、损友的，有何启发意义？
3. 荀子认为修身的最高境界是什么？

荀子·性恶

人之性恶，其善者伪也[1]。今人之性，生而有好利焉，顺是，故争夺生而辞让亡焉；生而有疾恶焉[2]，顺是，故残贼生而忠信亡焉；生而有耳目之欲，有好声色焉，顺是，故淫乱生而礼义文理亡焉[3]。然则从人之性，顺人之情，必出于争夺，合于犯分乱理而归于暴[4]。故必将有师法之化、礼义之道[5]，然后出于辞让，合于文理，而归于治。用此观之，然则人之性恶明矣，其善者伪也。

故枸木必将待檃栝烝矫然后直[6]，钝金必将待砻厉然后利[7]。今人之性恶，必将待师法然后正，得礼义然后治。今人无师法，则偏险而不正；无礼义，则悖乱而不治。古者圣王以人之性恶，以为偏险而不正、悖乱而不治，是以为之起礼义、制法度，以矫饰人之情性而正之，以扰化人之情性而导之也[8]。使皆出于治、合于道者也[9]。今之人，化师法、积文学、道礼义者为君子，纵性情、安恣睢而违礼义者为小人[10]。用此观之，然则人之性恶明矣，其善者伪也。

孟子曰[11]："人之学者，其性善。"曰：是不然。是不及知人之性，而不察乎人之性、伪之分者也。凡性者，天之就也，不可学，不可事[12]。礼义者，圣人之所生也，人之所学而能，所事而成者也。不可学、不可事而在人者，谓之性；可学而能、可事而成之在人者，谓之伪；是性、伪之分也。

今人之性，目可以见，耳可以听。夫可以见之明不离目，可以听之聪不离耳。目明而耳聪，不可学明矣。孟子曰："今人之性善，将皆失丧其性故也[13]。"曰：若是则过矣。今人之性，生而离其朴，离其资[14]，必失而丧之，用此观之，然则人之性恶明矣。所谓性善者，不离其朴而美之，不离其资而利之也。使夫资朴之于美，心意之于善，若夫可以见之明不离目，可以听之聪不离耳。故曰目明而耳聪也[15]。今人之性，饥而欲饱，寒而欲暖，劳而欲休[16]，此人之情性也。今人饥，见长而不敢先食者，将有所让也；劳而不敢求息者，将有所代也。夫子之让乎父，弟之让乎兄；子之代乎父，弟之代乎兄。此二行者，皆反于性而悖于情也。然而孝子之道、礼义之文理也。故顺情性则不辞让矣，辞让则悖于情性矣。用此观之，人之性恶明矣，其善者伪也。

问者曰："人之性恶，则礼义恶生[17]？"应之曰：凡礼义者，是生于圣人之伪，非故生于人之性也。故陶人埏埴而为器[18]，然则器生于工人之伪[19]，非故生于人之性也。故工人斲木而成器[20]，然则器生于工人之伪，非故生于人之性也。圣人积思虑、习伪故，以生礼义而起法度，然则礼义法度者，是生于圣人之伪，非故生于人之性也。若夫目好色，耳好声，口好味，心好利，骨体肤理好愉佚[21]，是皆生于人之情性者也，感而自然，不待事而后生之者也[22]。夫感而不能然，必且待事而后然者，谓之生于伪。是性、伪之所生、其不同之征也[23]。故圣人化性而起伪，伪起而生礼义，礼义生而制法度。然则礼义法度者，是圣人之所生也。故圣人之所以同于众，其不异于众者，性也；所以异而过众者，伪也。夫好利而欲得者，此人之情性也。假之人有弟兄资财而分者，且顺情性[24]，好利而欲得，若是，则兄弟相拂夺矣[25]；且化礼义之文理，若是，则让乎国人矣。故顺情性则弟兄争矣[26]；化礼义则让乎国人矣。

凡人之欲为善者，为性恶也。夫薄愿厚，恶愿美，狭愿广，贫愿富，贱愿贵，苟无之中者，必求于外；故富而不愿财，贵而不愿势，苟有之中者，必不及于外。用此观之，人之欲为善者，为性恶也。今人之性，固无礼义，故强学而求有之也；性不知礼义，故思虑而求知之也。然则性而已[27]，则人无礼义，不知礼义。人无礼义则乱，不知礼义则悖。然则性而已，则悖乱在己。用此观之，人之性恶明矣，其善者伪也。

孟子曰："人之性善。"曰：是不然。凡古今天下之所谓善者，正理平治也；所谓恶者，偏险悖乱也。是善恶之分也已。今诚以人之性固正理平治邪，则有恶用圣王，恶用礼义矣哉！虽有圣王礼义，将曷加于正理平治也哉？今不然，人之性恶。故古者圣人以人之性恶，以为偏险而不正，悖乱而不治，故为之立君上之势以临之，明礼义以化之，起法正以治之，重刑罚以禁之，使天下皆出于治，合于善也。是圣王之治而礼义之化也。今当试去君上之势[28]，无礼义之化，去法正之治，无刑罚之禁，倚而观天下民人之相与也；若是，则夫强者害弱而夺之，众者暴寡而哗之[29]，天下之悖乱而相亡不待顷矣。用此观之，然则人之性恶明矣，其善者伪也。

故善言古者必有节于今，善言天者必有征于人[30]。凡论者，贵其有辨合、有符验[31]。故坐而言之，起而可设，张而可施行。今孟子曰"人之性善"，无辨合符验，坐而言之，起而不可设，张而不可施行，岂不过甚矣哉？故性善则去圣王，息礼义矣；性恶则与圣王，贵礼义矣。故檃栝之生，为枸木也；绳墨之起，为不直也；立君上，明礼义，为性恶也。用此观之，然则人之性恶明矣，其善者伪也。

直木不待檃栝而直者，其性直也。枸木必将待檃栝、烝、矫，然后直者，以其性不直也。今人之性恶，必将待圣王之治，礼义之化，然后皆出于治，合于善也。用此观之，然则人之性恶明矣，其善者伪也。

问者曰："礼义积伪者[32]，是人之性，故圣人能生之也。"应之曰：是不然。夫陶人埏埴而生瓦，然则瓦埴岂陶人之性也哉[33]？工人斲木而生器，然则器木岂工人之性也哉[34]？夫圣人之于礼义也，辟亦陶埏而生之也[35]，然则礼义积伪者，岂人之本性也哉？凡人之性者，尧、舜之与桀、跖[36]，其性一也；君子之与小人，其性一也。今将以礼义积伪为人之性邪？然则有曷贵尧、禹[37]，曷贵君子矣哉？凡所贵尧、禹、君子者，能化性，能起伪，伪起而生礼义。然则圣人之于礼义积伪也，亦犹陶埏而生之也。用此观之，然则礼义积伪者，岂人之性也哉？所贱于桀、跖、小人者，从其性，顺其情，安恣睢，以出乎贪利争夺。故人之性恶明矣，其善者伪也。

天非私曾、骞、孝己而外众人也[38]，然而曾、骞、孝己独厚于孝之实，而全于孝之名者，何也？以綦于礼义故也[39]。天非私齐、鲁之民而外秦人也，然而于父子之义，夫妇之别，不如齐、鲁之孝具敬父者[40]，何也？以秦人之从情性、安恣睢、慢于礼义故也，岂其性异矣哉？

“涂之人可以为禹[41]。曷谓也？”曰：凡禹之所以为禹者，以其为仁义法正也。然则仁义法正有可知可能之理，然而涂之人也，皆有可以知仁义法正之质，皆有可以能仁义法正之具，然则其可以为禹明矣。今以仁义法正为固无可知可能之理邪？然则唯禹不知仁义法正，不能仁义法正也[42]。将使涂之人固无可以知仁义法正之质，而固无可以能仁义法正之具邪？然则涂之人也，且内不可以知父子之义，外不可以知君臣之正。今不然。涂之人者，皆内可以知父子之义，外可以知君臣之正，然则其可以知之质，可以能之具，其在涂之人明矣。今使涂之人者以其可以知之质，可以能之具，本夫仁义法正之可知之理、可能之具[43]，然则其可以为禹明矣。今使涂之人伏术为学[44]，专心一志，思索孰察，加日县久[45]，积善而不息，则通于神明，参于天地矣[46]。故圣人者，人之所积而致也。

曰：“圣可积而致，然而皆不可积，何也？”曰：可以而不可使也[47]。故小人可以为君子而不肯为君子，君子可以为小人而不肯为小人。小人、君子者，未尝不可以相为也，然而不相为者，可以而不可使也。故涂之人可以为禹，则然；涂之人能为禹，则未必然也。虽不能为禹，无害可以为禹。足可以遍行天下，然而未尝有能遍行天下者也。夫工匠农贾，未尝不可以相为事也，然而未尝能相为事也。用此观之，然则可以为，未必能也；虽不能，无害可以为。然则能不能之与可不可，其不同远矣，其不可以相为明矣。

尧问于舜曰：“人情何如？”舜对曰：“人情甚不美，又何问焉？妻子具而孝衰于亲，嗜欲得而信衰于友，爵禄盈而忠衰于君。人之情乎！人之情乎！甚不美，又何问焉?”唯贤者为不然。有圣人之知者，有士君子之知者，有小人之知者，有役夫之知者：多言则文而类[48]，终日议其所以，言之千举万变，其统类一也，是圣人之知也。少言则径而省，论而法[49]，若佚之以绳[50]，是士君子之知也。其言也谄[51]，其行也悖[52]，其举事多悔，是小人之知也。齐给便敏而无类[53]，杂能旁魄而无用[54]，析速、粹孰而不急[55]，不恤是非，不论曲直，以期胜人为意，是役夫之知也。

有上勇者，有中勇者，有下勇者。天下有中[56]，敢直其身；先王有道，敢行其意；上不循于乱世之君，下不俗于乱世之民[57]；仁之所在无贫穷，仁之所亡无富贵[58]；天下知之，则欲与天下同苦乐之；天下不知之，则傀然独立天地之间而不畏：是上勇也[59]。礼恭而意俭，大齐信焉而轻货财[60]；贤者敢推而尚之，不肖者敢援而废之：是中勇也。轻身而重货，恬祸而广解苟免[61]；不恤是非、然不然之情，以期胜人为意：是下勇也。

繁弱、钜黍[62]，古之良弓也；然而不得排檠[63]，则不能自正。桓公之葱[64]，太公之阙[65]，文王之录[66]，庄君之曶[67]，阖闾之干将、莫邪、钜阙、辟闾[68]，此皆古之良剑也；然而不加砥砺则不能利[69]，不得人力则不能断。骅骝、骐骥、纤离、绿耳[70]，此皆古之良马也；然而必前有衔辔之制[71]，后有鞭策之威，加之以造父之驭[72]，然后一日而致千里也。夫人虽有性质美而心辩知，必将求贤师而事之，择良友而友之。得贤师而事之，则所闻者尧、舜、禹、汤之道也；得良友而友之，则所见者忠信敬让之行也；身日进于仁义而不自知也者，靡使然也[73]。今与不善人处，则所闻者欺诬、诈伪也，所见者污漫、淫邪、贪利之行也[74]，身且加于刑戮而不自知者[75]，靡使然也。传曰："不知其子视其友，不知其君视其左右。"靡而已矣！靡而已矣！

注释

[1] 性：本性。伪：通“为”，人为。

[2] 疾：通“嫉”，嫉妒。

[3] 文理：文采和道理。

[4] 从：通“纵”。分：名分。理：礼仪。

[5] 师法之化：老师和法制教化。

[6] 枸（gōu）：通“钩”，弯曲。檃栝（yǐn kuò）：矫正木材弯曲的器具 。烝（zhēng）：同“蒸”，用蒸气加热，这是为了使被矫正的木材柔软以便矫正。

[7] 金：金属之器，指有锋刃的武器或工具。砻（lóng）厉：同“磨砺”。

[8] 饰：通“饬”，整治。扰化：驯服教化。

[9] 使：《集解》作“始”，据宋浙本改。

[10] 化师法：受师法教化。积文学：积累文化知识。古代所谓文学，专指诗、书等六艺文章。睢：《集解》作“睢”，据宋浙本改。

[11] 孟子：即孟轲。这里的引语，不见于今本《孟子》。《孟子·告子上》说“人无有不善”“学问之道无他，求其放心而已矣”，旨意与此相似。

[12] 事：从事，做，人为。

[13] 将：犹“必”。一说“故”下当有“恶”字。一说上句“性善”当作“性恶”。

[14] 资：资质，指所谓天生的才能、性情。

[15]“所谓性善者……故曰目明而耳聪也”一段据文义当在“若是则过矣”之后。

[16] 劳：劳累。

[17] 恶（wū）：何处，哪里。

[18] 故：本来。埏（shān）：以水和土并揉捏捶击。埴（zhí）：细密的黄黏土。

[19] 工人：宜作“陶人”。

[20] 斲（zhuó）：雕琢。

[21] 肤理：皮肤的纹理。人劳苦则皮肤粗糙干裂，所以“好愉佚”。佚：同“逸”，安闲。

[22] 然：形成。待：通“恃”。事：从事。

[23] 性、伪之所生：“性”之所生，即“目好色”等；“伪”之所生，即礼义、法度、器物等。其不同之征：生于“性”之征是“感而自然、不待事而后生”，生于“伪”之征是“感而不能然、必且待事而后然”。

[24] 且：犹“若”。

[25] 拂：违戾，不顺。

[26] 性：《集解》作“生”，据世德堂本改。下文“然则性而已”句同。

[27] 然则性而已：如果只凭着本性。

[28] 当试：与“尝试”“当使”相通，等于说“倘使”“倘若”。

[29] 哗：当作“跨”，犹据，言众者据寡者之上而使之出己之下（刘师培说）。

[30] 节：符合，验证。征：验证。

[31] 辨：通“别”，即“别券”，或称“傅别”，是古代的一种凭证，将一券剖分为两半而成，故称“别券”，双方各执一半（一“别”）为据，验证时将两“别”相合，即可定其真伪。它与如今凭骑缝章核对的票据原理相似。

[32] 礼义积伪：使积伪为礼义。“礼义”用作使动词。

[33] 瓦埴：使埴为瓦。“瓦”用作使动词。

[34] 器木：使木为器。“器”用作使动词。

[35] 辟：通“譬”。亦：《集解》作“则”，据宋浙本改。

[36] 舜：姓姚，又姓妫，名重华，字都君。出生于诸冯（诸城），一说姚墟。中国上古时代的部落联盟首领，被后世尊为帝，列入“五帝”。尊号有：帝舜（舜帝）、大舜、虞舜。桀、跖：夏桀和柳下跖并称，泛指凶恶残暴的人。

[37] 有：通“又”。

[38] 曾、骞：指曾参（shēn）、闵子骞，都是孔子的学生，以孝著名。孝己：殷高宗的长子，也以孝著名。“己”字《集解》作“已”，据宋浙本改，下同。

[39] 綦（qí）：极。

[40] 具：当为“共”字之误。“共”通“恭”。“孝恭”承“父子之义”而言。父：当为“文”字之误。“文”指有礼节。“敬文”承“夫妇之别”而言。

[41] 涂：通“途”。涂之人：路上的人，指普通老百姓。禹：大禹，此处指圣贤之人。

[42] 唯：通“雖”（虽）。

[43] 本：掌握。夫：那。可知之理、可能之具：当作“可知、可能之理”。

[44] 伏：通“服”。术：方法。

[45] 加日：累日。县：同“悬”，维系。

[46] 参：相参，媲美之意。

[47] 使：迫使，指由别人迫使他去做到。

[48] 文：此处指文雅不粗鄙。类：系统有条理。

[49] 径：直接。省：少。论：通“伦”，条理。法：有法度。

[50] 佚：当为“秩”字之误，指事物的标准。

[51] 谄：《集解》作“謟”，据宋浙本改。

[52] 其言也谄，其行也悖：指阳奉阴违。悖，违背。

[53] 齐给便敏：等同“齐给便利”。

[54] 旁魄（bó）：通“旁薄”“磅礴”，广大无边。

[55] 粹：通“萃”，聚集，指连缀文辞。孰：同“熟”。

[56] 中：此处指中正之道，指礼义。

[57] 俗：用作动词，指与世沉浮，以世人之习俗为习俗。一说“俗”为“沿”字之误，与“循”同义。

[58]“仁之所在”二句：这种人在仁政统治下就会因为与仁德之君志同道合而得志，因而也不会贫穷；如果君主不行仁政，他就不愿同流合污而富贵。

[59] 傀（guī）然：同“块然”“岿然”，高达的样子。上：通“尚”。

[60] 俭：谦虚。大：重视。齐：庄敬。

[61] 恬：安静，安然，坦然。广解：多方推脱。

[62] 繁弱、钜黍：古代良弓名。

[63] 排檠（qíng）：矫正弓弩的器具。

[64] 桓公：齐桓公。春秋五霸之一。葱：桓公所用的良剑名，因剑呈青色，故名“葱”。

[65] 太公：姜太公。阙：太公所用的良剑名。

[66] 文王：周文王。录：文王所用的良剑名，因剑呈绿色，故名“录”。

[67] 庄君：指楚庄王。曶（hū）：楚庄王所用的良剑名，因剑光恍惚，故名“曶”。

[68] 阖闾：一作阖庐，姬姓，名光，又称公子光，吴王诸樊之子，春秋末期吴国君主，前514—前496年在位。干将、莫邪、钜阙、辟闾：都是阖闾使用的良剑名。干将、莫邪是阖闾让吴国剑匠干将与其妻子莫邪所铸，钜阙是越国人欧冶所铸、由越王允常献给阖闾的。

[69] 砺：《集解》作“厉”，据世德堂本改。

[70] 骅骝：黑鬣黑尾的赤色骏马，也名枣骝。骐：通“骐”，青黑色的骏马，其纹路如棋盘，故名。纤离：毛纹细密的黑色骏马，“离”通“骊”。绿（lù）耳：通“騄”，千里马。

[71] 必前：《集解》作“前必”，据《群书治要》卷三十八引文改。

[72] 造父：伯益九世孙。其祖伯益为颛顼裔孙，被舜赐姓嬴。

[73] 靡：顺风倒下。

[74] 污漫：玷污；污染。

[75] 加：被施加。

思考与探讨

1. 本文提出“性恶”说的根据是什么？与孟子“性善”有何不同？

2. 荀子认为可以通过什么途径改变本性的“恶”？

3. 文章提出“涂之人可以为禹”，有何积极意义？

原　毁[1]

韩　愈[2]

古之君子[3]，其责己也重以周[4]，其待人也轻以约。重以周，故不怠；

轻以约，故人乐为善。闻古之人有舜者，其为人也，仁义人也。求其所以为舜者，责于己曰："彼，人也；予，人也[5]。彼能是，而我乃不能是!"早夜以思，去其不如舜者，就其如舜者[6]。闻古之人有周公者，其为人也，多才与艺人也。求其所以为周公者，责于己曰："彼，人也；予，人也。彼能是，而我乃不能是!"早夜以思，去其不如周公者，就其如周公者。舜，大圣人也，后世无及焉；周公，大圣人也，后世无及焉。是人也[7]，乃曰："不如舜，不如周公，吾之病也。"是不亦责于身者重以周乎！其于人也，曰："彼人也，能有是，是足为良人矣；能善是，是足为艺人矣[8]。"取其一，不责其二；即其新，不究其旧：恐恐然惟惧其人之不得为善之利。一善易修也，一艺易能也，其于人也，乃曰："能有是，是亦足矣。"曰："能善是，是亦足矣。"不亦待于人者轻以约乎？

今之君子则不然。其责人也详其待己也廉[9]。详故人难于为善；廉，故自取也少[10]。己未有善，曰："我善是，是亦足矣。"己未有能，曰："我能是，是亦足矣。"外以欺于人，内以欺于心，未少有得而止矣，不亦待其身者已廉乎[11]？其于人也，曰："彼虽能是，其人不足称也；彼虽善是，其用不足称也[12]。"其一，不计其十；究其旧，不图其新：恐恐然惟惧其人之有闻也[13]。是不亦责于人者已详乎？夫是之谓不以众人待其身，而以圣人望于人[14]，吾未见其尊己也。

虽然[15]，为是者，有本有原，怠与忌之谓也。怠者不能修，而忌者畏人修。吾尝试之矣[16]，尝试语于众曰[17]："某良士，某良士。"其应者，必其人之与也[18]；不然，则其所疏远不与同其利者也；不然，则其畏也[19]。不若是，强者必怒于言，懦者必怒于色矣。又尝语于众曰："某非良士，某非良士。"其不应者，必其人之与也，不然，则其所疏远不与同其利者也，不然，则其畏也。不若是，强者必说于言，懦者必说于色矣。是故事修而谤兴[20]，德高而毁来。呜呼！士之处此世，而望名誉之光[21]，道德之行，难已！

将有作于上者，得吾说而存之，其国家可几而理欤[22]！

注释

[1] 原：推究，探究。

[2] 韩愈（768—824）：字退之，南阳（今河南省孟县）人，贞元进士，唐宋八大家之首。与柳宗元携手倡导古文运动，并称"韩柳"。在诗歌方面，创建了"韩孟诗派"，

善于用强健而有力的笔触，驱使纵横磅礴的气势，夹杂着恢奇诡谲的情趣，给诗思渲染上一层浓郁瑰丽的色彩，造成奔雷挚电的壮观。韩诗在艺术上有“以文为诗”的特点，对后世亦有不小的影响。有《韩昌黎集》四十卷，《外集》十卷。

[3] 君子：指旧时贵族阶级士大夫。

[4] 责：要求。

[5] 彼：指舜。予：同“余”，我。

[6] 去：离开，抛弃。就：走向，择取。

[7] 是人：指上古之君子。

[8] 良人：善良的人。艺人：多才多艺的人。

[9] 详：周备，全面。廉：狭窄，范围小。

[10] 少：稍微。

[11] 已：太。

[12] 用：作用，指才能。

[13] 闻：名声，声望。

[14] 众人：一般人。望：期待，要求。

[15] 虽然：虽然这样。

[16] 尝：曾经。

[17] 语：告诉。

[18] 应：响应，附和。与：党与，朋友。

[19] 畏：畏惧。指害怕他的人。

[20] 修：善，美好。

[21] 光：光大，昭著。

[22] 有作于上：在上位有所作为。存：记住。几：庶几，差不多。理：治理。

思考与探讨

1. 文章开篇列举大舜、周公的事例，有何作用？给你什么启发？

2. 文章第二自然段批评了哪些现象，对照自身，是否有这些缺点，若有，准备采取哪些措施改正？

3. 本文认为行为败坏的根源是什么？给人际关系造成怎样的危害？人们要怎样才能清除这些危害？

廉　耻

顾炎武[1]

《五代史·冯道传·论》曰[2]："礼义廉耻，国之四维；四维不张，国乃灭亡[3]。"善乎，管生之能言也！礼义，治人之大法；廉耻，立人之大节。盖不廉则无所不取，不耻则无所不为。人而如此，则祸败乱亡，亦无所不至。况为大臣而无所不取，无所不为，则天下其有不乱[4]，国家其有不亡者乎？

然而四者之中[5]，耻尤为要，故夫子之论士曰："行己有耻。"[6]孟子曰："人不可以无耻。无耻之耻，无耻矣[7]。"又曰："耻之于人大矣！为机变之巧者，无所用耻焉[8]。"所以然者，人之不廉，而至于悖礼犯义[9]，其原皆生于无耻也。故士大夫之无耻，是谓国耻。

吾观三代以下，世衰道微，弃礼义，捐廉耻，非一朝一夕之故。然而松柏后凋于岁寒[10]，鸡鸣不已于风雨[11]，彼昏之日，固未尝无独醒之人也！

顷读《颜氏家训》有云[12]："齐朝一士夫尝谓吾曰[13]：'我有一儿，年已十七，颇晓书疏，教其鲜卑语[14]，及弹琵琶，稍欲通解，以此伏事公卿[15]，无不宠爱。'吾时俯而不答。异哉，此人之教子也！若由此业自致卿相，亦不愿汝曹为之。"嗟乎！之推不得已而仕于乱世[16]，犹为此言，尚有《小宛》诗人之意[17]，彼阉然媚于世者[18]，能无愧哉！

罗仲素曰[19]：教化者朝廷之先务，廉耻者士人之美节；风俗者天下之大事。朝廷有教化，则士人有廉耻；士人有廉耻，则天下有风俗。

古人治军之道，未有不本于廉耻者。《吴子》曰[20]："凡制国治军，必教之以礼，励之以义，使有耻也。夫人有耻，在大足以战，在小足以守矣[21]。"《尉缭子》言[22]："国必有慈孝廉耻之俗，则可以死易生[23]。"而太公对武王："将有三胜，一曰礼将，二曰力将，三曰止欲将[24]。故礼者，所以班朝治军而《兔苴》之武夫[25]，皆本于文王后妃之化；岂有淫刍荛[26]，窃牛马，而为暴于百姓者哉！"《后汉书》：张奂为安定属国都尉[27]，"羌豪帅感奂恩德，上马二十匹，先零酋长又遗金鐻八枚[28]，奂并受之，而召主簿于诸羌前[29]，以酒酹地曰：'使马如羊，不以入厩[30]；使金如粟，不以入怀[31]。'悉以金马还之。羌性贪而贵吏清[32]，前有八都尉率好财货，为所患苦[33]，及奂正身洁己，威化大行"。呜呼！自古以来，边事之败，有不始于贪求者哉？吾于辽东之事有感[34]。

杜子美诗：安得廉颇将，三军同晏眠[35]！一本作"廉耻将"。诗人之意，未必及此，然吾观《唐书》，言王佖为武灵节度使[36]，先是，吐蕃欲成乌兰桥，每于河壖先贮材木[37]，皆为节帅遣人潜载之，委于河流，终莫能成。蕃人知偘贪而无谋，先厚遗之，然后并役成桥，仍筑月城守之[38]。自是朔方御寇不暇，至今为患，由偘之黩货也。故贪夫为帅而边城晚开。得此意者，郢书燕说，或可以治国乎[39]！

注释

[1] 顾炎武（1613—1682），昆山（今属江苏）千灯镇人，原名绛。明亡后改名炎武，字宁人，学者尊称为亭林先生。明末清初著名的思想家、史学家、语言学家。曾参加抗清斗争，后致力于学术研究。著有《日知录》《音学五书》等。顾炎武学术的最大特色，是反对宋明理学的唯心主义的玄学，而强调客观的调查研究，开一代之新风，提出“君子为学，以明道也，以救世也。徒以诗文而已，所谓雕虫篆刻，亦何益哉?”顾炎武强调做学问必须先立人格，提倡“天下兴亡，匹夫有责”。

[2]《五代史》：书名。亦称《五代史记》，即《新五代史》。宋欧阳修撰，共七十四卷。《冯道传》列入该书第五十四卷杂传第四十二中。冯道（882—954）五代景城（今河北省沧州市交河镇）人，字可道。历事后唐、后晋、后汉、后周四朝，官皆将相，自号长乐老。

[3]“礼义”四句：语见《管子·牧民》。四维，网罟之网，用以系网者。网之四角系之，则纲举目张。故以礼义廉耻四者比喻维持国家之工具。

[4] 其：同“岂”。

[5] 四者：谓礼义廉耻。

[6] 夫子：谓孔子。论士：见《论语·子路》：“子贡问曰：‘何如斯可谓之士矣?’子曰：‘行己有耻。使于四方，不辱使命，可谓士矣!’”行己有耻：言为士者立身行事能知耻而有所不为。

[7]“人不可以”三句：语见《孟子·尽心上》。言人以无耻为可耻，自然不会有耻辱之事到他身上来。

[8]“耻之于人”三句：语见《孟子·尽心上》。机变：巧伪变诈。无所用耻：把廉耻不放在心上的意思。

[9] 悖：违背。

[10]“松柏”句：见《论语·子罕》：“岁寒，然后知松柏之后彫也。”

[11]“鸡鸣”句：见《诗经·郑风·风雨》：“风雨如晦，鸡鸣不已。”已，止。

[12]《颜氏家训》：书名，北朝颜之推作。共七卷，分二十篇。内容多叙述立身治家之法，兼及文字音训之考辨与文学批评。其中对北朝士大夫之丧失民族气节与南朝贵族之骄奢淫逸，时加抨击。文笔平易朴实。

[13] 齐朝：即北齐（550—577）。

[14] 鲜卑语：北魏本鲜卑人，齐之先世虽为渤海人，但因久处北方，亦从鲜卑语，用鲜卑语。

[15] 伏：同"服"。

[16] 之推：颜之推（531—约595），《颜氏家训》的作者。字介，琅琊临沂（今山东省临沂市）人。历事梁、北齐、北周、隋诸朝。博览群书，长于文学。

[17]《小宛》：《诗经·小雅》篇名。《诗集传》认为是大夫遭时之乱，兄弟相戒以免祸的诗。

[18] 阉（yān）然：昏暗闭塞貌。《孟子·尽心上》："阉然媚于世也者，是乡原也。"集注："阉，如奄人之奄，闭藏之意也。"

[19] 罗仲素：即罗从彦（1072—1135），字仲素，宋南剑州沙县（今属福建）人，宋代著名的儒学家、思想家、教育家，世称"豫章先生"，著有《遵尧录》《春秋指归》《豫章集》。

[20]《吴子》：即《吴起兵法》，亦称《吴子兵法》，此书本出于战国初期军事家吴起，历代多有散失，经后人一再加工整理，由唐人陆希声类次，始基本定型为现在所见的《吴子》。

[21]"凡制国"七句：引自《吴子·图国第一》，意谓凡是管理国家统率军队，一定要用礼来教化民众，用义来激励人心，使大家都知道不讲礼义为可耻。人有了羞耻之心，国力强大完全可以出战，国力弱小也完全可以固守。

[22]《尉缭子》：先秦诸子著作之一种，作者不详，比较集中而系统地记述了当时有关的军事理论。

[23]"国必有"二句：语出《尉缭子·战威第四》，意谓国家必须有孝敬慈善廉洁有耻的习俗，方才可以战胜死亡争得生存。

[24]"将有"四句：有三种将士能打胜仗，一是知礼的将士，二是有勇气的将士，三是能克制贪欲的将士。

[25]《兔苴》：《诗经·周南》中的一篇。苴（jū，一读 jiē），原作"罝"，捕兽的网。兔罝，指捕兔之野人因文王之德化而成为公侯干城。

[26] 淫刍荛：欺凌平民。刍荛，割草打柴，转指樵夫。这里泛指平民。

[27] 张奂：字然明，敦煌渊泉（今甘肃安西县东）人，初为大将军梁冀属吏，后为安定属国都尉。安定：郡名，在今甘肃平凉一带。属国都尉：武官，辅佐郡守并主管全部的军事。

[28] 先零：羌人的一支。遗（wèi）金镰（qú）：赠送金银器八件。镰，金银器名。

[29] 主簿：官名，汉代以后，中央机关及地方郡、县官署都设置此官，负责文书簿籍，主管印鉴，为掾吏之首。

[30]“使马”二句：即使送我的马多得像羊群那样，我也不让它们进马厩。

[31]“使金”二句：即使送我的金子多得如粟米，我也不放进我的口袋。

[32] 羌性贪而贵吏清：羌人的性格重视财物而尊重清廉的官吏。

[33] 为所患苦：为羌人所怨恨。

[34] 辽东之事：指明末辽东守军连续溃败事。

[35]“安得”二句：杜甫诗《遣兴三首》之一中的两句。晏眠，高枕无忧之意。

[36] 王佖：唐末将领，曾任朔方灵盐节度使，多次受贿，准吐蕃在黄河上筑成乌兰桥，为其不断寇边打开了通道。武灵：即灵武，唐方镇名，即朔方，又称灵盐、灵州。节度使：官名。总揽一区军、民政务，称为藩镇。

[37] 河壖：河边岸上。壖，沿河边地。

[38] 月城：小城。

[39]“得此意”三句：懂得这个道理，即使是郢书燕说式的穿凿附会，或许也可以治国吧。郢书燕说，语出《韩非子·外储说左上》。

思考与探讨

1.“四维”是什么意思？有何重要性？

2. 孔子说“知耻近乎勇”，谈谈你的理解。

3. 结合社会主义道德观，试述本文的现实意义。

第二节 自强

周易·乾卦[1]

乾：元，亨，利，贞[2]。

初九[3]：潜龙，勿用。

九二：见龙在田，利见大人[4]。

九三：君子终日乾乾，夕惕若厉，无咎[5]。

九四：或跃在渊[6]，无咎。

九五[7]：飞龙在天，利见大人。

上九：亢龙有悔[8]。

用九[9]：见群龙无首，吉。

乾 卦

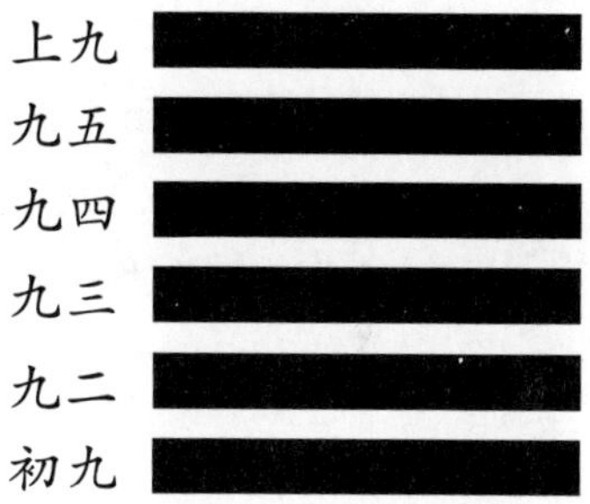

注释

[1] 乾：卦名。卦象由六个阳爻组成，是纯阳之体，具有刚健雄强光明正大的秉性和功德。

选文出自《周易》。《周易》，亦称《易经》，简称《易》，儒家重要经典，“群经之首”，中华文化的源头。“易”有变易、简易、不易三义。“周”有周密、周遍、周流之义；相传系周人所作，故名。内容分两部分。第一部分称为《经》，有64卦的卦象、卦名、卦辞和386爻的爻题、爻辞。通过八卦形式（象征天、地、雷、风、水、火、山、泽八种自然现象），推测自然和社会的变化，认为阴阳两种势力的相互作用是产生万物的根源，提出“刚柔相推，变在其中矣”等富有朴素辩证法的观点。第二部分称为《传》，是对《经》最早的解说，包括解释卦辞、爻辞的七种文辞共十篇，统称“十翼”，旧传孔子作。据近人研究，大抵是战国或秦汉之际的作品，并非出自一时一人之手。

《周易》是中国传统思想文化中自然哲学与人文实践的理论根源，是古代汉民族思想、智慧的结晶，被誉为“大道之源”。内容极其丰富，对中国几千年来的政治、经济、文化等各个领域都产生了极其深刻的影响。

[2] 元：始。亨：亨通。利：吉利。贞：纯正。

[3] 初九：爻名，即爻题。六爻自下而上，位序为初、二、三、四、五、上。

[4] 见：同“现”，出现。大人：有道德修养并身居高位的人。

[5] 君子：才大德高的人。乾乾：勤勉努力。惕：戒惧警惕。若：助词，无义。厉：危难。咎：灾祸。此句也有标点为：“君子终日乾乾，夕惕若，厉无咎。”

[6] 或：无定代词，指代对象不确定，表有人、有时，此取“有时”之意。

[7] 九五：九为阳爻，五为爻位，这个爻位在上卦之中，象征事物发展到最完美的阶段。古代称帝王为“九五至尊”，称帝位为“九五之位”，即源于此。

[8] 亢（kàng）：过度、过分、极点。亢龙：指升腾到极高处的龙。有：语助词，无义。悔：因困厄而悔恨。

[9] 用九：乾卦特有爻名。乾卦与坤卦均多一爻（坤卦为用六），专表两卦皆全阳或全阴。“用九”意在提醒人们要用表现变化法则的“九”这个数字（老阳）及“用九”辞条下的说辞来作为判断吉凶，决定行止。

思考与探讨

1.《周易》是一部什么性质的书？

2. 乾卦六爻可以对照任何事物的不同阶段，若将之对照人生的各个阶段，你认为六爻能起到哪些借鉴作用？

3.《易传》以“天行健，君子以自强不息”解释乾卦，说明《周易》主张敬神求福，还是努力上进？

周易·坤卦[1]

坤：元亨，利牝马之贞。君子有攸往，先迷后得主，利；西南得朋[2]，东北丧朋，安贞吉。

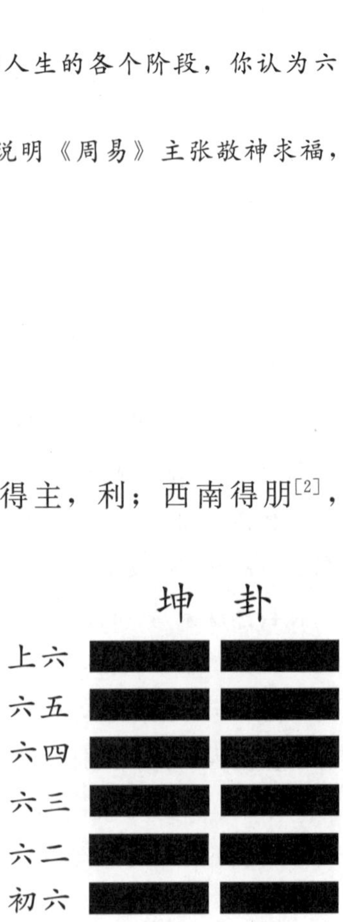

初六：履霜，坚冰至。

六二：直方大，不习无不利[3]。

六三：含章可贞，或从王事，无成有终[4]。

六四：括囊[5]，无咎无誉。

六五：黄裳[6]，元吉。

上六：龙战于野，其血玄黄[7]。

用六：利永贞。

注释

［1］坤，卦名。本卦是同卦相叠（坤下坤上）六画都是阴爻，用以象地。代表纯阴柔顺之事物，以及与此相关联的人伦义理概念。

［2］朋：朋贝。据传大舜时开始使用贝作货币，十枚一串为朋。

［3］习：熟习。

［4］含：同“戡”，克也，战胜之意。章：当读为商，殷商也。可贞：称心的占卜。王事：即大事，指战争。古代国家以战争和祭祀为大事。此处指战争。终：古人讲终，多指好的结局。

［5］括：收束，扎紧。囊：布袋。

［6］黄裳：裳，即裙、裤。周人以黄裳为吉祥、尊贵之物，这里比喻美德。

［7］玄黄：血流貌，借为泫潢。谓血流得多。

思考与探讨

1.《易传》以“地势坤，君子以厚德载物”解释坤卦，你能从中获得什么启发？

2. 坤卦六爻是如何实现“永利贞”的？

3. 联系个人现实谈谈你的失利是否与乾坤二卦有相违背之处？若时光倒流，你准备如何利用乾坤二卦避免失利？在未来的生活和工作中，你又准备如何利用乾坤二卦趋吉避害？

中庸·博学之[1]

扫二维码获取诵读音频

博学之，审问之，慎思之，明辨之，笃行之[2]。有弗学，学之弗能，弗措也[3]；有弗问，问之弗知，弗措也；有弗思，思之弗得，弗措也；有弗辨，辨之弗明，弗措也；有弗行，行之弗笃，弗措也。人一能之，己百之，人十能之，己千之。果能此道矣[4]，虽愚必明，虽柔必强。

注释

［1］《中庸》：原为《小戴礼记》之一篇，相传为孔子后裔子思所著，后经秦代学者修改整理。宋代儒家尤其尊崇《中庸》，探索文章不下百篇。北宋有程颢、程颐的极力推崇；南宋有朱熹作《中庸章句》，并与《大学》《论语》《孟子》并列称为“四书”，使之

成为官定教科书和科举考试必读书，对古代教育产生了极大的影响。

［2］审问：仔细地请教。慎思：慎重地思考。辨：辨别。笃：切实地；坚定。行：行动，做；实行。

［3］弗：通“不”，表示否定。措：搁置，终止。

［4］道：指前所言的方法、途径。

思考与探讨

《中庸·博学之》提出了哪些学习的原则和方法，给你哪些启发？你准备怎么践行？

2. 学习能给人带来什么变化？

卧薪尝胆[1]

越王勾践栖于会稽之上[2]，乃号令于三军曰：“凡我父兄昆弟及国子姓[3]，有能助寡人谋而退吴者，吾与之共知越国之政[4]。”大夫种进对曰[5]：“臣闻之：贾人夏则资皮，冬则资絺，旱则资舟，水则资车，以待乏也[6]。夫虽无四方之忧，然谋臣与爪牙之士，不可不养而择也[7]。譬如蓑笠，时雨既至，必求之。今君王既栖于会稽之上，然后乃求谋臣，无乃后乎[8]？”勾践曰：“苟得闻子大夫之言，何后之有[9]？”执其手而与之谋。

遂使之行成于吴[10]，曰：“寡君勾践乏无所使[11]，使其下臣种，不敢彻声闻于大王[12]，私于下执事曰[13]：寡君之师徒不足以辱君矣[14]；愿以金玉、子女赂君之辱[15]。请勾践女女于王[16]，大夫女女于大夫，士女女于士。越国之宝器毕从[17]！寡君帅越国之众以从君之师徒。唯君左右之[18]，若以越国之罪为不可赦也，将焚宗庙，系妻孥[19]，沈金玉于江；有带甲五千人，将以致死，乃必有偶[20]。是以带甲万人事君也，无乃即伤君王之所爱乎[21]？与其杀是人也，宁其得此国也，其孰利乎？”

夫差将欲听，与之成。子胥谏曰[22]：“不可！夫吴之与越也，仇雠敌战之国也。三江环之[23]，民无所移。有吴则无越，有越则无吴。将不可改于是矣！员闻之：陆人居陆，水人居水，夫上党之国[24]，我攻而胜之，吾不能居其地，不能乘其车；夫越国，吾攻而胜之，吾能居其地，吾能乘其舟。此其利也，不可失也已。君必灭之！失此利也，虽悔之，必无及已。”

越人饰美女八人，纳之太宰嚭[25]，曰："子苟赦越国之罪，又有美于此者将进之。"太宰嚭谏曰："嚭闻古之伐国者，服之而已[26]；今已服矣，又何求焉？"夫差与之成而去之。

勾践说于国人曰："寡人不知其力之不足也，而又与大国执仇，以暴露百姓之骨于中原[27]，此则寡人之罪也。寡人请更[28]！"于是葬死者，问伤者，养生者；吊有忧，贺有喜；送行者，迎来者；去民之所恶，补民之不足。然后卑事夫差，宦士三百人于吴，其身亲为夫差前马[29]。

勾践之地，南至于句无[30]，北至于御儿[31]，东至于鄞[32]，西至于姑蔑[33]，广运百里[34]。乃致其父兄、昆弟而誓之："寡人闻古之贤君，四方之民归之，若水归下也。今寡人不能，将帅二三子夫妇以蕃[35]。"令壮者无取老妇[36]，令老者无取壮妻。女子十七不嫁，其父母有罪；丈夫二十不取，其父母有罪。将免者以告[37]，公令医守之。生丈夫，二壶酒，一犬；生女子，二壶酒，一豚[38]；生三人，公与之母[39]；生二子，公与之饩[40]。当室者死[41]，三年释其政[42]；支子死，三月释其政；必哭泣葬埋之如其子。令孤子、寡妇、疾疹、贫病者，纳宦其子[43]。其达士，絜其居，美其服，饱其食，而摩厉之于义[44]。四方之士来者，必庙礼之[45]。勾践载稻与脂于舟以行，国之孺子之游者，无不铺之也，无不歠也[46]，必问其名。非其身之所种则不食，非其夫人之所织不衣。十年不收于国，民俱有三年之食。

国之父兄请曰："昔者夫差耻吾君于诸侯之国，今越国亦节矣[47]，请报之！"勾践辞曰："昔者之战也，非二三子之罪也，寡人之罪也。如寡人者，安与知耻？请姑无庸战[48]！"父兄又请曰："越四封之内[49]，亲吾君也，犹父母也。子而思报父母之仇，臣而思报君之仇，其有敢不尽力者乎？请复战！"勾践既许之，乃致其众而誓之曰："寡人闻古之贤君，不患其众之不足也，而患其志行之少耻也。今夫差衣水犀之甲者亿有三千[50]，不患其志行之少耻也，而患其众之不足也。今寡人将助天灭之。吾不欲匹夫之勇也，欲其旅进旅退也[51]。进则思赏，退则思刑；如此，则有常赏[52]。进不用命，退则无耻；如此，则有常刑。"果行，国人皆劝[53]。父勉其子，兄勉其弟，妇勉其夫，曰："孰是君也，而可无死乎？"是故败吴于囿[54]，又败之没[55]，又郊败之。

夫差行成，曰："寡人之师徒不足以辱君矣！请以金玉子女，赂君之辱！"勾践对曰："昔天以越予吴，而吴不受命；今天以吴予越，越可以无听天命而听君之令乎？吾请达王甬、句东[56]，吾与君为二君乎！"夫差对曰："寡人礼先壹饭矣[57]。君若不忘周室而为弊邑宸宇[58]，亦寡人之愿也。君若曰：‘吾将残汝社稷，灭汝宗庙’，寡人请死！余何面目以视于天下乎[59]？”越君其次也[60]，遂灭吴。

注释

［1］本文选自《国语》，原题《勾践灭吴》。《国语》是我国最早的国别体史书，共二十一卷，全书按周、鲁、齐、晋、郑、楚、吴、越八国分国编次，记载自周穆王至周贞定王（前990—前453）前后五百余年的史事。全书以记言为主，说理严密，刻划人物形象生动，对后代散文有很大影响，在我国文学史上有重要地位。《国语》的作者，旧说是鲁国史官左丘明，其根据是司马迁在《太史公自序》中说过：“左丘失明，厥有国语。”后人据此认为《国语》和《左传》同出左丘明之手。然而《国语》所记内容又多与《左传》重复、抵触，因此“两书同出一人之手”的说法难以令人信服。近人认为是战国时人把各国的史料汇编而成。

［2］勾践：越王允常之子。允常初曾与吴王阖闾互相攻伐，允常死，吴乃乘越之丧伐越，竟为勾践所败，阖闾伤趾而死。栖：本指居住，此指退守。会稽：地名，在今浙江绍兴市东南。

［3］昆弟：即兄弟。国子姓：国君的同姓。

［4］知：主持、过问、参与。

［5］种：即文种，字子禽，楚国郢人，入越后，与范蠡同助勾践灭吴。功成，种为勾践所忌，赐剑自杀。

［6］贾人：商人。絺（chī）：细葛布，用以缝制夏衣。

［7］四方之忧：指外患。爪牙之士：指武士，勇猛的将士。

［8］无乃：恐怕。后：迟。

［9］子大夫：对大夫的尊称。

［10］行成：求和并达成协议。

［11］乏：此指缺乏人才。

［12］彻：通，达。大王：指吴王，特别尊重的称呼。

［13］下执事：下级办事官员。

［14］师徒：指军队。辱君：指君王屈尊讨伐越国。辱，表示谦卑的说法。

［15］赂君之辱：慰劳您的辱临。

［16］请勾践女女于王：第一个“女”作名词，指勾践的女儿；第二个“女”作动词，指作婢妾。下两句同。

［17］从：带来。

[18] 左右：作动词，处置、调遣的意思。

[19] 孥（nú）：子女。

[20] 偶：一个抵两个，加倍之意。

[21] 伤君王之所爱：谓吴王推恩于越，越民与越器皆为吴王所钟爱。如越人拼死决战，则越民与越器都不免遭到损失，岂不影响到吴王加爱于越的仁慈恻隐之心了么？

[22] 子胥（xū）：即伍子胥，名员，吴大臣。

[23] 三江：指钱塘江、吴江、浦阳江（位于浙江省中部）。

[24] 上党之国：指中原各国。

[25] 太宰嚭（pǐ）：太宰，官名。嚭，即伯嚭，吴国正卿，夫差的亲信。

[26] 服之：使之降服，屈服。

[27] 执仇：结仇。中原：此指原野。

[28] 更：改正。

[29] 宦士：仆隶。前马：仪仗队中乘马开道的人，即前导。

[30] 句（gōu）无：地名，在今浙江省诸暨市南。

[31] 御儿：地名，今浙江省桐乡市崇福镇。

[32] 鄞（yín）：地名，在今浙江省宁波市。

[33] 姑蔑：地名，在今浙江省衢州市东北。

[34] 广运百里：方圆百里。东西为广，南北为运。

[35] 二三子：你们，指百姓。蕃：繁殖人口。

[36] 取：同“娶”。

[37] 免：同“娩”，指生育。

[38] 丈夫：泛指男性，此处指男孩。豚（tún）；小猪，也泛指猪。

[39] 母：乳母。

[40] 饩（xì）：口粮。

[41] 当室者：长子。下文“支子”指庶子。

[42] 政：赋税，赋役。

[43] 疹（zhěn）：疹子，此处泛指疾病。一说同“疢（chèn）”，指热病。纳：收容。

[44] 絜（jié）：同“洁”。摩厉：同“磨砺”，这里有激励的意思。

[45] 庙礼之：在宗庙里接见，以示尊重。

[46] 餔（bū）：供给饮食。歠（chuò）：给水饮。

[47] 节：有节度。

[48] 姑：暂且。庸：通“用”。

[49] 封：疆界。

[50] 衣：动词，穿。水犀之甲：用水犀皮做的铠甲。亿有三千：言吴兵有十万三千

人。亿，这里指十万。

[51] 旅：俱。指军队有纪律地同进退。

[52] 常赏：合于常规的赏赐，下文“常刑”指合于常规的刑罚。

[53] 劝：勉励。

[54] 囿（yòu）：即笠泽，吴地名，今太湖一带。

[55] 没：吴地名。

[56] 达：遗送。甬、句东：甬江和勾章以东。指今浙江省舟山县。句，同“勾”。

[57] 壹饭：小小的恩惠。指曾赦免越国。

[58] 不忘周室：吴是周的同姓，故曰。寰宇：指屋檐下，也泛指房屋住处。

[59] 视：视息，犹言生存。

[60] 次：驻扎。

思考与探讨

谈谈勾践为什么能够实现灭吴的理想，对你有何启发？

闻鸡起舞[1]

初，范阳祖逖，少有大志，与刘琨俱为司州主簿，同寝，中夜闻鸡鸣，蹴琨觉曰：“此非恶声也！”因起舞。

及渡江，左丞相睿以为军谘祭酒。逖居京口，纠合骁健[2]，言于睿曰：“晋室之乱，非上无道而下怨叛也[3]，由宗室争权，自相鱼肉[4]，遂使戎狄乘隙[5]，毒流中土[6]。今遗民既遭残贼[7]，人思自奋，大王诚能命将出师[8]，使如逖者统之以复中原[9]，郡国豪杰，必有望风响应者矣！”

睿素无北伐之志，以逖为奋威将军、豫州刺史，给千人廪[10]，布三千匹，不给铠仗[11]，使自召募。

逖将其部曲百余家渡江，中流[12]，击楫而誓曰[13]：“祖逖不能清中原而复济者，有如大江！”遂屯淮阴[14]，起冶铸兵[15]，募得二千余人而后进。

注释

[1] 本文选自《通鉴纪事本末》，由袁枢根据《资治通鉴》及《晋书·祖逖传》

校订。

[2] 纠合：聚集。骁健：骁勇强健的壮士。

[3] 怨：怨恨。叛：叛乱。

[4] 自相鱼肉：自相残杀。

[5] 乘隙：乘机，钻空子。

[6] 毒流：祸害。

[7] 残：摧残。贼：伤害。

[8] 命将：派遣将领。

[9] 统：统领。复：光复。

[10] 廪：口粮。

[11] 铠仗：兵器。

[12] 中流：在长江中。

[13] 楫：船桨。

[14] 屯：驻扎。

[15] 冶：冶炼。铸：浇铸。

思考与探讨

祖逖有哪些优秀品质？我们要学习他的哪些精神？

第三专题

民本仁爱

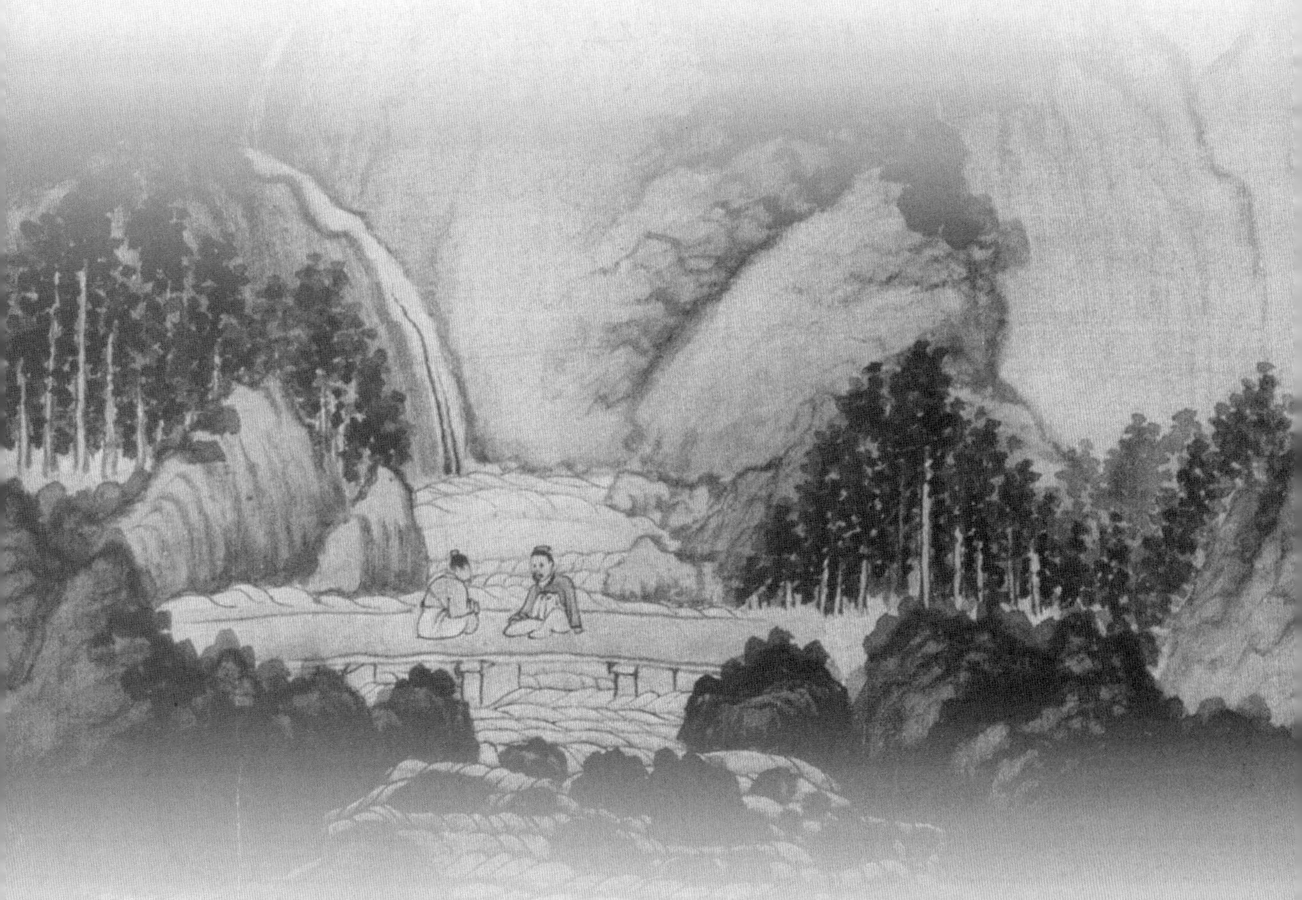

专题导读

民本与仁爱判然有别，又相互依存，是我国古代政治思想的核心构件。

一、民本

民本思想是我国古代明君、贤臣为维护和巩固统治而提出的一种统治观，其基本要求有以下几点。

1. 亲民敬民

《尚书·五子之歌》是我国最早记载民本思想的著作。《五子之歌》第一首追述大禹的训诫“民惟邦本，本固邦宁”，发民本思想之滥觞，指出“民可近，不可下”，“为人上者，奈何不敬”，强调亲民敬民的重要性。

2. 为民利民

《左传·文公十三年》记载了邾文公与官员讨论迁都事宜。邾文公认为“天生民而树之君，以利之也”，迁都有利于百姓就有利于国君，从而坚定了迁都的决心。

2. 民贵君轻

《孟子·尽心下》讨论了“民贵君轻”的命题，指出“得乎丘民而为天子”的必由之路，与“得民心者得天下”相互呼应。

4. 忧乐以民

《孟子·梁惠王下》指出，“乐以天下，忧以天下”是上位者为王的重要保证。

5. 君舟民水

《荀子·王制》提出“君舟民水”的思想，警戒上位者须重视民意以防倾覆。《荀子·大略》指出“立君”“列地建国”和“列官职”都是为民而设。

二、仁爱

仁爱思想是儒家思想的核心。《孟子·尽心上》提出了仁爱的三个层次——亲亲、仁民、爱物。这一层次划分反映了儒家仁爱从亲近亲人，进而推广到仁爱大众，最后上升到爱物的观念。从指导统治实践的角度，儒家侧重讨论仁民：

1. 忠恕而已——仁之方

《论语·庸也》记载子贡向孔子请教仁，孔子回应施民济众不仅是仁，更是“圣”，进而提出“己欲立而立人，己欲达而达人”的忠道精神，即“推己及人”思想的积极要求——“尽己为人”。《论语·卫灵公》记载子贡请教孔子什么可以践行一生，孔子回答“恕”，并提出“己所不欲，勿施于人”的恕道精神，即“推己及人”思想的消极、最低要求。《论语·里仁》中，曾参转述老师孔子“一以贯之”的精神，无外乎“忠恕而已矣”，也即是说，“忠”“恕”两个方面合起来，就是孔子所论仁道的基本要求，就是“仁之方”。

2. 克己复礼——仁之纲

《论语·颜渊》记载颜渊向孔子请教仁，孔子回答克己复礼就是仁，并以非礼“勿视”“勿听”“勿言”“勿动”作为仁之纲目。颜渊虚心受教，表示按照仁之纲目践行仁德。

3. 恭宽信敏惠——仁之德

《论语·阳货》记载子张向孔子请教仁，孔子以恭、宽、信、敏、惠相告。后世将之概括为仁之五德。

4. 仁政、四端与五常

《孟子·公孙丑上》记孟子说，仁、义、礼、智的发端分别是人人生而有之的恻隐心、羞恶心、辞让心、是非心，进而阐明这四端就是施行仁政的基础。汉代董仲舒在此基础上进一步将其扩展为仁、义、礼、智、信“五常”，将之确立为维护儒家社会基本秩序的重要价值标准和基本美德。

5. 争利不仁

《孟子·梁惠王上》指出，国危源于国君、大夫竞相争利。

曹操《蒿里行》叙述东汉末年盟军讨伐董卓，由于内部相互争利导致相互杀伐，给百姓带来极大的苦难。

张可久【中吕·卖花声】《怀古》批判统治者为争权夺利发动战争，陷百姓于涂炭中。

6. 暴政不仁

古代统治暴政常见于横征暴敛。苛捐杂税，繁重劳役，既增加了劳动人民的生产负担，又占用了百姓的劳动成果，降低了百姓享受成果的比例。《孟子·梁惠王上》就以“率兽食人”为譬猛烈抨击了当时的乱象虐政。

李白《宿五松山下荀媪家》反映朝廷大量征召民夫，导致劳动场合只见成年女性而鲜见男性的局面。杜甫《客从》反映百姓被征敛到山穷水尽、无物可征的地步；《垂老别》则反映青壮年民夫被征调殆尽，连老年人也不放过的惨况。

苏轼《荔枝叹》由汉唐进贡荔枝，联想到宋时丁谓、蔡襄等权臣为谄媚皇帝而征贡好茶，批判统治者为一己私利陷百姓于水火中。

屈大均《雷女织葛歌》反映劳动者辛苦劳作，却被富商大量夺取果实的残酷现实。

从古代大量同题材的作品可见，统治者不仁的行为常见于横征暴敛。除此之外还有很多违背民意、伤害民心的政策也是暴政和不仁的表现。陈恭尹的《太息》反映清王庭为防郑成功等反清复明，实施“迁界”和“海禁”政策，致使沿海地区百姓远离乡土的史实，批判统治者怜物不爱民的错误。

7. 误国不仁

袁枚《马嵬》指出战乱给百姓带来的苦难远比统治者遭受的多。实际上，李隆基安于享乐，荒于治国，给安史可趁之机，导致国家内乱和动荡，更给百姓带来了巨大的苦难。

8. 仁的落实

自孔子开始，很多思想家从不同角度提出和丰富仁的学说。《论语·子张》中，子夏主张仁在博学、笃志、切问、近思之中，即仁首先在于提升自我，周济身侧。

宋代张载的《正蒙》第一次系统、明确地讨论如何将仁落实。该书《乾称·西铭》以爱为逻辑主线，从仁者修身、孝悌为本、仁民爱物，层层推扩，直至“民胞物与”的博大胸怀。这样一来，我们可以清晰看到，儒家的仁爱观是建立在亲疏远近基础上的“等差之爱”，具有同心圆式由近及远、推己及人、层层推延的特点。那么，仁的落实便与“修齐治平”的修身自强之途是一致的。

三、民本与仁爱互见

应当认识到，民本与仁爱是两种截然不同的思想，前者主张上位者施政要以民为根本，后者主张通过仁政获得并巩固统治权。

也应当认识到二者在政治实践中是紧密结合的，相互体现。

《左传·襄公三十一年》记载，郑国大夫融蔑向执政子产进言毁乡校，子产反对，认为不但不应防民之口，还要从百姓的议论中确认行政得失，善则行，恶则改。子产的观点体现了民本思想，而孔子从中看到子产的仁。

李贽《老子解·第五》由解读《道德经》“天地不仁”生发“圣人与万民同一中”的观点，体现了作者对平等的追求以及中国原生民主思想的萌芽，进一步推动了仁的纵深发展。

黄宗羲《原君》赞扬上古圣人为百姓兴利除弊而得到敬重，阐明“以天下为主，君为客，凡君之所毕世而经营者，为天下也”的为君之道；批判后世帝王“以君为主，天下为客”，为将天下囊为私有而兴战争，为淫乐而过分盘剥百姓。同时，批评小儒那种死守“忠君”教条、反对人民推翻暴虐统治者的陈腐观念。文中既有对仁道的赞颂和对不仁的鞭笞，又有作者民主思想的萌芽。

客观上，古代思想家提出民本仁爱思想，是为了指导统治者更好地实施和巩固统治，有浓厚的阶级色彩。但从施政的结果上来看是有利于百姓的。因此，古代的民本仁爱思想有其糟粕，亦有其精华。当今，我们应弘扬其精髓，从民本出发，以仁爱关照百姓，牢记共产党人“为人民服务”的宗旨，更好地营造和谐安定的社会环境。

第一节　民本思想

民惟邦本[1]

扫二维码获取
诵读音频

其一曰[2]：“皇祖有训[3]：民可近，不可下[4]。民惟邦本，本固邦宁[5]。予视天下，愚夫愚妇，一能胜予[6]。一人三失，怨岂在明[7]？不见是图[8]。予临兆民，懔乎若朽索之驭六马[9]，为人上者，奈何不敬？”

注释

[1] 本文选自《尚书·夏书·五子之歌》。《尚书》，古称《书》，汉以后称《尚书》。尚，通上，上代以来之书，故名。为上古历史文献和部分追述古代史籍著作的汇编，我国最早一部历史文献总集，儒家经典之一。相传为孔子编定。原有百篇。秦焚书后，西汉初年伏生所传二十八篇用汉代隶书写定，称今文《尚书》。另有汉武帝时孔宅墙壁中发现的本子，用先秦古文写成，称古文《尚书》，已佚。东晋梅赜所献系伪书。阮元本《十三经注疏》，是今文《尚书》与伪古文《尚书》的合编。五子之歌：选文出自伪古文《尚书》部分，然《五子之歌》孔壁本应当确有，《史记·夏本纪》引《书序》：“帝太康失国，昆弟五人，须于洛汭，作《五子之歌》。”五子，夏启的五个儿子，太康的弟弟。

[2] 其一：指五子之歌中第一首歌词。

[3] 皇祖：皇，《说文》释为“大”，指大禹。训：训诫。

[4] 近：亲近。下：低下，此处指以为卑贱，轻视。

[5] 惟：语气助词，用于句中以调整音节。邦本：国家根本。本固邦宁：根本稳固，国家才会安宁。

[6] 予：我。愚夫愚妇：成语，泛指普通百姓。一：整个地，全部。

[7] 三：意为“多”，古文“三”“九”“十二”之数，类多概指。怨岂在明：民怨难道在明显的时候才重视？

[8] 不见是图：即“图不见”，指谋于细微不见的过失。

[9] 临：面对（上对下，尊对卑）。兆：十万曰亿，十亿曰兆。言多。懔乎：恐惧。懔，同“凛”。朽索：腐朽的绳索。

思考与探讨

1. 本篇的主旨句是哪两句？提出了怎样的观点态度？在我国政治思想史上的地位如何？

2. 本篇用了哪些修辞手法？

为民利民[1]

邾文公卜迁于绎[2]。史曰[3]："利于民而不利于君。"邾子曰[4]："苟利于民，孤之利也[5]。天生民而树之君[6]，以利之也。民既利矣，孤必与焉[7]。"左右曰[8]："命可长也，君何弗为[9]？"邾子曰："命在养民[10]。死之短长，时也[11]。民苟利矣，迁也，吉莫如之[12]！"遂迁于绎。（《左传·文公十三年》）

注释

[1]《左传》原名为《左氏春秋》，汉代改称《春秋左氏传》，简称《左传》。旧时相传是春秋末年左丘明为解释孔子的《春秋》而作。《左传》实质上是一部独立撰写的史书。它起自鲁隐公元年（前722），迄于鲁哀公二十七年（前468），以《春秋》为本，通过记述春秋时期的具体史实来说明《春秋》的纲目，是儒家重要经典之一。

[2] 邾：周诸侯国名，又称邾娄。鲁国附庸。初都曲阜稍南，后迁邹东南。另有曹姓邾国。邾文公：邾国有作为的国君。卜：占卜。迁：迁都。绎：即峄山。据考证邾文公迁都峄山之南。

[3] 史：负责占卜的史官。

[4] 邾子：邾为子爵。

[5] 苟：假使。孤：古代国君自称。

[6] 树：立。

[7] 既：已经。必：一定。与：合乎。本句倒装，意为：已经有利于人民了，一定合乎我的利益。

[8] 左右：近臣，随从。

[9] 弗：表否定。

[10] 命：两个"命"字意不同。上文为寿命之意，此处为命分、天命之意。

[11] 死之短长：犹言寿命之短长。时：时数。

[12] 民苟利：倒装，“苟利民”。与上文“民既利矣，孤必与焉”同。吉莫如之：倒装，莫如之吉。

思考与探讨

1. 上位者与下位者的利益是相悖的吗？为什么？

2. 如果你是上位者，你怎么处理与下位者的利益关系？

孟子谈民本

民贵君轻

孟子曰：“民为贵，社稷次之[1]，君为轻。是故得乎丘民而为天子[2]，得乎天子为诸侯，得乎诸侯为大夫。诸侯危社稷，则变置[3]。牺牲既成[4]，粢盛既洁[5]，祭祀以时，然而旱干水溢，则变置社稷[6]。（《孟子·尽心下》）

注释

[1] 社稷：古代帝王或诸侯建国时，都要立坛祭祀“社”“稷”，所以，“社稷”又作为国家的代称。社，土神。稷，谷神。

[2] 丘：众。

[3] 变置：改立。

[4] 牺牲：供祭祀用的牛、羊、猪等祭品。

[5] 粢盛既洁：盛在祭器内的祭品已洁净了。粢（zī），粟米。

[6] 变置社稷：改立土谷之神。

忧乐以民

乐民之乐者[1]，民亦乐其乐；忧民之忧者[2]，民亦忧其忧。乐以天下，忧以天下，然而不王者[3]，未之有也。（《孟子·梁惠王下》）

注释

[1] 乐：第一个“乐”字作动词。第二个作名词。下同。

[2] 忧：第一个“忧”字作动词。第二个作名词。下同。

[3] 不王（wàng）：谓不以仁义取得天下。

思考与探讨

1. 结合史实谈谈你对民贵君轻的认识。

2. 你认为领导干部应从“得乎丘民而为天子”中汲取什么理念？

3. 谈谈上位者“乐以天下，忧以天下”的意义。你从中获得什么启发？

荀子谈民本

君舟民水

选贤良[1]，举笃敬[2]，兴孝弟[3]，收孤寡[4]，补贫穷[5]。如是，则庶人安政矣[6]。庶人安政，然后君子安位。传曰[7]：“君者，舟也；庶人者，水也。水则载舟[8]，水则覆舟。”此之谓也。（《荀子·王制》）

注释

[1] 贤良：有德行的人；才德兼备的人。

[2] 笃敬：笃厚诚敬之士。

[3] 孝弟：即孝悌。孝顺长辈，尊敬兄长的人。

[4] 孤寡：孤儿寡母。

[5] 贫穷：贫穷和困顿的人。

[6] 庶人：泛指平民。

[7] 传：已不可考。但据此可知，这一“君舟民水”思想应当已被写入儒家经典。

[8] 则：一般译为可以、能够。但细察“则”字用法，并无其他例证，孤证不为定说。而《诗经·齐风·鸡鸣》中有“匪鸡则鸣，苍蝇之声”，作助词解，无意义，当与此相近。

立君为民

天之生民，非为君也。天之立君，以为民也。故古者列地建国[1]，非以贵诸侯而已[2]；列官职，差爵禄[3]，非以尊大夫而已。（《荀子·大略》）

注释

[1] 列：通“裂”，分割。犹分封。

[2] 贵：使动用法。

[3] 差：区别。王先谦注：“差，谓制等级也。”

思考与探讨

1. 试用“君舟民水”思想分析现实中政权转移的情况。

2. “天之立君，以为民也”表达的理念是什么？

第二节　仁爱思想

《论语》谈仁

尽己为人

子贡曰[1]：“如有博施于民，而能济众[2]，何如？可谓仁乎？”子曰：“何事于仁，必也圣乎[3]！尧舜其犹病诸[4]！夫仁者己欲立而立人，己欲达而达人[5]。能近取譬，可谓仁之方也已[6]。”（《论语·雍也》）

注释

[1] 子贡（前520—?）：孔子弟子端木赐，字子贡。卫人。政治家。

[2] 博施：广泛地给予。济众：帮助大家生活得更好。济，对困苦的人加以帮助。

[3] “何事”二句：哪里仅是仁道，一定是圣德了。

[4] “尧舜”句：尧舜或者都难以做到吧。

[5] 夫：句首语气词。立：站，引申为站得住脚，意即有成就。达：通达。这里不能释为发达。“夫仁者”二句：孔子论仁，有积极和消极两个层面。“己欲立而立人，己欲达而达人”是其中的积极要求，称为“忠”。“己所不欲，勿施于人”是消极要求，称为“恕”。参看下文。

[6] 近取譬：从身边选择例子（照着做）。仁之方：（实践）仁道的途径。

推己及人

子贡问曰：“有一言而可以终身行之者乎[1]？”子曰：“其恕乎[2]！己所不欲，勿施于人。”（《论语·卫灵公》）

注释

［1］一言：一句话。

［2］恕：孔子论“仁”的消极要求，即“己所不欲，勿施于人”。

忠恕而已矣

子曰：“参乎[1]，吾道一以贯之[2]。”曾子曰：“唯[4]。”子出，门人问曰：“何谓也?”曾子曰：“夫子之道，忠恕而已矣。”（《论语·里仁》）

注释

［1］参：曾子（前505—前435），名参（shēn），字子舆，春秋末年鲁国南武城（山东嘉祥）人。曾子是中国著名的思想家，孔子的晚期弟子之一，与其父曾点同师孔子，是儒家学派的重要代表人物，主张以孝恕忠信为核心的儒家思想。被后世尊奉为“宗圣”，是配享孔庙的四配之一。

［2］一以贯之：成语，用一个根本性的事理贯通事情的始末或全部的道理。贯，贯穿。

［4］唯：急声应答声。

克己复礼为仁

颜渊问仁[1]。子曰：“克己复礼为仁[2]。一日克己复礼，天下归仁焉[3]。为仁由己[4]，而由人乎哉?”颜渊曰：“请问其目[5]。”子曰：“非礼勿视，非礼勿听，非礼勿言，非礼勿动[6]。”颜渊曰：“回虽不敏[7]，请事斯语矣[8]。”（《论语·颜渊》）

注释

［1］颜渊（前521—前490）：孔子弟子颜回，字子渊。

［2］克己复礼：克，克制。文中指约束。复，恢复，这里指恢复到符合周礼的状态。孔子致力于恢复周礼。他曾说：“周鉴于二代，郁郁乎文哉。吾从周。”

［3］归仁：犹称仁。

［4］为仁由己：实践仁全凭自己。

［5］目：此处指行动的纲领。

［6］“非礼”四句：不合礼制的不看、不听、不说、不做。即以礼制作为行动的准则。

孔子所讲的礼制，是礼外而仁内。他不同意脱离“仁”讲“礼”：“人而不仁，如礼何?”

［7］敏：思想敏锐。

［8］事：此处指实行。斯语：(您）这些话。

仁之五德

子张问仁于孔子[1]。孔子曰：“能行五者于天下，为仁矣。”“请问之。”曰：“恭，宽，信，敏，惠[2]。恭则不侮，宽则得众，信则人任焉，敏则有功，惠则足以使人[3]。”(《论语·阳货》)

注释

［1］子张（前503—?)：孔子弟子颛孙师，字子张。

［2］恭：恭敬。宽：宽厚。信：诚信。敏：勤敏。惠：慈惠。

［3］侮：轻慢。得众：得到大众（的拥护)。人任：得到别人的任用。有功：获得成功。使：命令。

子夏谈仁

子夏曰[1]：“博学而笃志[2]，切问而近思[3]，仁在其中矣。”(《论语·子张》)

注释

［1］子夏（前507—?)：孔子弟子卜商，字子夏。

［2］笃志：坚定自己的志向。

［3］切问：恳切地提出问题。近思：多考虑当前的问题。

思考与探讨

1. 试根据以上选文总结一下孔子的“仁”。

2. 试用身边例子分析，为什么要“己所不欲，勿施于人”。

3. “恭、宽、信、敏、惠”被称为仁之“五德”，你做到了几德?

4. 复旦大学将“博学而笃志，切问而近思”作为该校的校训，你觉得怎么样？按此要求，行仁当从何做起?

《孟子》谈仁

仁之层次

孟子曰："君子之于物也，爱之而弗仁[1]；于民也，仁之而弗亲[2]。亲亲而仁民[3]，仁民而爱物。"（《孟子·尽心上》）

注释

[1] 爱之而弗仁：爱惜万物，却不用仁爱来对待。

[2] 亲：亲近，亲爱。

[3] 第一个"亲"：同上。第二个"亲"：亲人。

仁政四端

孟子曰："人皆有不忍人之心。先王有不忍人之心，斯有不忍人之政矣。以不忍人之心，行不忍人之政，治天下可运之掌上。所以谓人皆有不忍人之心者：今人乍见孺子将入于井[1]，皆有怵惕恻隐之心[2]；非所以内交于孺子之父母也[3]，非所以要誉于乡党朋友也[4]，非恶其声而然也[5]。由是观之，无恻隐之心，非人也；无羞恶之心，非人也；无辞让之心，非人也；无是非之心，非人也。恻隐之心，仁之端也[6]；羞恶之心，义之端也；辞让之心，礼之端也；是非之心，智之端也。人之有是四端也，犹其有四体也[7]。"（《孟子·公孙丑上》）

注释

[1] 今：现在。乍：忽然。孺子：小孩子。

[2] 怵惕：惊惧。恻隐：同情。

[3] 内交：内，通"纳"。结交。

[4] 要（yāo）誉：求得名声。乡党：家乡，乡里。

[5] 恶（wù）其声：厌恶小孩子的声音。然：这样。

［6］端：萌芽。

［7］四体：四肢。

延伸阅读

汉·董仲舒《贤良策一》："夫仁、义、礼、智、信五常之道，王者所当修饬也。"

唐·柳宗元《时令论下》："圣人之为教，立中道以示于后，曰仁、曰义、曰礼、曰智、曰信，谓之五常，言可以常行之也。"

与梁惠王谈上下交争利

孟子见梁惠王[1]。王曰："叟[2]，不远千里而来，亦将有以利吾国乎?"孟子对曰："王何必曰利？亦有仁义而已矣[3]。王曰'何以利吾国'，大夫曰'何以利吾家'，士庶人曰'何以利吾身'，上下交征利而国危矣[4]。"（《孟子·梁惠王上》）

注释

［1］梁惠王：即魏惠王（前400—前319），姬姓，魏氏，名罃。公元前369—前319年在位。魏武侯子，文侯之孙。即位正当魏国鼎盛时期，但在桂陵之战、马陵之战中，大败于齐国，开始衰落。

［2］叟：老人。

［3］亦：只。

［4］征：赵岐注："征，取也。"

抨率兽食人

庖有肥肉[1]，厩有肥马[2]，民有饥色，野有饿莩[3]，此率兽而食人也[4]。兽相食，且人恶之[5]；为民父母，行政，不免于率兽而食人。恶在其为民父母也[6]？仲尼曰："始作俑者，其无后乎！[7]"为其象人而用之也[8]。如之何其使斯民饥而死也[9]？（《孟子·梁惠王上》）

注释

［1］庖（páo）：厨房。

［2］厩（jiù）：马栏。

［3］饿莩（piǎo）：饿死的尸体。

［4］率：率领。

［5］且：尚且。恶：厌恶。且人恶之：即“人且恶之”。

［6］恶（wū）：何也。作疑问副词。

［7］“仲尼曰”三句：仲尼，孔子。俑：殉葬用的土偶木偶。引文意为：第一个制作土偶木偶殉葬的人，应该已经断绝后代了吧。此句不见于《论语》。

［8］象：同“像”。

［9］如之何：怎么。

西　铭[1]

张　载

乾称父，坤称母[2]；予兹藐焉，乃混然中处[3]。故天地之塞，吾其体[4]；天地之帅，吾其性[5]。民吾同胞，物吾与也[6]。大君者，吾父母宗子；其大臣，宗子之家相也[7]。尊高年，所以长其长；慈孤弱，所以幼其幼[8]。圣其合德，贤其秀也[9]。凡天下疲癃残疾、惸独鳏寡，皆吾兄弟之颠连而无告者也[10]。于时保之，子之翼也[11]；乐且不忧，纯乎孝者也[12]。违曰悖德，害仁曰贼[13]；济恶者不才，其践形，唯肖者也[14]。知化则善述其事，穷神则善继其志[15]。不愧屋漏为无忝，存心养性为匪懈[16]。恶旨酒，崇伯子之顾养[17]；育英才，颍封人之锡类[18]。不弛劳而底豫，舜其功也[19]；无所逃而待烹，申生其恭也[20]。体其受而归全者，参乎[21]！勇于从而顺令者，伯奇也[22]。富贵福泽，将厚吾之生也[23]；贫贱忧戚，庸玉汝于成也[24]。存吾顺事，没吾宁也[25]。

注释

［1］《西铭》选自张载《正蒙·乾称》，本文为节选，又单独成章。本选段“大抵皆古人说话集来”，是张载糅合众多古文原文及典故而成。他曾书于西牖以示诸生，题为《订顽》，有警示意。程颐改题为《西铭》。自宋以来，理学诸家备极推崇。选文体现了一种泛爱的思想。为“仁”发展到理学的代表作。张载（1020—1077）：字子厚，凤翔郿县（今陕西眉县）人。世称横渠先生。北宋哲学家，理学创始人之一，理学中“关学”创始

人和代表。

[2]“乾称”二句：此句出自《周易·说卦传》：“乾，天也，故称乎父；坤，地也，故称乎母。”

[3]“予兹藐焉”二句：予，我。兹，语气词。藐，弱小。混然，合而无间。中处，处于天地之中。

[4]“故天地之塞”二句：天地之塞，乾坤的阴阳二气充塞天地。吾其体，我以天地二气为体，此身气血都禀受于它。

[5]“天地之帅”二句：天地的乾健坤顺性质为阴阳二气所遵循。帅，带领，遵循。吾其性，我因此而成就了自己的本性。

[6]“民吾同胞”二句：民，人民。同胞，同一父母所生的兄弟。物，万物，此处指人类以外的生物。与，同类。

[7]“大君者”四句：大君，指天子。吾父母，指乾坤、天地。宗子，嫡长子。家相，家宰。相，宰相。

[8]“尊高年”四句：所以，以此、以之。长其长，前长字为动词，后长字为名词，意为尊重年长之人。慈，仁爱，作动词。孤，幼年死去父亲或父母双亡。“幼其幼”同“长其长”，意为爱抚年幼之人。“幼其幼”，“其”一作“吾”。

[9]“圣其合德”二句：圣其合德，圣人与天地德性相合为一。《易传·乾卦·文言》：“夫大人者，与天地合其德。”贤其秀也，贤人是钟集了天地的灵秀而产生的。秀，灵秀。

[10]“凡天下”句：疲癃（lóng），衰老或身有残缺、疾病的人。惸（qióng）独，孤苦无依的人。鳏寡，鳏夫和寡妇。都是失去配偶的人。颠连，困顿，苦难。无告，无可诉告。一说为无靠，告通靠。

[11]“于时”二句：《诗经·周颂·我将》：“畏天之威，于时保之。”于时，郑玄笺：“时，是也。”保之，郑玄笺为：“得安文王之道。”翼，小心翼翼。

[12]“乐且不忧”二句：乐且不忧，《易传·系辞上》：“乐天知命，故不忧。”纯乎孝者也，《左传·隐公元年》：“君子曰：颍考叔，纯孝也。”纯孝，笃孝。

[13]“违曰”二句：《孟子·梁惠王下》：“贼仁者谓之贼。”

[14]“济恶”三句：济恶，助长为恶。不才，没有才能。践形，体现出人的天赋品质。践，实现；实行。唯肖，此处专指子对父的相似。

[15]“知化”二句：二“其”字都指天地乾坤而言。天地乾坤所做之事为化育，所存之志为神妙的天机，圣人继承其事其志犹如孝子继承父母。穷神、知化，语出《易传·系辞下》：“穷神知化，德之盛也。”

[16]“不愧”二句：不愧屋漏，语出《礼记·中庸》，原文作：“《诗》云：‘相在尔

室，尚不愧于屋漏。’故君子不动而敬，不言而信。”所引诗见《诗经·大雅·抑》。相在尔室意为诸侯卿大夫觐见助祭，屋漏为宗庙的西北隅，不愧意为有神见己所为而己不惭愧。忝，羞辱；有愧于。存心养性，保存赤子之心，修养善良之性。匪懈，不懈；匪同“非”。

[17]“恶旨酒”二句：恶旨酒，指禹不喜欢美酒，而喜欢有益的话。崇伯子，禹之父鲧封于崇，史称崇伯，崇伯子即夏禹。顾养，顾念父母的养育之恩。

[18]“育英才”二句：育英才，《孟子·尽心上》：“得天下英才而教育之，三乐也。”颍封人，即颍考叔，曾任颍谷封人。春秋时郑国人，以事母至孝著称。锡类，永锡尔类的简称。意为上天会赐福给孝子。锡，通“赐”。

[19]“不弛劳”二句：不弛劳，勤劳不松懈。底豫，使其快乐。舜其功也，意为这是舜所获得的成功。据称舜事其父瞽瞍至孝。

[20]“无所逃”二句：申生，春秋时晋献公太子，谥号“恭”。晋献公宠爱骊姬，申生为其所僭，自经而死。事见《左传》。文中所说“待烹”，犹言待死，并非确指。

[21]“体其受”二句：体其受，身体发肤，受之父母。归全，保全身体，归之于父母。参，曾参，字子舆，孔子弟子，以孝著称。

[22]“勇于”二句：勇于从而顺令，勇于顺从父母的旨意。伯奇，古代孝子。《孔子家语·七十二弟子解》：“尹吉甫以后妻放伯奇。”尹吉甫为周宣王大臣。

[23]“富贵”二句：福泽，幸福和秩禄。厚生，使生活豐足。《尚书·大禹谟》：“正德，利用，厚生，惟和。”

[24]“贫贱”二句：忧戚，忧虑烦恼。庸，用；以；乃。玉汝于成，爱护而使之有成就。

[25]“存吾”二句：存，生存。顺事，顺从天地之事。没，通“殁”，死亡。宁，安宁。

课外阅读

“横渠四句”教

为天地立心，为生民立命。

为往圣继绝学，为万世开太平。

扫二维码获取诵读音频

思考与探讨

1.“民吾同胞，物吾与也”表明了张载一种什么样的仁爱观？

2. 结合“横渠四句”教，思考古代知识分子的追求。

蒿里行[1]

曹　操

关东有义士，兴兵讨群凶[2]。
初期会盟津，乃心在咸阳[3]。
军合力不齐，踌躇而雁行[4]。
势利使人争，嗣还自相戕[5]。
淮南弟称号，刻玺于北方[6]。
铠甲生虮虱，万姓以死亡[7]。
白骨露于野，千里无鸡鸣。
生民百遗一，念之断人肠。

注释

[1] 蒿里行：本篇是《相和歌·相和曲》歌词，古辞尚存，言人死魂魄归于蒿里。“蒿里”又名“薨里”，“蒿”“薨”同“槁”，人死则枯槁，故名死人居处“蒿里”。本诗叙汉末讨伐董卓群雄的争权夺利，造成人民大量死亡的苦难。曹操（155—220）：字孟德，小字阿瞒，沛国谯人（现安徽亳州市），汉族，东汉末年著名政治家、军事家、诗人。其子曹丕称帝后，追尊其为魏武帝。

[2] “关东”二句：关东，函谷关以东。义士，讨伐董卓的群雄。初平元年（190），关东诸州郡伐董卓，推袁绍为盟主。

[3] “初期”二句：盟津，即孟津，今河南孟州市南，为武王伐纣会盟诸侯处。咸阳，秦都，在今陕西咸阳东。这两句意为，本来期望团结群雄，如武王伐纣一样会盟诸侯，吊民伐罪；初心是直捣洛阳，如秦末刘、项诸雄攻入咸阳一般。

[4] “军合”二句：军合，合兵一处。雁行，并行，此处指各自观望。

[5] “势利”二句：嗣，随后。还，通“旋”，迅速。戕，杀害。

[6] “淮南”二句：淮南弟，指袁绍从弟袁术称帝。“刻玺”句指袁绍谋立刘虞为帝，刻金印。

[7] 虮：虱卵。

思考与探讨

本诗从哪几个方面批判了军阀混战给人民造成的苦难？苦难的根源是什么？

【中吕·卖花声】怀古[1]

张可久

美人自刎乌江岸[2]，战火曾烧赤壁山[3]，将军空老玉门关[4]。伤心秦汉，生民涂炭，读书人一声长叹。

注释

［1］中吕：又叫仲吕，古代乐律名。古乐分十二律，阴阳各六，第六为中吕。词曲宫调的六宫之一。中吕所属曲牌，据《九宫大成南北词宫谱》所载，包括北曲五十六支及南曲一百四十四支。《卖花声》，原为唐代教坊曲名，后用为词牌，又用为曲牌，属北曲。张可久（1280—约1352），名久可，号小山，以字行。一生沉抑下僚，生平不显，连名、字记载也有诸多出入。经历不详，流寓绍兴、衢州等地，曾与倪瓒、贯云石、卢挚等人交往。

［2］“美人”句：美人，虞美人，实指项羽自刎乌江。事见《史记·项羽本纪》。

［3］“战火”句：指曹操兵败赤壁。事见《三国志·吴书·吴主孙权传》：“遇于赤壁，大破曹公军。公烧其余船隐退，士卒饥疫，死者大半。”

［4］“将军”句：指班超空老边关。事见《后汉书·班超传》：“超自以久在绝域，年老思土。十二年，上疏曰：‘……臣不敢望到酒泉郡，但愿生入玉门关。’”以上三句只言三人败亡迟暮，正是含蓄地表明历史不过是统治者之间争权夺利的过程，所谓英雄业绩也不过是过往烟云。

思考与探讨

这首散曲体现了作者对历史的一种什么批判精神？

宿五松山下荀媪家[1]

李　白

我宿五松下，寂寥无所欢。
田家秋作苦，邻女夜舂寒。
跪进雕胡饭[2]，月光明素盘。
令人惭漂母[3]，三谢不能餐[4]。

注释

［1］李白（701—762）：字太白，号青莲居士，贺知章目之“谪仙人”。唐代著名浪漫主义诗人。生于碎叶城（今属吉尔吉斯斯坦，当时属唐安西都护府），七岁随父迁居四川。天宝初，入长安，荐于唐玄宗，待诏翰林。后漫游江湖间，永王李璘聘为幕僚。璘起兵，事败，白坐流放夜郎（在今贵州省）。中途遇赦，至当涂依李阳冰，未几卒。荀媪（ǎo）：姓荀的老妇人。

［2］雕胡饭：即菰米饭。菰米是水生植物茭白的果实，可做饭食。

［3］漂母：洗衣老妇。韩信早年穷困，曾钓于淮阴城下，有一漂母给他饭吃，韩信封王后以千金酬谢，事见《史记·淮阴侯列传》。此以漂母比荀媪。

［4］三谢：再三辞谢。不能餐：难以下咽。

思考与探讨

1. 此诗表现了李白对荀媪怎样的思想感情？

2. 李白诗以豪迈雄奇飘逸著称，与本诗的艺术风格迥然不同。结合创作背景思考这种风格变化背后的原因。

杜甫抨横征暴敛[1]

垂老别

四郊未宁静，垂老不得安[2]。
子孙阵亡尽，焉用身独完[3]！
投杖出门去[4]，同行为辛酸。
幸有牙齿存，所悲骨髓干。
男儿既介胄，长揖别上官[5]。
老妻卧路啼，岁暮衣裳单。
孰知是死别，且复伤其寒[6]。
此去必不归，还闻劝加餐[7]。
土门壁甚坚，杏园度亦难[8]。
势异邺城下，纵死时犹宽[9]。
人生有离合，岂择衰盛端[10]！
忆昔少壮日，迟回竟长叹[11]。
万国尽征戍，烽火被冈峦[12]。
积尸草木腥，流血川原丹[13]。
何乡为乐土？安敢尚盘桓[14]！
弃绝蓬室居，塌然摧肺肝[15]。

注释

[1] 杜甫（712—770）：字子美，京兆杜陵人。自号少陵野老，世称“杜少陵”。举进士不第，曾任检校工部员外郎，故又称“杜工部”。是唐代最伟大的现实主义诗人，宋以后被尊为“诗圣”，与李白并称“李杜”。其诗揭露当时社会矛盾，对穷苦人民寄予深切同情，内容深刻。许多优秀作品，显示了唐代由盛转衰的历史过程，因此被称为“诗史”。在艺术上，善于运用各种诗歌形式，尤长于律诗；风格多样，而以沉郁为主。存诗1400多首，有《杜工部集》。

[2]“四郊”二句：四郊，古以京邑四周百里为“郊”，这里指洛阳一带。《礼记·曲

礼》曰："四郊多垒。"垂老，年将老。

［3］"子孙"二句：焉用，哪用，何用。完，保全。

［4］投杖：丢掉拐杖。

［5］"男儿"二句：介胄（zhòu），古代战衣。介，甲衣，护身军服。胄，头盔。此处都做动词用。长揖，旧时拱手高举继而落下的一种敬礼。

［6］"孰知"二句：孰知，即熟知、深知。孰，同"熟"。死别，永别。且，尚且。复，还，仍。其，指老妻。

［7］"此去"二句：必，一定。劝加餐，勉励多吃一点，以保重身体。古诗《行行重行行》："努力加餐饭。"这是老妻临别嘱咐，故说"还闻"。

［8］"土门"二句：土门，其地约在河阳附近，为当时唐官军据点。壁，指军营围墙。杏园，即杏园镇，那里有黄河渡口，称杏园渡，也是当时唐官军驻守据点。度亦难，指敌人也不容易从杏园渡渡河。度，同"渡"。

［9］"势异"二句：承上两句而来，表示这次是防守，情况与上次围攻邺城不同，即使战死也要拖一些时间。邺城之战，唐乾元元年（758）九月至二年三月，唐军围攻邺城（今河北临漳县）安庆绪部，与其援军史思明部交锋时被狂风惊散溃败的作战。宽，指时间宽裕，引申为拖延时间。

［10］"人生"二句：人生难免悲欢离合，哪能选择老年还是壮年！离合，聚散。岂择，哪能选择。衰盛端，衰年和盛年，即老年和壮年。这里是偏义复词，实指老年。端，犹口语"头"，指事物开头或末尾。

［11］ "忆昔"二句：回忆少壮时的太平岁月，不禁徘徊感叹。迟回，徘徊。竟，终于。

［12］"万国"二句：征戍，从军守卫边疆。烽火，古代边防报警的烟火，引申为战火。被，覆盖。冈峦，连绵的山。

［13］"积尸"二句：积尸，尸体堆积。腥，血腥气。丹，红色，指染红。

［14］"何乡"二句：安敢，哪里敢。盘桓，犹徘徊，流连不进。

［15］"弃绝"二句：蓬室，简陋的茅屋。塌然，犹颓然，毁伤的样子。摧肺肝，形容内心悲痛至极。

客　从

客从南溟来，遗我泉客珠[1]。
珠中有隐字，欲辨不成书[2]。
缄之箧笥久，以俟公家须[3]。
开视化为血，哀今征敛无[4]。

注释

[1]“客从”二句：这两句仿汉乐府民歌“客从远方来，遗我双鲤鱼”的格式。“客”和“我”并非实指。南溟，南海。遗（wèi），即赠送。泉客，即鲛人，也叫泉仙或渊客。传说南海有鲛人，水居如鱼，能织绡，泪能成珠。

[2]“珠中”二句：有隐字，有一个隐约不清的字。书，即文字。珠由泪点所成，即“泪”字。

[3]“缄之”二句：缄，封藏。箧笥，藏物的箱子。俟，等待。公家，官家。须，需要，即下所谓“征敛”。

[4]“开视”二句：开视，打开看。哀今征敛无，意谓而今再没有什么东西可供搜刮的。

思考与探讨

1.《垂老别》塑造了一个什么样的老人形象？

2. 战争的正义与否应当以什么为标准？

3.《客从》讲了一个怎样的故事？如何批判社会现实？

荔支叹[1]

苏　轼

十里一置飞尘灰[2]，五里一堠兵火催[3]。
颠坑仆谷相枕藉[4]，知是荔支龙眼来[5]。
飞车跨山鹘横海[6]，风枝露叶如新采。
宫中美人一破颜[7]，惊尘溅血流千载[8]。
永元荔支来交州[9]，天宝岁贡取之涪[10]。
至今欲食林甫肉[11]，无人举觞酹伯游[12]。
我愿天公怜赤子[13]，莫生尤物为疮痏[14]。
雨顺风调百谷登，民不饥寒为上瑞[15]。
君不见武夷溪边粟粒芽[16]，前丁后蔡相笼加[17]。
争新买宠各出意，今年斗品充官茶[18]。
吾君所乏岂此物，致养口体何陋耶[19]！
洛阳相君忠孝家，可怜亦进姚黄花[20]。

注释

［1］苏轼（1036—1101），字子瞻，自号东坡居士，眉州眉山（今四川省眉山市）人。北宋时期，也是整个中国历史上少有的文艺全才，诗、词、散文、书法、绘画都有极高成就。题材广泛、思想深刻、境界高远、笔力遒劲是其作品总的特点，对当时及后世都产生了深远影响。文学上，与父亲苏洵、弟弟苏辙并称“三苏”，与欧阳修并称“欧苏”；书法上，与黄庭坚、米芾、蔡襄并称“宋四家”。仕途以“乌台诗案”为转折点，后半生屡遭贬黜，最远被贬至岭南惠州、儋州（今海南省儋州市）。后遇赦内迁，北归途中病殁于常州，享年65岁。有《东坡七集》《东坡乐府》《东坡志林》等传世。此诗作于哲宗绍圣二年（1095），时作者贬居惠州。荔支：即荔枝，常绿乔木，果实甜美多汁，不易保鲜，我国南方特产。

［2］置：设马以传递文书的驿站。

［3］堠（hòu）：本指路边专门记里程用的土堆，此处也指驿站。兵火催：意为送荔枝的快马奔驰，就像有紧急军情催逼一样。

［4］颠坑：跌倒在坑中。仆谷：仆倒在深谷中。相枕藉：相互枕压。此句极言因送荔枝而死于途中者众多。

［5］龙眼：又称桂圆，果实比荔枝小，味甜，盛产于福建、广东一带。此句化用杜牧《过华清宫》“一骑红尘妃子笑，无人知是荔枝来”诗意。

［6］鹘（hú）：鹰一类猛禽，善飞。一说，鹘代指船，因船头画飞鹘图形，故称。此句极言车马跨山越海运送荔枝之极速。

［7］破颜：开颜而笑的样子。

［8］惊尘：快马送荔枝扬起的尘土。

［9］永元：汉和帝刘肇年号（89—104）。交州：汉置，今广东广西及安南境，后汉交州刺史治龙编，在今越南河内省。后屡有徙治。

［10］天宝：唐玄宗李隆基年号（742—755）。涪（fú）：涪州，今重庆涪陵。

［11］林甫：即李林甫，玄宗时宰相，媚上专权，史上有名“口蜜腹剑”的奸相。

［12］苏轼自注：“汉永元中交州进荔支、龙眼，十里一置，五里一堠，奔腾死亡，罹猛兽毒虫之害者无数。唐羌，字伯游，为临武长，上书言状，和帝罢之。唐天宝中，盖取涪州荔支，自子午谷路进入。”觞：酒杯。酹：以酒洒地，进行祭奠。

［13］赤子：本指婴儿，这里指百姓。

［14］尤物：特异的物产。此指荔枝一类珍异的贡品。疮痏（wěi）：疮伤，比喻灾害。

［15］上瑞：最好的吉兆。

［16］武夷：即武夷山，在福建，是历史上著名的产茶之地。粟粒芽：初春刚长出，像米粒一样的嫩芽茶，为茶中极品。

［17］苏轼自注：“大小龙茶始于丁晋公，而成于蔡君谟。欧阳永叔闻君谟进小龙团，

惊叹曰：‘君谟，士人也，何至作此事！’”前丁：丁谓。宋真宗朝官至宰相，善于谄媚逢迎，伪造祥异以邀宠，封晋国公。后蔡：蔡襄，字君谟，北宋书法家。宋仁宗朝曾官福州知州、开封知府等职，著有《茶录》《荔支谱》等。笼加：把茶叶装笼加封以进贡。欧阳修《归田录》卷二：“茶之品，莫贵于龙、凤，谓之团茶，……然金可有而茶不可得。”

[18] 苏轼自注：“今年闽中监司乞进斗茶，许之。”斗品：参加比赛的上品茶。官茶：即贡茶。

[19] “致养”句：《孟子·离娄上》认为侍奉父母可分两种，只满足物质需求叫“养口体”，更注重顺从亲意为“养志”。苏轼借以比喻臣子事君之理。

[20] 苏轼自注：“洛阳贡花，自钱惟演始。”钱惟演，曾官拜枢密使，亦曾以同中书门下平章事留守洛阳。《宋史·职官志一》：“亲王、枢密使、留守、节度使兼侍中、中书令、同平章事者，皆谓之使相。”故称“洛阳相君”。又钱乃吴越王钱俶之子，钱俶不战降宋，死后宋太宗赞其“以忠孝而保社稷”，故此处以“忠孝家”相称。可怜：可惜。姚黄花：姚氏培育的名贵牡丹品种。

思考与探讨

1. 此诗是怎样把对历史的批判与对现实的揭露结合起来的？

2. 此诗体现了作者苏轼怎样的人格境界？

雷女织葛歌[1]

屈大均

雷女采葛，缉作黄丝[2]。
东家为绤，西家为絺[3]。
夫寒衣葛布，妇饥食葛乳[4]。
得钱虽则多[5]，不足偿租赋[6]。
一日织一匹，十指徒苦辛。
只以肥商贾，无能养一身。

注释

[1] 屈大均（1630—1696），初名绍隆，字介子、翁山，广东番禺人。清兵入广州前

后，曾参加抗清斗争。失败后，削发为僧，名今种，不久还俗，周游各地。与顾炎武等交往。晚年过着半隐居的生活，靠务农、卖文和朋友资助生活，还从事广东文献的编纂工作。他的诗揭露清军暴行，反映民生疾苦，感时伤事，嘲骂失节士人，诗风明健，与陈恭尹、梁佩兰并称“岭南三大家”。著有《翁山诗外》《翁山文外》《道援堂集》《广东新语》等。雷女：雷州妇女。葛：多年生蔓草，块根可入药，亦可制成葛粉供食用，茎的纤维，可制葛布（俗称夏布）。广东当时为葛布的主要产地，如增城的女儿葛、雷州的锦囊葛、博罗的政善葛、潮阳的凤葛、海南的美人葛、阳春的春葛以及龙江葛等，均各有特点。其精细者，据说可以达到“弱如蝉翅，重仅数铢”的程度。

[2] 缉：把麻折成缕连接起来，江南一带俗称“捻麻”。此处指析接葛的纤维。

[3]“东家”二句：绤（xì），粗葛布。絺（chī），细葛布。雷州旧俗，织“绤”之家与织“絺”之家分村而居，不相杂处。

[4]“夫寒”二句：互文用法，意即：以葛布作为寒衣，以葛乳作为粮食，可见生活之艰苦。衣，动词，穿。葛布，夏天穿的衣料。葛乳，捣烂葛根所得的汁液，晒干成粉可食。

[5]“得钱”句：雷州葛布当时行销最广，其精者，百钱一尺。

[6] 偿：偿还，缴纳。租：地租。赋：赋税。

思考与探讨

屈大均写了大量反映广东地方风貌的诗歌，试将这首诗与张俞《蚕妇》相比较：

昨日入城市，归来泪满巾。
遍身罗绮者，不是养蚕人。

太　息[1]

陈恭尹

高台为陆沼为尘[2]，一半扬州是海滨[3]。
白鸟自飞烟水上，青山不似乱离春[4]。
松楸永隔兴衰地[5]，陌路多逢太息人。
共道君恩怜物命[6]，不教鱼鳖近居民[7]。

注释

［1］陈恭尹（1631—1700）：字元孝，初号半峰，晚号独漉子，又号罗浮布衣，广东顺德县（今佛山顺德区）龙山乡人。著名抗清志士陈邦彦之子。清初诗人，与屈大均、梁佩兰同称“岭南三大家”。又工书法，时称清初广东第一隶书高手。有《独漉堂全集》，诗文各十五卷，词一卷。太息：1659—1682 年清廷为了防范郑成功、张煌言等抗清力量从海上进攻，实行“迁界”政策，令自山东至广东沿海居民一律内迁三四十里，烧毁所有船只，严禁下海。这场史上最严的“海禁”严重破坏沿海经济，人民困苦不堪。此诗就是描写这一事件的影响。

［2］“高台”句：一作“高台为沼陆为尘”，当为误书。高台，楼台。沼，沼泽。

［3］扬州：《尚书·禹贡》：“淮海维扬州。”泛指东南沿海地区。

［4］白鸟：海鸥。乱离：遭战乱，离散逃亡。

［5］松楸：松树、楸树，皆植于坟前。兴哀地：引起哀伤的地方。指墓地。

［6］共道：都说。君恩：皇帝的恩典。怜物命：爱惜非人物类的命运。

［7］不教：不让。

思考与探讨

诗歌的尾联使用了什么写作手法？说明当时的政策有什么样的效果？

马　嵬[1]

袁　枚

莫唱当年《长恨歌》[2]，人间亦自有银河[3]。
石壕村里夫妻别[4]，泪比长生殿上多[5]！

注释

［1］马嵬：即马嵬坡，在陕西省兴平县西。安史之乱时，唐玄宗逃到这里，禁军哗变，不得不赐死杨贵妃。袁枚（1716—1797），清中叶著名文学家、美食家。钱塘（今浙江杭州市）人。字子才，号简斋，晚号随园老人。23 岁进士及第，33 岁辞官，寓居金陵，筑随园以终老。诗文创作直抒胸臆，创性灵派。文笔与纪昀齐名，时称“南袁北纪”。有诗文集《小仓山房全集》、笔记小说集《子不语》、诗评《随园诗话》，及美食著

作《随园食单》。

[2]《长恨歌》：白居易写的一首关于唐玄宗、杨贵妃爱情悲剧的叙事长诗。

[3] 银河：天河。神话传说谓牛郎织女被银河隔开，一年只能相聚一次。

[4] 石壕村：杜甫《石壕吏》诗中的一个村庄，在今河南省陕县东南。

[5] 长生殿：当年唐玄宗和杨贵妃在华清宫的居所。

思考与探讨

1. 诗中“人间银河”指什么？

2. 作为传世的咏史诗，本诗有何特色？

第三节　民本与仁爱互见

子产不毁乡校

郑人游于乡校，以论执政[1]。然明谓子产曰[2]："毁乡校，何如?"子产曰："何为[3]？夫人朝夕退而游焉，以议执政之善否[4]。其所善者，吾则行之；其所恶者，吾则改之[5]。是吾师也，若之何毁之[6]？我闻忠善以损怨，不闻作威以防怨[7]。岂不遽止[8]？然犹防川[9]。大决所犯，伤人必多，吾不克救也[10]。不如小决使道，不如吾闻而药之也[11]。"然明曰："蔑也今而后知吾子之信可事也[12]。小人实不才，若果行此，其郑国实赖之，岂唯二三臣[13]?"

仲尼闻是语也，曰："以是观之，人谓子产不仁，吾不信也。"（《左传·襄公三十一年》）

注释

［1］郑：春秋诸侯国名。乡校：疑为与庠、序、校并列的诸侯所立学校，兼具公共功能。执政：掌握政权的人。此处指议论执政的得失。

［2］然明：郑国大夫融蔑，字然明，郑穆公曾孙。子产（？～前522）：又称公孙侨，姬姓郑氏，名侨，字子产，春秋时郑国（河南新郑）人，郑穆公之孙。曾铸刑书于鼎，史称"铸刑书"，为我国最早的成文法律。曾任郑国执政，使郑国有中兴之势。

［3］何为：为何。

［4］退：工作结束后。善否：好坏。

［5］善：认为好。恶：讨厌。

［6］是：这，表指代。若之何：为什么。

［7］忠善：忠于为善。损：减少。作威：谓利用威权。

［8］遽：急，快。

［9］防川：防止河水（奔流）。

[10] 大决：堤被河水冲出大缺口。克：能够。

[11] 道：通“导”，引导使之流。药之：以议论为药。

[12] 蔑：然明名融蔑。信：确实。事：侍奉。

[13] 小人：自己的谦称。二三：这些，这几位。

课外阅读

子产不毁乡校颂

韩　愈

我思古人，伊郑之侨。以礼相国，人未安其教；游于乡之校，众口嚣嚣。或谓子产：“毁乡校则止。”曰：“何患焉？可以成美。夫岂多言，亦各其志：善也吾行，不善吾避；维善维否，我于此视。川不可防，言不可弭。下塞上聋，邦其倾矣。”既乡校不毁，而郑国以理。

在周之兴，养老乞言；及其已衰，谤者使监。成败之迹，昭哉可观。

维是子产，执政之式。维其不遇，化止一国。诚率此道，相天下君；交畅旁达，施及无垠，於虖！四海所以不理，有君无臣。谁其嗣之？我思古人！

思考与探讨

1. “子产不毁乡校”等同于言论自由吗？为什么？

2. 从这两段选文中可以看出先秦统治者的开明派是如何认识君民关系的？

老子解·天地不仁[1]

李　贽

天地不仁，以万物为刍狗[2]；圣人不仁，以百姓为刍狗。天地之间，其犹橐籥乎[3]？虚而不屈，动而愈出[4]。多言数穷，不如守中[5]。

【解】使天地而能仁万物，则天地将谁与仁[6]？使圣人而能仁万民，则圣人将谁与仁？不知橐籥之在天地间，虽天地、圣人，亦皆生死其中而不自知也。何也？虚中而善应，不可得而挠屈也[7]。动之而愈出，不可得而穷探也[8]。虽有智者而欲以言穷之，胡可得耶？故知天地与万物同一中也[9]，万物无所求于天地，天地自不能施于万物[10]。圣人与万民同一中也，圣人无容心于万民[11]，万民亦自无所藉于圣人[12]，各守吾之中，以待其自定而已矣。守之如何？曰：愚者得之，而智者昧焉[13]。不信者得之[14]，而仁者反失之也。乌呼[15]，是岂可以易言之哉！

注释

［1］李贽（1527—1602）：明人，泰州学派代表人物。初姓林，名载贽，后改姓李，名贽，字宏甫，号卓吾，别号温陵居士、百泉居士等。历共城知县、国子监博士，万历中为姚安知府。旋弃官，寄寓黄安、麻城。在麻城讲学时，从者数千人，中杂妇女，晚年往来两京等地，被诬下狱，自刎死。著有《焚书》《续焚书》《藏书》等。批判重农抑商，扬商贾功绩，倡导功利价值，被称为“异端”。本章选自李贽《老子解·五章》，《老子》原书此章在不同版本中文字有较大出入。李贽借助解《老子》，阐述自己关于“圣人与万民同一中”的观点，体现了一种平等的精神，也体现了明以来中国原生民主思想的萌芽。同时，对于仁爱思想也进行了一定程度的反思。

［2］刍狗：祭祀时用草扎成的狗，祭祀完成即废弃，不加顾惜。此处指天地不会以人类的仁德观来对待万物。

［3］橐籥（tuó yuè）：冶炼时用以鼓风吹火的器具，相当于风箱。

［4］“虚而”二句：橐是虚空的，鼓动不止，其气不竭。屈（jué），穷尽。

［5］“多言”二句：多言数（shuò）穷，一作多闻数穷，老子主张清静无为，知识只会带来纷争。数，屡次。守中，保持中虚之道，譬如橐籥。

［6］谁与仁：与谁一起施行仁爱？

［7］挠屈：弯曲，屈服，此处意为穷于应付。

［8］探：探察，探测。

［9］“故知”句：此句与下文“圣人与万民同一中也”均据《老子》第四十九章：“圣人无常心（帛书本作‘圣人常无心’），以百姓心为心。善者吾善之，不善者吾亦善之，德善。”同一中，有同样的心思。此“中”，即“守中”的“中”。

［10］施：恩惠。此处作动词用，施恩惠。

［11］容心：留心，在意。

［12］藉：借助。

［13］“愚者”二句：《老子》主张无知无欲，愚者无知无欲，故能守中。智者有知有欲，反而丧失中虚之道。昧，埋没，丧失。

［14］不信者：不讲信义的人。

［15］乌呼：同“呜呼”。

思考与探讨

理解和分析本选文所体现的李贽的平等思想。

原　君[1]

黄宗羲

有生之初[2]，人各自私也，人各自利也；天下有公利而莫或兴之[3]，有公害而莫或除之。有人者出，不以一己之利为利，而使天下受其利；不以一己之害为害，而使天下释其害[4]；此其人之勤劳，必千万于天下之人。夫以千万倍之勤劳，而己又不享其利，必非天下之人情所欲居也[5]。故古之人君，量而不欲入者，许由、务光是也[6]；入而又去之者，尧、舜是也；初不欲入而不得去者，禹是也。岂古之人有所异哉？好逸恶劳，亦犹夫人之情也。

后之为人君者不然。以为天下利害之权皆出于我，我以天下之利尽归于己，以天下之害尽归于人，亦无不可；使天下之人，不敢自私，不敢自利，以我之大私为天下之大公。始而惭焉，久而安焉。视天下为莫大之产业，传之子孙，受享无穷；汉高帝所谓“某业所就，孰与仲多”者[7]，其逐利之情，不觉溢之于辞矣。此无他，古者以天下为主，君为客，凡君之所毕世而经营者，为天下也。今也以君为主，天下为客，凡天下之无地而得安宁者，为君也。是以其未得之也，屠毒天下之肝脑[8]，离散天下之子女，以博我一人之产业，曾不惨然。曰：“我固为子孙创业也。”其既得之也，敲剥天下之骨髓，离散天下之子女，以奉我一人之淫乐，视为当然。曰：“此我产业之花息也[9]。”然则，为天下之大害者，君而已矣。向使无君，人各得自私也，人各得自利也。呜呼！岂设君之道固如是乎？

古者天下之人爱戴其君，比之如父，拟之如天，诚不为过也。今也天下之人怨恶其君，视之如寇仇，名之为独夫[10]，固其所也。而小儒规规焉以君臣之义无所逃于天地之间[11]，至桀、纣之暴，犹谓汤、武不当诛之，而妄传伯夷、叔齐无稽之事[12]，乃兆人万姓崩溃之血肉，曾不异夫腐鼠。岂天地之大，于兆人万姓之中，独私其一人一姓乎！是故武王圣人也，孟子之言[13]，圣人之言也；后世之君，欲以如父如天之空名，禁人之窥伺者，皆不便于其言，至废孟子而不立[14]，非导源于小儒乎！

虽然，使后之为君者，果能保此产业，传之无穷，亦无怪乎其私之也。既以产业视之，人之欲得产业，谁不如我？摄缄縢，固扃鐍[15]，一人之智力，不能胜天下欲得之者之众，远者数世，近者及身，其血肉之崩溃在其子孙矣。昔人愿世世无生帝王家[16]，而毅宗之语公主，亦曰："若何为生我家[17]！"痛哉斯言！回思创业时，其欲得天下之心，有不废然摧沮者乎[18]！是故明乎为君之职分，则唐、虞之世[19]，人人能让，许由、务光非绝尘也；不明乎为君之职分，则市井之间，人人可欲，许由、务光所以旷后世而不闻也[20]。然君之职分难明，以俄顷淫乐不易无穷之悲，虽愚者亦明之矣。

注释

［1］黄宗羲（1610—1695）：字太冲，号南雷，世称梨洲先生，浙江余姚人，明末清初思想家和史学家。黄宗羲出身书香门第，父亲黄尊素是万历四十四年进士，著名的"东林七君子"之一。黄宗羲曾领导复社成员坚持反宦官权贵的斗争。明亡，招募义兵坚持抗清。失败后隐居著述，多次拒绝清廷征召。著述大致依史学、经学、地理、律历、数学、诗文杂著为类，多至50余种，300多卷，其中最为重要的有《明儒学案》《宋元学案》《明夷待访录》等，曾手订为《南雷文案》。《明儒学案》是我国古代第一部巨大而较有系统的学术思想史著作。他尖锐抨击君主专制统治是"天下之大害"；反对传统的"重农抑商"经济政策，强调"工商皆本"。本文选自《明夷待访录》。原：推究，探究。原君，推究君主制度。

［2］生：生命。

［3］莫或：不能稍微。

［4］释：消除。

［5］人情：人之常情。居：当，占。

［6］许由、务光：传说中的高士。尧让天下于许由，许由认为是对自己的侮辱，就隐居箕山中。商汤让天下于务光，务光负石投水而死。

［7］"汉高帝"句：《史记·高祖本纪》载汉高祖刘邦登帝位后，曾对其父太公说："始大人常以臣无赖，不能治产业，不如仲（其兄刘仲）力，今某之业所就，孰与仲多?"

［8］屠毒：毒害，残害。

［9］花息：利息。

［10］视之如寇仇：《孟子·离娄下》："君之视臣如草芥，则臣视君如寇仇。"名之为独夫：《尚书·泰誓》："独夫受洪惟作威。"指残暴无道、众叛亲离的统治者。

［11］规规：见识浅短拘泥的样子。

[12] 伯夷、叔齐：商朝末年孤竹国君的两个儿子。《史记·伯夷列传》载他俩反对武王伐纣，天下归周之后，又耻食周粟，饿死于首阳山。

[13] 孟子之言：指《孟子·梁惠王下》："齐宣王问曰：'汤放桀，武王伐纣，有诸?'孟子对曰：'于传有之。'曰：'臣弑其君可乎?'曰：'贼仁者谓之贼，贼义者谓之残，残贼之人谓之一夫。闻诛一夫纣矣，未闻弑君也。'"

[14] 废孟子不立：《孟子·尽心下》中有"民为贵，社稷次之，君为轻"的话，明太祖朱元璋见而下诏废除祭祀孟子。

[15] 摄：结紧。缄、縢：绳索。固：加固。扃（jiōng）：从外面关门的闩、钩等。鐍（jué）：箱子上安锁的环形钮。

[16] "昔人"句：《南史·王敬则传》载南朝宋顺帝刘准被逼出宫，曾发愿："惟愿后身生生世世不复与王作因缘。"

[17] "而毅宗"三句：毅宗，明崇祯帝，南明初谥思宗，后改毅宗。李自成军攻入北京后，他对长平公主说："汝奈何生我家!"以剑击之，断左臂，然后自缢。

[18] 废然摧沮：沮丧失望的样子。

[19] 唐、虞：即尧舜。尧号陶唐，舜号有虞。

[20] 旷：长时间所无。

思考与探讨

1. 黄宗羲如何分析并得出"为天下之大害者，君而已"?

2. 黄宗羲的思想是否等同于后世的民主制，为什么?

第四专题

刚正廉洁

专题导读

刚正廉洁，是中国传统优良道德之一。刚正，刚强正直、不阿谀逢迎之意。刚，刚强、坚强。《论语·公冶长》：“子曰：‘吾未见刚者。’”朱熹《集注》：“刚，坚强不屈之意，最人所难能者，故夫子叹其未见。”孔子认为“刚”，是一种美德。“子曰：刚毅木讷近仁。”（《论语·子路》）刚强、果决、质朴、言语谨慎，是近于仁的四种品德。何晏《集解》引王肃曰：“刚，无欲；毅，果敢；木，质朴；讷，迟钝。”皇侃《义疏》：“言此四事与仁相近。刚者无求欲，仁者静，故刚者近仁；毅者性果敢，仁者必有勇，故毅者近仁；木者质朴，仁者不尚华饰，故木者近仁；讷者，言语迟钝，仁者慎言，故讷者近仁也。”正，正直，公正坦率，为人正派。正，有多重含义。一是性格上的特点，正直坦率；二是立身上的特点，作风正派，规矩严谨，光明正大；三是处理公务上的特点，公平正直，没有偏私。在古贤人看来，为政首要的要求是正。正，就是去私为公。去私，就是不以权谋私，不徇私枉法。有私即不公，不公即不正。所谓正，不仅是正于法，更须正于义。正之大义即公忠为国，其中也包含着济世安民、维护社会正常秩序的意义。

廉洁，是中国传统道德的一个基本规范，被视为“国之大维”，又视为“仕者之德”“人生大纲”。“不受曰廉，不污曰洁”，所谓廉洁，指的是不贪财货，立身清白。中国古代思想家对“廉”做了多方面的规定，如“临大利而不易其义，可谓廉”，“廉者不

以富贵而

忘其辱”，“廉者常乐无求”，“廉者不受嗟来之食”，“廉者，民之表也”，“廉士不辱名”。洁，清洁，干净，没有污垢，引申为操守清白。《述而》：“与其洁也，不保其往也。”其基本精神就是循礼行法，廉洁自律。廉洁是“为政之本”，“为官之宝”。《周礼》有六廉：曰廉善，曰廉能，曰廉敬，曰廉正，曰廉法，曰廉辨。在传统道德中，廉洁之士被载之史书，传之民间，尊为“清官”。官吏不廉危害极大。班固说：“吏不廉平，则治道衰。”王永吉说：“大臣不廉，无以率下，则小臣必污；小臣不廉，无以治民，则风俗必败。”不廉之士，古人称之为“贪官”，如过街老鼠人人喊打。廉洁，不仅是中华民族的传统美德，而且在社会主义道德建设中，仍然具有重要的现实意义。

廉洁除了在处理政务活动中贯彻公正的原则外，古人又意识到，“为俭可以助廉”，节俭是保证廉洁的重要条件。明代海瑞说：“公以生其明，俭以养其廉，是诚为邑之要道，处世临民之龟镜也。”居官克俭，才能不思苟取，拒贿不纳。古人有清俭、清慎、清正、清严等方面保持廉洁的说法，在私有制社会，确实难能可贵；从而也使贪官污吏畏惧敛手，让行贿送礼者望而却步。肯定刚正廉洁的德行，就需要继承弘扬这一优秀传统，并将其发展到新的阶段。

本专题所选均具有典型意义。刚正廉洁，是其共有的特点，但在个案中又有不同的侧面。齐太史为了捍卫史家“不虚美、不隐恶”的实录精神，不惜一死；任延当面否定皇帝的陋见，表现了不唯上的精神；郭琇面劾权臣，让人肃然起敬；颜真卿反对分裂，以死明志；青文胜为民请命，以死抗争；包拯、海瑞号为“南北青天”，留芳百世；子罕以不贪为宝，发人深思；杨震“四知”，正是“若要人不知，除非己莫为”的翻版；梁寅诫官三字符，如一副清醒剂；段太尉勇仁廉垂范后世，古今能有几人？另外，文天祥《正气歌》阐释正气赋予自然界和人类社会的各种表现，追怀了时穷节现、名垂青史的十二位忠臣义士；又写了艰苦的狱中生活，表达了持守正气、以死报国的决心，是一首个人和民族的“正气歌”。《钱神论》是西晋文人鲁褒有感于当时社会狂热追逐金钱的不良风气，借鉴汉赋的写法，描述了钱的客观作用，批判了见钱眼开、唯利是图的丑恶行径，对于今天某些金钱万能论者不啻一剂良药。

第一节　刚正不阿

正气歌

扫二维码获取
诵读音频

文天祥

余囚北庭，坐一土室。室广八尺，深可四寻[1]。单扉低小，白间短窄[2]，污下而幽暗。当此夏日，诸气萃然：雨潦四集，浮动床几，时则为水气；涂泥半朝，蒸沤历澜[3]，时则为土气；乍晴暴热，风道四塞，时则为日气；檐阴薪爨[4]，助长炎虐，时则为火气；仓腐寄顿[5]，陈陈逼人，时则为米气；骈肩杂遝，腥臊污垢，时则为人气；或圊溷[6]，或毁尸，或腐鼠，恶气杂出，时则为秽气。叠是数气，当侵沴鲜不为厉[7]，而予以孱弱俯仰其间，于兹二年矣，幸而无恙。是殆有养致然尔，然亦安知所养何哉？孟子曰："吾善养吾浩然之气。"彼气有七，吾气有一，以一敌七，吾何患焉！况浩然者，乃天地之正气也。作《正气歌》一首。

天地有正气，杂然赋流形[8]。
下则为河岳，上则为日星。
于人曰浩然，沛乎塞苍冥[9]。
皇路当清夷，含和吐明庭[10]。
时穷节乃见，一一垂丹青[11]：
在齐太史简[12]，在晋董狐笔[13]，
在秦张良椎[14]，在汉苏武节；
为严将军头[15]，为嵇侍中血[16]，
为张睢阳齿[17]，为颜常山舌[18]；
或为辽东帽，清操厉冰雪；

或为出师表，鬼神泣壮烈；
或为渡江楫，慷慨吞胡羯；
或为击贼笏，逆竖头破裂[19]。
是气所磅礴，凛烈万古存。
当其贯日月，生死安足论！
地维赖以立，天柱赖以尊。
三纲实系命[20]，道义为之根。
嗟予遘阳九，隶也实不力[21]。
楚囚缨其冠，传车送穷北[22]。
鼎镬甘如饴[23]，求之不可得。
阴房阒鬼火，春院闷天黑[24]。
牛骥同一皂，鸡栖凤凰食。
一朝蒙雾露，分作沟中瘠[25]。
如此再寒暑，百沴自辟易[26]。
哀哉沮洳场[27]，为我安乐国。
岂有他谬巧，阴阳不能贼[28]！
顾此耿耿在，仰视浮云白[29]。
悠悠我心忧，苍天曷有极[30]！
哲人日已远，典刑在夙昔[31]。
风檐展书读，古道照颜色。

注释

[1] 寻：八尺。
[2] 白间：壁上涂白之处，这里指窗户。
[3] 历澜：翻腾。
[4] 爨（cuàn）：炊。
[5] 仓腐寄顿：陈米腐败。
[6] 圊溷（qīng hùn）：厕所。
[7] 沴（lì）：阴阳之气相乱。引申为恶气。
[8] 流形：各种形体，指下文所说的宇宙间的一切。
[9] 苍冥：苍天。此句化自《孟子》。
[10] 皇路：犹言国运。此句谓当太平年代，浩然之气就平和地吐露出来，在朝廷上

发挥作用。

［11］丹青：图画。

［12］齐太史简：典出《左传》，大臣崔杼弑齐庄公，太史书曰“崔杼弑其君”，崔子杀之，连杀其二弟，乃舍。南史氏闻太史尽死，执简以往。闻既书矣，乃还。

［13］董狐：晋国太史。赵穿杀晋灵公，晋执政赵盾亡在外，未出国境，闻讯而反。董狐书曰：“赵盾弑其君。”以示于朝。赵盾不服，董狐说：“子为正卿，亡不越境，返不讨贼，非子而谁?”孔子曰：“董狐，古之良史也，书法不隐。”

［14］张良：先世为韩国人，秦灭韩后，张良破家财为韩报仇，得力士，为铁椎，重一百二十斤，狙击始皇于博浪沙道中，误中副车。典出《史记·留侯世家》。

［15］严将军：指汉末益州牧刘璋部将严颜，为张飞所败，被俘。曰：“我州但有断头将军，无有降将军也。”

［16］嵇侍中：晋惠帝永兴元年，皇室内讧，侍中嵇绍以身蔽惠帝，为乱箭所亡。

［17］张睢阳：指安史之乱时固守睢阳的张巡。《旧唐书·张巡传》载：“巡神气慷慨，每与贼战，大呼誓师，眥裂血流，齿牙皆碎。……及城陷，尹子奇以大刀剔其口，视其齿，存者不过三数。”

［18］颜常山：指常山太守颜杲卿，本为安禄山部将，安叛乱后，起兵讨伐，被俘不屈，骂詈不绝，被钩舌而死。

［19］击贼笏：唐德宗时，朱泚谋反，想拉拢段秀实，不料反被段夺过象笏击破脑袋。

［20］三纲：封建时代最基本的社会关系，即君为臣纲，父为子纲，夫为妻纲。

［21］遘：遭遇。阳九：犹言厄运。隶：徒隶，这里指自己。

［22］“楚囚”二句：此句指自己兵败被俘，北送燕京。楚囚，本指春秋时被俘到晋国的楚国人钟仪。《左传·成公九年》记载，楚人钟仪囚于晋，仍然戴南冠，弹奏南国音乐，范文子称赞这是君子之行。后用来借指被囚禁的人，也比喻处境窘迫的人。

［23］鼎镬：古代酷刑。用大锅烹人。

［24］阒（qù）：静悄悄地。閟（bì）：关闭着。

［25］瘠：瘦骨，死尸。这两句是说自己一朝为雾露所侵，得病而死，弃骨沟壑之中。

［26］辟易：退避。

［27］沮洳（jǔ rù）：卑下阴湿的地方。

［28］阴阳：自然之气。贼：害。

［29］耿耿：光明貌。此指忠义之气，即正气。“仰视”句：暗用《论语》中“不义而富且贵，于我如浮云”句。

［30］“悠悠”二句：意谓天无极，自己的悲恨亦无极。

［31］哲人：指前面的齐太史等人。“刑”通“型”，楷模。此两句意谓他们堪为自己

的楷模。

思考与探讨

1. 诗人所推崇的“正气”是指什么？在当下有何意义？
2. 诗中列举十余位忠义之士的壮烈事迹，有何作用？
3. 简析本诗的艺术特色。

齐太史冒死直书

齐崔杼弑其君光[1]……太史书曰：“崔杼弑其君”。崔子杀之。其弟嗣书[2]，而死者二人[3]。其弟又书，乃舍之[4]。南史氏闻太史尽死[5]，执简以往[6]。闻既书矣，乃还。（《左传·襄公二十五年》）

注释

［1］齐崔杼弑其君光：齐庄公无道，与崔杼妻私通，崔杼杀之。光，庄公名。

［2］嗣：继，接着。

［3］二人：指太史之弟皆如此续书，因而又死二人。

［4］舍：释而不问，置之不理。

［5］闻太史尽死：听说太史兄弟都被杀死了。

［6］执简以往：谓其仍书“崔杼弑其君”于简，执之前往。简，用竹木制成的简册，用于书写。

任延为官不阿上

任延，字长孙，南阳宛人也[1]。……拜武威太守，帝亲见[2]，戒之曰：“善事上官，无失名誉。”延对曰：“臣闻‘忠臣不私，私臣不忠’。履正奉公，臣子之节。上下雷同[3]，非陛下之福。‘善事上官’，臣不敢奉诏。”帝叹息曰：“卿言是也！”（《后汉书·任延传》[4]）

注释

[1] 任延：东汉初期名吏。

[2] 帝：光武帝刘秀。

[3] 雷同：随声附和。指下级对上司一致奉承阿谀。

[4]《后汉书》：南朝宋时期的历史学家范晔编撰的纪传体史书。全书主要记述了上起东汉汉光武帝建武元年（25），下至汉献帝建安二十五年（220），共195年的东汉历史。《后汉书》与《史记》《汉书》《三国志》合称“前四史”。

郭琇面劾权臣

康熙间，山左名臣[1]，自李之芳、董讷而下，实以郭瑞卿为最刚正[2]。当明珠柄政时[3]，行为专恣，朝野多侧目。郭刚直性成，尝于明珠寿日，胪举其劣迹[4]，列入弹章上之。旋复袖所草疏，乘车至明邸，踵门投刺[5]，明以其素倔强，来谒不易，肃冠带迎之。及入，长揖不拜，坐移时，故频频作引袖状。明喜问曰：“御史公近来兴致不浅，岂亦其有寿诗见赐乎？”郭曰：“否、否。”探袖出视，乃一弹章。明取读未毕，郭忽拍案起曰：“郭琇无礼，劾及故人，应受罚。”连引巨觥狂吸之[6]，疾趋而出，座客大骇愕。未几而廷讯明珠之旨下矣。（徐珂《清稗类钞》[7]）

注释

[1] 山左：清代对山东的称谓。

[2] 郭瑞卿：名琇，山东即墨人，康熙十九年（1680）进士，曾任吴江知县、佥都御史、左都御史，以敢言著称。

[3] 明珠：字端范，满洲正黄旗人，叶赫那拉氏。初任侍卫，康熙初升任内务府总管，后任刑部、兵部尚书。曾力主撤藩，为康熙所赏识，调吏部尚书、武英殿大学士。他主持朝政时，与索额图各树党羽，互相倾轧，又卖官鬻爵，为御史郭琇所弹劾。后复授内大臣，重征噶尔丹叛乱。

[4] 胪举：列举。胪，陈列。

[5] 踵门：亲至其门。刺：名片。古代在竹简上刺上名字，故叫刺。

[6] 觥：酒器。

[7]《清稗类钞》：清末民初徐珂编撰的关于清代掌故遗闻的汇编。内容极其广泛，

举凡军国大事、典章制度、社会经济、学术文化、名臣硕儒、疾病灾害、盗贼流氓、民情风俗、古迹名胜，几乎无所不有。上起顺治，下迄宣统，事以类分，类以年次，分类详细，纲目明晰，共九十二类一万三千余条，记载较为完备。文字简约，清畅可读。可补正史之不足，也可以资为谈助，对研究清代历史有重要参考价值。

颜真卿死不易节

朱滔、王武俊、田悦、李纳各遣使诣希烈[1]，上表称臣，劝进[2]，使者拜舞于希烈前，说希烈曰："朝廷诛灭功臣，失信天下；都统英武自天[3]，功业盖世，已为朝廷所猜忌，将有韩、白之祸[4]，愿亟称尊号[5]，使四海臣民知有所归。"希烈召颜真卿示之曰[6]："今四王遣使见推，不谋而同，太师观此事势，岂吾独为朝廷所忌无所自容邪！"真卿曰："此乃四凶，何谓四王！相公不自保功业[7]，为唐忠臣，乃与乱臣贼子相从，求与之同覆灭邪！"希烈不悦，扶真卿出。他日，又与四使同宴，四使曰："久闻太师重望，今都统将称大号而太师适至，是天以宰相赐都统也。"真卿叱之曰："何谓宰相！汝知有骂安禄山而死者颜杲卿乎[8]？乃吾兄也。吾年八十，知守节而死耳，岂受汝辈诱胁乎！"四使不敢复言。希烈乃使甲士十人守真卿于馆舍，掘坎于庭[9]，云欲坑之[10]，真卿怡然[11]，见希烈曰："死生已定，何必多端！亟以一剑相与，岂不快公心事邪！"希烈乃谢之。（《资治通鉴·唐纪》[12]）

注释

［1］朱滔、王武俊、田悦、李纳：均为唐德宗时藩镇。诣：晋见。希烈：即李希烈，节度使。与朱、王、田、李交结，自称天下都元帅。后称帝，被部将毒死。

［2］劝进：劝即帝位。

［3］都统：官名，总管三或五道兵马。英武自天：英武出自天赋。

［4］韩、白之祸：指韩信、白起被杀之事。

［5］亟：尽快，赶紧。尊号：帝号。

［6］颜真卿：开元进士，著名书法家，官至吏部尚书，太子太师，封鲁郡公。安史之乱时，李希烈叛变。颜受命前往劝喻，不受胁迫，被李希烈缢死。

［7］相公：宰相称为相公，此指李希烈。

［8］颜杲卿：颜真卿堂兄。安禄山叛乱，杲卿起兵反之，兵败被执，誓死不降，遂

遇害。

[9] 坎：坑。

[10] 坑：埋。

[11] 怡然：从容和悦之状。

[12]《资治通鉴》：我国第一部编年体通史。北宋司马光主编，历时19年完成。记事上起周威烈王二十三年（前403），下至五代后周世宗显德六年（959），涵盖16朝1362年的历史，共294卷，约300多万字。宋神宗认为此书“鉴于往事，有资于治道”，故定名为《资治通鉴》。

青文胜为民杀身

青文胜，字质夫，夔州人[1]。仕为龙阳典史[2]。龙阳濒洞庭[3]，岁罹水患[4]，逋赋数十万[5]，敲扑死者相踵[6]。文胜慨然诣阙上疏[7]，为民请命。再上，皆不报[8]。叹曰：“何面目归见父老!”复具疏，击登闻鼓以进[9]，遂自经于鼓下[10]。帝闻大惊，悯其为民杀身，诏宽龙阳租二万四千余石，定为额[11]。邑人建祠祀之。妻子贫不能归，养以公田百亩。万历十四年诏有春秋致祭，名其祠曰惠烈。（《明史·青文胜传》[12]）

注释

[1] 夔州：在四川境内。

[2] 龙阳：在湖南境内。典史：为县吏手下掌管缉补监狱之官。

[3] 濒：临近。

[4] 罹：遭受。

[5] 逋赋：拖欠的赋税。

[6] 敲扑：杖打。相踵：接连不断。

[7] 诣阙：到皇宫门道前。

[8] 报：答复。

[9] 登闻鼓：朝堂外悬供臣民敲击上闻之鼓，以申冤或陈谏议。

[10] 自经：上吊自杀。

[11] 宽：宽贷。定为额：定为标准数额。

[12]《明史》：二十四史中的最后一部，共332卷。它是一部纪传体断代史，记载了自明太祖朱元璋洪武元年（1368）至明思宗朱由检崇祯十七年（1644）200多年的历史。

二十四史中，《明史》以编纂得体、材料翔实、叙事稳妥、行文简洁为史家所称道，虽有一些曲笔隐讳之处，仍得到后世史家广泛的好评，是一部水平较高的史书。

第二节 廉洁自守

钱神论[1]

鲁 褒

有司空公子，富贵不齿[2]，盛服而游京邑，驻驾乎市里[3]，顾见綦毋先生班白而徒行[4]。公子曰："嘻！子年已长矣，徒行空手，将何之乎？"

先生曰："欲之贵人。"公子曰："学《诗》乎？"曰："学矣。""学《礼》乎？"曰："学矣。""学《易》乎？"曰："学矣。"

公子曰："《诗》不云乎：'币帛筐篚[5]，以将其厚意。然后忠臣嘉宾得尽其心。'《礼》不云乎：'男贽玉帛禽鸟，女贽榛栗枣修[6]。'《易》不云乎：'随时之义大矣哉[7]！'吾视子所以，观子所由[8]，岂随世哉？虽曰'已学'，吾必谓之未也[9]。"先生曰："吾将以清谈为筐篚，以机神为币帛，所谓'礼云礼云，玉帛云乎哉'者已[10]。"

公子拊髀大笑[11]，曰："固哉[12]，子之云也！既不知古，又不知今。当今之急，何用清谈？时易世变，古今易俗，富者荣贵，贫者贱辱。而子尚质[13]，而子守实[14]，无异于遗剑刻船[15]，胶柱调瑟[16]。贫不离于身，名誉不出乎家室，固其宜也。

"昔神农氏没，黄帝、尧、舜教民农桑，以币帛为本，上智先觉变通之[17]。乃掘铜山[18]，俯视仰观，铸而为钱，故使内方象地[19]，外员象天[20]。钱之为体，有乾有坤[21]，其积如山，其流如川。动静有时，行藏有节。市井便易[22]，不患耗折[23]。难朽象寿[24]，不匮象道[25]。故能长久，为世神宝[26]。亲爱如兄，字曰孔方，失之则贫弱，得之则富强。无翼而飞，无足而走，解严毅之颜[27]，开难发之口。钱多者处前，钱少者居后。处前者为君长，居后者为臣仆。君长者丰衍而有余，臣仆者穷竭而不足[28]。《诗云》：'哿矣富人，哀哉茕独[29]。'岂是之谓乎！

“钱之为言泉也[30]。百姓日用[31]，其源不匮，无远不往，无深不至。京邑衣冠[32]，疲劳讲肄[33]，厌闻清谈，对之睡寐，见我家兄，莫不惊视。钱之所佑，吉无不利，何必读书，然后富贵[34]？昔吕公欣悦于空版，汉祖克之于赢二，文君解布裳而被锦绣，相如乘高盖而解犊鼻。官尊名显，皆钱所致。空版至虚，而况有寔；赢二虽少，以致亲密[35]。由是论之，可谓神物。无位而尊，无势而热，排朱门，入紫闼[36]。钱之所在，危可使安，死可使活；钱之所去，贵可使贱，生可使杀。是故忿争辩讼，非钱不胜；孤弱幽滞，非钱不拔；怨仇嫌恨，非钱不解；令问笑谈[37]，非钱不发。洛中朱衣当途之士[38]，爱我家兄，皆无已已[39]。执我之手，抱我始终。不计优劣，不论年纪，宾客辐辏[40]，门常如市。谚曰：‘钱无耳，可暗使。’岂虚也哉！又曰：‘有钱可使鬼。’而况于人乎？子夏云：‘死生有命，富贵在天[41]。’吾以‘死生无命，富贵在钱’。何以明之？钱能转祸为福，因败为成。危者得安，死者得生。性命长短，相禄贵贱[42]，皆在乎钱。天何与焉[43]？天有所短，钱有所长。‘四时行焉，百物生焉[44]’，钱不如天；达穷开塞[45]，赈贫济乏，天不如钱。若臧武仲之智，卞庄子之勇，冉求之艺，文之以成人矣。今之成人者何必然？唯孔方而已[46]。夫钱，穷者能使通达，富者能使温暖，贫者能使勇悍。故曰：君无财则士不来，君无赏则士不往。谚曰：‘官无中人，不如归田[47]。’虽有中人，而无家兄，何异无足而欲行，无翼而欲翔？使才如颜子，容如子张[48]，空手掉臂，何所希望？不如早归，广修农商，舟车上下，役使孔方。凡百君子，同尘和光[49]，上交下接[50]，名誉益彰。”

注释

［1］本文选自《艺文类聚》（唐欧阳询编，汪绍楹校订，上海古籍出版社 1982 年版），内少量文字据《册府元龟》卷九百三十八补。鲁褒：西晋文学家，字元道，南阳（今属河南）人。家贫好学，终身未仕。西晋元康之后，有感于当时社会黑暗腐败，隐姓埋名，著《钱神论》讥刺时弊。后不知所终。

［2］不齿：这里的意思是说司空公子家世富豪，他人无法相比。

［3］市里：街市里巷。

［4］班白：即“斑白”，头发花白。

［5］币帛筐篚（fěi）：用筐篚装着币帛，意为致送礼物。篚，圆形的盛物竹器。按：《诗经·小雅·鹿鸣》毛序：“《鹿鸣》，宴群臣嘉宾也，即饮食之，又实币帛筐篚，以将

厚意，然后群臣嘉宾得尽其心矣。”

[6]“男贽”二句：《左传·庄公二十四年》：“御孙曰：‘男贽大者玉帛，小者禽鸟，以章物也。女贽不过榛栗枣修，以告虔也。’”贽，见面礼，这里作动词，以……为见面礼。修，干肉。

[7]“随时”句：这是《周易·随卦》彖辞中的一句。

[8]“吾视”二句：这是套用《论语》中的话。《论语·为政》：“视其所以，观其所由，察其所安，人焉廋哉，人焉廋哉。”所以，所借助的方法。以，借助，凭借。

[9]“虽曰”二句：这是翻用《论语》中的话。《论语·学而》：“子夏曰：‘贤贤易色，事父母能致其力，事君能致其身，与朋友交言而有信，虽曰未学，吾必谓之学矣。’”

[10] 已：同“矣”。“礼云礼云，玉帛云乎哉”也是用《论语·阳货》中的话。

[11] 拊髀（bì）：拍大腿。拊，拍。髀，大腿。

[12] 固：固陋，鄙陋。

[13] 尚质：崇尚朴质。

[14] 守实：恪守纯实。

[15] 遗剑刻船：即“刻舟求剑”，见《吕氏春秋·察今》。

[16] 胶柱调瑟：意谓拘泥不知变通，典出《史记·廉颇蔺相如列传》。柱，琴瑟等乐器上的部件，可以移动以调音，被胶固定则不能调音。

[17] 上智先觉：指那些聪明而最早觉悟的人。

[18] 铜山：蕴藏、出产铜矿的山。

[19] 内方象地：中间铸成镂空的方形，象征地。古人认为地是方形的，钱中间是方孔，故云象地。

[20] 外员象天：外沿铸成圆形，象征天。古人认为天是圆形的，故云像天。员，通“圆”。

[21] 有乾有坤：即上文所说“内方象地，外员象天”，乾是天象，坤是地象。

[22] 市井：集市，街市。便易：方便容易。

[23] 耗折：耗费折损。

[24] 难朽象寿：钱不易腐烂，象征长寿。

[25] 不匮象道：钱在社会上流通，数量有限而不会匮乏，象征周流不息的天道。

[26] 为世神宝：被世人爱重。

[27] 解严毅之颜：使严肃庄重之人的脸色和缓下来。

[28]“处前”四句：据《册府元龟》卷九百三十八补。丰衍：丰厚富足。

[29]“哿矣”二句：这是《诗经·小雅·正月》里的两句诗。哿（gě）：欢乐。茕（qióng）独：孤独无依的人。茕，没有兄弟的人，引申为孤独无依的人。

［30］“钱之”句：“钱”这个字的意思就是“泉”。“钱”“泉”二字读音相近，故古人常作这样的解释，兼用泉水流动不止来比喻钱流通于社会。

［31］日用：每天都在使用。

［32］京邑衣冠：京城里的衣冠之士，即士人。

［33］讲肄：讲学。肄，学习。

［34］“何必”二句：这里是戏仿《论语·先进》“何必读书然后为学”一句。

［35］“昔吕公”十句：据《册府元龟》卷九百三十八补。吕公欣悦于空版，《史记·高祖本纪》中吕公在沛令处相中刘邦的事典。空版，指当时刘邦声称有“贺钱万”，“实不持一钱”的故事。版，进见时的名帖。汉祖克之于嬴二，用《史记·萧相国世家》事。刘邦做亭长赴役咸阳，别的小吏都只送他三钱银两，唯有萧何送他五钱，刘邦将萧何的好处铭记在心，登帝位后多封了萧何二千户。文君解布裳而被锦绣，谓卓文君换下粗布衣裳，穿上华美的衣服。相如乘高盖而解犊鼻，谓司马相如乘上有高高的华盖的马车，脱掉了围裙。司马相如娶卓文君为妻，生活穷困，文君当垆卖酒，相如穿着犊鼻裈干着粗活。后来相如因所献大赋得到汉武帝的赏识而做官，就有马车可乘了。

［36］紫闼（tà）：指宫廷。闼，宫中小门。

［37］令问：好的名声。

［38］洛：洛阳，东汉、三国魏、西晋的都城。朱衣当途之士：穿红色官服的掌权者。

［39］无已已：无休无止啊。前一“已”字作停止解，后一“已”字是句末的语气词，表感叹。

［40］辐辏（còu）：集中，聚集。

［41］“死生”二句：见《论语·颜渊》，原文是：“子夏曰：‘商闻之矣，死生有命，富贵在天。君子敬而无失，与人恭而有礼，四海之内皆兄弟也。’”子夏，即孔子的弟子卜商，子夏是他的字。

［42］相禄：面相禄位。

［43］何与：有什么关系。

［44］“四时”二句：这是《论语·阳货》中孔子说的话，原文是：“天何言哉？四时行焉，百物生焉，天何言哉？”

［45］达穷开塞：指人的命运好坏。穷、塞，指人生困穷，仕途不顺；达、开，与“穷、塞”相对。

［46］“若臧武仲”六句：化用《论语·宪问》之语。臧武仲，鲁国大夫臧孙纥。卞庄子，卞邑大夫，有勇力。冉求，冉有，孔子弟子。孔方，指钱。

［47］“官无”二句：《晋书·李密传》谓密“迁汉中太守。自以失分怀怨，及赐钱东堂，诏密令赋诗，末章曰‘人亦有言，有因有缘。官无中人，不如归田’。”中人，指朝

廷中有权势的近臣，即宦官。

[48] 颜子：颜回。容：外貌。子张：颛孙师，孔子弟子。

[49] 同尘和光：和众人一样，不标新立异。《老子》："和其光，同其尘。"

[50] 上交下接：用钱打通上下关节。

思考与探讨

本文主旨是肯定还是否定金钱万能？金钱是否万能？谈谈你的金钱观。

书端州郡斋壁[1]

包拯

清心为治本，直道是身谋[2]。
秀干终成栋，精钢不作钩[3]。
仓充鼠雀喜，草尽兔狐愁[4]。
史册有遗训，毋贻来者羞[5]。

注释

[1]包拯（999—1062）：即民间称为"包青天"的北宋名臣，字希仁，安徽合肥人，天圣进士。拯清廉，知端州，岁满，不持一砚归。对贪污受贿深恶痛绝，尝曰："后世子孙仕宦，有犯赃者，不得放归本家，死不得葬大茔中。不从吾志，非吾子若孙也。"此首五律言志诗为包拯知端州（今广东肇庆）时，书写于郡守府第的墙壁上。

[2]首联提出治民的根本和立身的原则。心清，心灵清澈洁净，无贪欲之邪念。直道，正直公正的法则。

[3]颔联谓良木必会长成栋梁，好钢不去造弯钩，可以做成更重要的物件。

[4]颈联谓粮仓充实，鼠雀感到高兴；草木凋零，兔狐难以藏身而忧愁。鼠、雀、兔、狐，喻指贪官污吏。

[5]尾联谓史书留有教训，不要贪赃枉法，否则会留给后人羞辱的笑料史册。

饯别诗[1]

况钟

十年鞅掌托名邦，如水襟怀对大江。
无德及民殊自愧，君恩有负每神伤。[2]

清风两袖去朝天，不带江南一寸绵。
惭愧士民相饯送，马前洒泪注如泉。[3]

检点行囊一担轻，长安望去几多程。
停鞭静忆为官日，事事堪持天日盟。[4]

父老牵衣话别间，空烦扶杖出重关。
相逢知是何年事，珍重无忘稼穑艰。[5]

注释

[1]况钟（1383—1443）：字柏律，明代江西靖安县人，出身小吏，后任苏州知府13年，刚正清廉，断案公正，严惩贪吏豪强，减免江南重赋，有“况青天”之称。此诗作于英宗四年（1439），为任职期满进京接受吏部考核，辞别苏州而作。由四首七绝构成联章体诗。

[2]第一首为自谦之词。写治吴十年，襟怀坦荡，政绩无多，颇感自愧，有负君恩。鞅掌，公事繁忙。

[3]第二首感激士民饯送，并表明空手进京，不带礼物。绵，苏州锦缎之类的丝织品。

[4]第三首谓囊轻路远，反思为官未做亏心之事，可对天盟誓。检点，检察清点。长安，指京城。天日盟，对天日发誓。

[5]第四首写依依惜别之时，无忘稼穑艰难。作者悯农之情，溢于言表。稼穑，耕种收获，指代农业劳动。

入　京[1]

于　谦

手帕蘑菇及线香，本资民用反为殃[2]。
清风两袖朝天去，免得闾阎话短长[3]。

注释

[1]于谦（1398—1457）：字廷益，明代钱塘（今浙江杭州）人。23岁中进士，为官清正。土木堡之变，于谦临危受命，守卫北京，后英宗复辟，被诬以“谋逆罪”遇害。此诗写自己入京拒绝带礼物以联络感情，正气凛然。

[2]“手帕”二句：土特产本供民用，现异化为害民之物。手帕蘑菇线香，指任职地之土特产。当时地方官进京均要带些土特产送给大臣及权贵。资，供给。

[3]“清风”二句：自己不带一物进京朝见，免得招致老百姓的议论，表明不搞关系、拒走后门的严正态度和磊落襟怀。朝天，朝见皇帝。闾阎，指百姓。

思考与探讨

“诗言志”是我国古代文论家对诗的本质特征的基本认识。结合对作者的了解，说说以上诗篇分别表现了三位作者怎样的志向襟怀？

包公铁面无私

包拯字希仁[1]，庐州合肥人也。始举进士，除大理评事，出知建昌县。……除天章阁待制、知谏院。数论斥权幸大臣[2]，请罢一切内除曲恩[3]。又列上唐魏郑公三疏，愿置之坐右，以为龟鉴[4]。又上言天子当明听纳，辨朋党，惜人才，不主先入之说，凡七事；请去刻薄，抑侥倖，正刑明禁，戒兴作，禁妖妄。朝廷多施行之。……复官，徙江宁府，召权知开封府，迁右司郎中。

拯立朝刚毅，贵戚宦官为之敛手[5]，闻者皆惮之。人以包拯笑比黄河清，童稚妇女，亦知其名，呼曰“包待制”。京师为之语曰：“关节不到[6]，有阎罗包老。”旧制，凡讼诉不得径造庭下。拯开正门，使得至前陈曲直，吏不敢欺。中官势族筑园榭，侵惠民河，以故河塞不通，适京师大水，拯乃悉毁去。或持地券自言有伪增步数者[7]，皆审验劾奏之。……其在三司，凡诸管库供上物[8]，旧皆科率外郡[9]，积以困民。拯特为置场和市，民得无扰。吏负钱帛多缧系[10]，间辄逃去，并械其妻子者，类皆释之。……拯性峭直[11]，恶吏苛刻，务敦厚，虽甚嫉恶，而未尝不推以忠恕也。与人不苟合，不伪辞色悦人，平居无私书，故人、亲党皆绝之。虽贵，衣服、器用、饮食如布衣时。尝曰：“后世子孙仕宦，有犯赃者，不得放归本家，死不得葬大茔中[12]。不从吾志，非吾子若孙也。”（《宋史·包拯传》[13]）

注释

[1] 包拯：详本书 146 页注释 [1]。

[2] 权幸：受皇帝宠爱而掌要权。

[3] 内除：即中除，此指由皇帝以个人喜好直接升迁官员。曲恩：私恩。

[4] 魏郑公：即魏征。龟鉴：犹言借鉴。龟，龟卜；鉴，镜子。

[5] 敛：收手，不敢妄为。

[6] 关节：通贿请托。

[7] 地券：地契。

[8] 管库：国库。

[9] 科率：科，课税，征收。率，率由。

[10] 缧系：关押。

[11] 峭直：性格严厉。

[12] 大茔：祖坟。茔，坟地。

[13]《宋史》：二十四史之一，与《辽史》《金史》同时修撰，是二十四史中篇幅最庞大的一部官修史书。由元末丞相脱脱和阿鲁图先后主持修撰。

海瑞刚正清廉

海瑞[1]，字汝贤，琼山人，举乡试[2]。入都，即伏阙上《平黎策》[3]，欲开道置县，以靖乡土，识者壮之。署南平教谕[4]。御史诣学宫，属吏咸伏谒，瑞独长揖，曰："台谒当以属礼，此堂，师长教士地，不当屈。"迁淳安知县。布袍脱粟，令老仆艺蔬自给[5]。总督胡宗宪尝语人曰："昨闻海令为母寿，市肉二斤矣。"宗宪子过淳安，怒驿吏[6]，倒悬之。瑞曰："曩胡公按部[7]，令所过毋供张[8]。今其行装盛，必非胡公子。"发橐金数千[9]，纳之库，驰告宗宪，宗宪无以罪。都御史鄢懋卿行部过[10]，供具甚薄[11]，抗言邑小不足容车马。懋卿恚甚[12]。然素闻瑞名，为敛威去。……

时世宗享国日久[13]，不视朝，深居西苑，专意斋醮[14]。督抚大吏争上符瑞[15]，礼官辄表贺，廷臣自杨最、杨爵得罪后，无敢言时政者。四十五年二月，瑞独上疏。……帝得疏，大怒，抵之地，顾左右曰："趣执之[16]，无使得遁！"宦官黄锦在侧曰："此人素有痴名，闻其上疏时，自知触忤当死，市一棺，诀妻子，待罪于朝，僮仆亦奔散无留者，是不遁也。"帝默然。少顷复取读之，日再三，为感动太息。留中者数月。尝曰："此人可方比干[17]，第朕非纣耳[18]。"……

历两京左、右通政。三年夏，以右佥都御史巡抚应天十府[19]。属吏惮其威，墨者多自免去[20]。有势家朱丹其门，闻瑞至，黝之[21]。中人监织造者，为减舆从[22]。在瑞锐意兴革，请浚吴淞、白茆，通流入海，民赖其利。素疾大户兼并，力摧豪强，抚穷弱。贫民田入于富室者，率夺还之。……又裁节邮传冗费[23]。士大夫出其境率不得供顿，由是怨颇兴。……瑞抚吴甫半岁，小民闻当去，号泣载道，家绘像祀之……

瑞无子，卒时，佥都御史王用汲入视，葛帏敝籝，有寒士所不堪者。因泣下，醵金为敛[24]。小民罢市。丧出江上，白衣冠送者夹岸，酹而哭者百里不绝。(《明史·海瑞传》)

注释

[1] 海瑞：海南琼山人，回族，嘉靖举人。为政严峻，力惩贪腐，抑豪扶贫，深受民众爱戴，有"海青天"之称。

[2] 乡试：三年一次在省城的科举考试，中试者为举人。

[3] 伏阙：拜伏于宫殿下。

[4] 教谕：县学教官。

[5] 艺蔬：种植蔬菜。

[6] 驿吏：管理驿站的官吏。

[7] 曩：往昔，从前。按部：出巡辖区。

[8] 毋供张：不要招待奢侈。

[9] 橐：口袋。

[10] 行部：官吏出行所部。

[11] 供具：供应食品器具。

[12] 恚：怨怒。

[13] 世宗：即嘉靖皇帝。

[14] 斋醮：道教设坛向神祈祷，求福免灾。

[15] 符瑞：祥瑞的征兆。

[16] 趣：急速。

[17] 方：比。

[18] 第：但。

[19] 佥都御史：官名，都察院官员，略低于左右都御史。应天：地名，明时治江宁，永乐后定为南京。

[20] 墨者：不廉洁，贪污者。自免去：自动免职离开。

[21] 黝：青黑色，此处作动词。

[22] 舆从：车马随从。

[23] 邮传：驿传。

[24] 醵金：凑钱。

思考与探讨

1. 试比较《包公铁面无私》跟《海瑞刚正清廉》二文写法上的异同。

2. 海瑞、包拯并称为“南北青天”，试比较二人性格上的异同。

子罕以廉为宝

宋人有得玉者[1]，献诸司城子罕[2]，子罕不受。献玉者曰：“以示玉人[3]，玉人以为宝，故敢献之。”子罕曰：“我以不贪为宝，尔以玉为宝：若与我者，皆丧宝也，不若人有其宝。”故宋国之长者曰[4]：“子罕非无宝也，所宝者异也。”（《新序·节士》[5]）

注释

[1] 宋：国名，春秋时在河南商丘一带。

[2] 诸：之于。司城：官名，主建筑及车服器械制造。子罕：即宋平公之贤大夫乐喜。

[3] 玉人：玉雕师傅。

[4] 长者：有德望之人。

[5]《新序》：西汉著名学者刘向编撰的一部以讽谏为政治目的的历史故事类编，原三十卷，今存十卷。

杨震清廉诫“四知”

杨震字伯起[1]，弘农华阴人也。……迁荆州刺史，东莱太守。当之郡[2]，道经昌邑[3]，故所举荆州茂才王密为昌邑令[4]，谒见，至夜怀金十斤以遗震[5]。震曰：“故人知君[6]，君不知故人，何也?”密曰：“暮夜无知者。”震曰：“天知，神知，我知，子知[7]。何谓无知?”密愧而出。（《后汉书·杨震传》）

注释

[1] 杨震：陕西华阴人，好学博览，有“关西孔子”之称，东汉廉吏。

[2] 之：往。

[3] 昌邑：在今山东省。

[4] 茂才：即秀才。

[5] 金：铜币，货币。

[6] 故人：杨震自称。

[7] 子：您。

梁寅诫官三字符

太祖定四方，征天下名儒修述礼乐[1]。寅就征[2]，年六十余矣。时以礼、律、制度，分为三局，寅在礼局中，讨论精审，诸儒皆推服。书成，赐金币。将授官，以老病辞，还。结庐石门山[3]，四方士多从学，称为梁五经[4]，又称石门先生。邻邑子初入官，诣寅请教[5]。寅曰："清、慎、勤，居官三字符也。"其人问天德王道之要[6]，寅微笑曰："言忠信，行笃敬，天德也；不伤财，不害民，王道也。"其人退曰："梁子所言，平平耳。"后以不检败，语人曰："吾不敢再见石门先生。"（《明史·梁寅传》）

注释

[1] 修述礼乐：整理、纂述礼乐典章。

[2] 就：趋，从。

[3] 石门山：在四川境内。

[4] 梁五经：喻其精通诗、书、礼、易、春秋。

[5] 诣：前往。

[6] 要：精要，精髓。

段太尉勇仁廉

太尉始为泾州刺史时[1]，汾阳王以副元帅居蒲[2]，王子晞为尚书[3]，领行营节度使[4]，寓军邠州，纵士卒无赖[5]。邠人偷嗜暴恶者[6]，率以货窜名军伍中[7]，则肆志[8]，吏不得问。日群行丐取于市，不嗛[9]，辄奋击折人手足，椎釜鬲瓮盎盈道上，袒臂徐去，至撞杀孕妇人。邠宁节度使白孝德以王故，戚不敢言[10]。太尉自州以状白府，愿计事[11]。……太尉曰："某为泾州，甚适，少事，今不忍人无寇暴死[12]，以乱天子边事。公诚以都虞候命某者，能为公已乱[13]，使公之人不得害。"孝德曰："幸甚！"如太尉请。

既署[14]一月，晞军士十七人入市取酒，又以刃刺酒翁，坏酿器，酒流沟中。太尉列卒取十七人，皆断头注槊上[15]，植市门外[16]。晞一营大噪，尽甲[17]。孝德震恐，召太尉曰："将奈何？"太尉曰："无伤也！请辞于军[18]。"孝德使数十人从太尉，太尉尽辞去，解佩刀，选老躄者一人持马[19]，至晞门下。甲者出，太尉笑且入，曰："杀一老卒[20]，何甲也？吾戴吾头来矣！"甲者愕。因谕曰："尚书固负若属耶[21]？副元帅固负若属耶？奈何欲以乱败郭氏[22]？为白尚书[23]，出听我言。”晞出，见太尉。太尉曰：“副元帅勋塞天地，当务始终；今尚书恣卒为暴[24]，暴且[25]乱，乱天子边，欲谁归罪[26]？罪且及副元帅。今邠人恶子弟以货窜名军籍中，杀害人，如是不止，几日不大乱？大乱由尚书出，人皆曰尚书倚副元帅不戢士[27]，然则郭氏功名其与存者几何[28]？”言未毕，晞再拜曰：“公幸教晞以道，恩甚大，愿奉军以从。”顾叱左右曰[29]：“皆解甲，散还火伍中[30]。敢哗者死！”……邠州由是无祸。

先是，太尉在泾州为营田官，泾大将焦令谌取人田[31]，自占数十顷，给与农曰：“且熟，归我半。”是岁大旱，野无草，农以告谌。谌曰：“我知入数而已[32]，不知旱也。”督责益急[33]，农且饥死，无以偿，即告太尉。太尉判状[34]，辞甚巽[35]，使人求谕谌。谌盛怒，召农者曰：“我畏段某耶？何敢言我！”取判铺背上，以大杖击二十，垂死，舆来庭中[36]。太尉大泣曰：“乃我困汝[37]！”即自取水洗去血，裂裳衣疮，手注善药，旦夕自哺农者[38]，然后食。取骑马卖，市谷代偿[39]，使勿知。淮西寓军帅尹少荣[40]，刚直士也。入见谌，大骂曰：“汝诚人耶[41]？泾州野如赭[42]，人且饥死，而必得谷；又用大杖击无罪者。段公，仁信大人也，而汝不知敬。今段公唯一马，贱卖市谷入汝，汝又取不耻。凡为人傲天灾[43]、犯大人、击无罪者，又取仁者谷，使主人出无马，汝将何以视天地？尚不愧奴隶耶[44]！”谌虽暴抗[45]，然闻言则大愧，流汗，不能食，曰：“吾终不可以见段公。”一夕，自恨死。

及太尉自泾州以司农征[46]，戒其族[47]：过岐，朱泚幸致货币[48]，慎勿纳。及过，泚固致大绫三百匹[49]。太尉婿韦晤坚拒，不得命[50]。至都，太尉怒曰：“果不用吾言！”晤谢曰：“处贱[51]，无以拒也。”太尉曰：“然终不以在吾第。”以如司农治事堂[52]，栖之梁木上[53]。泚反，太尉终，吏以告泚。泚取视，其故封识具存[54]。（柳宗元《段太尉逸事状》）

注释

［1］太尉：名秀实，字成公。陕西汧阳人，因反对军阀朱泚称帝遇害。泾州：在今甘肃泾川县北。刺史：州郡的长官。

［2］汾阳王：指郭子仪。蒲：蒲州。

［3］王子晞：汾阳王之子郭晞。

［4］领：代理。

［5］无赖：横行不法。

［6］偷嗜暴恶：狡猾、贪心、强暴、凶恶。

[7] 率以货窜名军伍中：大多用贿赂手段将姓名混入军籍中。
[8] 肆志：恣意妄为。
[9] 丐取：索取强要。不嗛：不满足。
[10] 白孝德：时任邠宁节度使。以：因。戚：忧虑。
[11] 状：文书。白：禀报。计事：商量事情。
[12] 某：同“余”，自称。无寇暴死：没有战乱突然死去。
[13] 诚：如果。都虞候：军中执法官。命：委任。已：制止。
[14] 署：代理。
[15] 列卒：布置军士。取：抓获。注槊上：悬挂在长矛上。
[16] 植：竖立。
[17] 噪：哄闹。尽甲：全身披铠甲。
[18] 辞于军：到晞军中说理。
[19] 老躄者：年老腿瘸者。
[20] 老卒：段太尉自称。
[21] 固：难道。若属：你们这班人。
[22] 奈何：为什么。
[23] 白：告诉。
[24] 恣卒为暴：放纵士兵干暴行。
[25] 且：将。
[26] 欲谁归罪：即欲归罪谁。
[27] 倚：倚仗。戢：管束。
[28] 其与存者几何：还能保存多少？
[29] 顾叱：回头斥责。
[30] 火伍：队伍。
[31] 焦令谌：泾州节度使。人田：民田。
[32] 入数：应收的租数。
[33] 督责：催逼。
[34] 判状：判决书。
[35] 巽：委婉，柔和。
[36] 舆：抬。庭：太尉办公之厅堂。
[37] 困：害。
[38] 衣：包扎。注：涂，敷。哺：喂。
[39] 市：买。
[40] 寓：临时驻扎。

[41] 汝诚人耶：你果真还算人吗。
[42] 赭：红褐色。
[43] 傲：轻慢。
[44] 奴隶：奴仆。
[45] 暴抗：粗暴傲慢。
[46] 司农征：以司农卿被征召。
[47] 戒：告诫。
[48] 幸：或许。致：赠送。
[49] 固致：坚持要送。
[50] 不得命：未能得到允许，推辞不掉。
[51] 处贱：处在卑下地位。
[52] 以如：以之送到。治事堂：办公之地。
[53] 栖：放置。
[54] 封识：封存的标记。

思考与探讨

课文是从哪几个方面来写段太尉的？这样写有什么好处？

延伸阅读

孙中山不委兄官

辛亥广州光复之后，胡汉民、陈炯明迭任都督，一部（分）同盟会员及华侨之不慊于胡、陈者，乃有恢复旧兴中会之议，群拥德彰为首领，以与军政府当局相抗衡，德彰忠厚性成，颇为所用。……民元南京政府成立，陈炯明屡言辞都督职，于是粤省党人军人及各社团各自选举都督，电请孙大总统委任，中以举德彰者为最多。南京总统府收受此项电文，前后凡百数十通，孙大总统乃电复粤各界，解释不能委任乃兄之理由：谓爱之适足以害之。辞极剀切，众乃无言。未已，德彰自粤赴宁，拟向孙大总统面呈粤政得失，从者有失意军人黄士龙等数十人。及抵南京，乃痛言让位袁世凯之失策，并指摘粤省胡、陈二督施政之误谬，对于胡汉民尤责难有加。孙大总统惟力劝其从此勿预政事，息影林泉，以娱暮景而已。癸丑秋各省讨袁军败挫，总理亡命东瀛，德彰亦自乡移居澳门，自是惓惓国是，郁郁不乐。民国四年以病卒于澳门旅次。（冯自由《革命逸史》）

思考与探讨

本专题历史人物的高尚品质，你认为哪些今天最应该继承发扬？

第五专题

自然和合

专题导读

中国传统文化重视和谐统一，包括自然的和谐、人与自然的和谐、人与社会的和谐、人与人之间的和谐以及人自身的身心和谐等。《国语·郑语》最早提出“和合”一词：“商契能和合五教，以保于百姓者也。”老子提出“万物负阴而抱阳，冲气以为和”（《老子》），认为道蕴涵阴阳两个相反方面，万物都包含着阴阳，阴阳相互作用而构成和，这是宇宙万物的本质以及天地万物生存的基础。孔子提出“礼之用，和为贵”（《论语·学而》），把“和”作为处事、行礼的最高境界。墨子提出“内者父子兄弟作怨恶，离散不能相和合。天下之百姓，皆以水火毒药相亏害”（《墨子·尚同》），认为和合是处理人与社会关系的根本原理、原则。管子、孟子、荀子等先秦诸子也多有关于“和”或“和合”的论述。“和合”是中国思想文化中被全世界普遍接受和认同的人文精神，它是中国思想文化中最完善、最富生命力的体现形式。这种以和为贵的和合精神是中国传统文化的首要价值，也是中国传统文化的核心和精髓。

中国和合文化中贵和持中的和谐意识，表现在两个方面：一是“天人合一”，指人与自然关系的和谐。二是“中庸”，指人际关系，即人与人、人与社会关系的和谐。

“天人合一”旨在承认人与自然的统一性、反对将它们割裂开来。《周易·序卦传》：“有天地，然后有万物，有万物，然后有男女。”阐明了人产生于自然，人是自然界的一部分。《周易·乾·文言》:“夫大人者,与天地合其德,与日月合其明,与四时合其序,与鬼神合其吉凶。先天而天弗为,后天而奉天时。天且弗为,而况于人乎?况于鬼神乎?”认为人与自然界是一个统一体,自然界的运行规律和人的身心规律在本质上是统一的,这种精神,就是天人和合。孔子曾发出“知我者其天乎”的感叹,也显露出“五十而知天命”的豁达,从“天知我”到“我知天”显示了孔子“天人合一”思想的发端。孟子说:“尽其心者,知其性也,知其性则知天矣。”他把人性和天统一起来,也包含了“天人合一”的思想。最早明确提出“天人合一”的是北宋的张载,他在《正蒙·乾称》中说:“儒者则因明致诚,因诚致明,故天人合一,致学而可以成圣,得天而未始遗人。”张载指出,人之所以成为圣贤,根本原因在于“天人合一”,人和自然是本质上的统一,因此人能够认识自然,认识自然和人自身达到极致便可以成为圣贤。南宋朱熹指出:“天即人,人即天。人之始生,得之于人也;即生此人,则天又在人矣。”陆九渊更是描述了“天人合一”的境界:“宇宙即是吾心,吾心即是宇宙。”在“天人合一”的至高境界中,人与自然乃至人与整个宇宙都是合而为一。“天人合一”将人和自然、人和宇宙看作一个不可分割的整体,体现的是人与自然的和谐共生思想。天地自然本身的和合,与人自身的和合相互一致、统一,构成天人整体的和合。这便是“仁民爱物”“天地万物与吾一体”的精神。

“和”不仅指自然的和谐、人与自然的和谐,更重要的是指人与人、人与社会的和谐。有子讲“礼之用,和为贵。先王之道,斯为美”。孟子也说:“天时不如地利,地利不如人和。”以中和观念

为核心的“中庸”,强调的是中和与平衡,对什么事都不偏执、不

偏激，不走极端，在矛盾两极间找到达致目标的最佳途径，并付诸日常实践。孔子说“执其两端，用其中于民”“过犹不及”，就是主张执中以致和，使矛盾双方达到和谐统一。《中庸》说：“中也者，天下之大本也；和也者，天下之达道也。致中和，天地位焉，万物育焉。”“中庸”精神不仅仅是儒家最高道德标准，同时也揭示了恰如其分地看待万事万物，中正不倚，于平常处尽心竭力，而又能各就其位、和谐共处、齐头并进的一种为人处世之道和社会理想模型。

和合精神贯穿中国文化发展的整个过程，积淀于各个时期各家学派的思想文化之中，并渗透于文学作品之中。本专题从浩如烟海的典籍中遴选出颇具代表性的选段及篇章，以期见微知著。

《礼记·礼运·大同》铺写了没有战争，人人和睦相处，丰衣足食，安居乐业的大同社会，这是儒家的最高理想，也是中华民族“天下一家”的人文情怀。《中庸》阐明了儒家的“中庸之道”，要求人们自觉地进行自我修养、自我完善，达到至善、至仁、至诚、至道、至德、至圣，创“太平和合”境界。《道德经》文选反映了老子师法自然、谦退无私、贵柔守雌的思想，体现了道家守中致道的精神。《庄子·齐物论》主张消除事物之间的差别和对立，以达到万物平等的境界。这种思想在今天看来，尤其有益于我们正确把握人与自然之间的关系，探寻合理的生态环境伦理观，促进人与自然的和谐发展。

汉文帝刘恒《赐南粤王赵佗书》传达了维护国家统一，反对分裂的和合思想，同时也体现了“一曰慈，二曰俭，三曰不敢为天下先”的道家智慧。《读山海经》（其一）写陶渊明耕作之余读书的乐趣和适意，在物我交融的乡居体验中感悟生命的真谛，讴歌宇宙中博大的人生乐趣。《渭川田家》描绘了一幅恬然自乐的田家暮归图，抒发了诗人意欲归隐田园的心情。《行香子·树绕村庄》勾勒出一幅春光明媚、万物竞发的田园风光图，意兴盎然而生机勃勃。《兰陵王·柳》托柳起兴，抒写了伤离别恨之情和身世飘零的喟叹。《暗香·旧时月色》以梅喻人、借梅抒情，意境悠远清虚而情思婉转。

第一节　执中以致和

保合太和

乾道变化[1]，各正性命，保合太和[2]，乃利贞[3]。首出庶物[4]，万国咸宁[5]。（《周易·乾·彖》[6]）

注释

［1］乾：天。

［2］保：保持。合：调整。太和：指自然界的一种普遍调顺谐和的关系。

［3］利：施利。贞：中正。

［4］庶：众。庶物，犹言万物。首出庶物，指天的功德超出万种物类。

［5］咸：皆，周遍。

［6］彖（tuàn）：《周易正义》："彖，断也，断定一卦之义，所以名为彖也。"古人以《彖》上下、《象》上下、《系辞》上下凡六篇和《文言》《说卦》《序卦》《杂卦》四篇，合称"十翼"。用十翼以释《周易》，故又称《易传》。

天且弗违

夫"大人"者，与天地合其德[1]，与日月合其明，与四时合其序，与鬼神合其吉凶。先天而天弗违[2]，后天而奉天时[3]。天且弗违，而况于人乎？况于鬼神乎？（《周易·乾·文言》[4]）

注释

[1] 合：一致，符合。德：道德，此处具体指天下安宁，万物生生不息。

[2] 天弗违：自然规律不出来反对，即符合自然规律。

[3] 奉天时：尊重自然规律，即因时因地制宜。

[4] 文言：又名《文言传》，是《周易》“十翼”中的一部，是专门解释乾、坤两卦的一部文笔优美的哲学散文。

天何言哉

子曰：“予欲无言。”子贡曰：“子如不言，则小子何述焉？”子曰：“天何言哉？四时行焉，百物生焉，天何言哉？”（《论语·阳货》）

和为贵

有子曰：“礼之用[1]，和为贵[2]。先王之道[3]，斯为美[4]。小大由之。有所不行，知和而和，不以礼节之[5]，亦不可行也。（《论语·学而》）

注释

[1] 礼：在春秋时代，“礼”泛指典章制度和道德规范。孔子的“礼”，既指“周礼”，礼节、仪式，也指人们的道德规范。

[2] 和：适合、恰当，调和。

[3] 先王之道：指尧、舜、禹、汤、文、武等古代帝王的治世之道。

[4] 斯：这、此等意，这里指礼，也指和。

[5] 节：节制、制约。

四海之内皆兄弟

司马牛忧曰[1]："人皆有兄弟，我独亡[2]。"子夏曰："商闻之矣[3]：'死生有命，富贵在天。'君子敬而无失，与人恭而有礼，四海之内，皆兄弟也。君子何患乎无兄弟也？"（《论语·颜渊》）

注释

[1] 司马牛：孔子学生。姓司马，名耕，字子牛。

[2] 亡（wú）：同"无"，没有。

[3] 商：子夏自称。子夏（前507—?），姓卜名商，字子夏，后亦称"卜子夏""卜子"，孔子的著名弟子，"孔门十哲"之一，"七十二贤"之一。

养性事天

孟子曰："尽其心者[1]，知其性也[2]。知其性，则知天矣[3]。存其心，养其性，所以事天也[4]。（《孟子·尽心上》）

注释

[1] 心：本心，指人生来具有的恻隐、羞恶、辞让、是非这四种善心。

[2] 性：本性，指与上述四种善心相对应的仁、义、礼、智四种道德的开端。

[3] 天：天道。

[4] 事天：遵循天道而行，使天道不堕，即为事天。

大同思想

扫二维码获取
诵读音频

大道之行也[1]，天下为公。选贤与能，讲信修睦[2]。故人不独亲其亲[3]，不独子其子[4]，使老有所终，壮有所用，幼有所长，矜寡孤独废疾者皆有所养[5]。男有分[6]，女有归[7]。货，恶其弃于地也，不必藏于己[8]；力，恶其不出于身也，不必为己[9]。是故谋闭而不兴[10]，盗窃乱贼而不作[11]。故外户而不闭[12]，是谓大同[13]。（《礼记·礼运》[14]）

注释

[1] 大道：五帝时期治理天下的原则、制度，儒家最高的政治理想。行：施行、实行。

[2] 与（jǔ）：通“举”，推举、选举。修睦：指调整人与人之间的关系，使它达到和睦。修，修治、调整。

[3] 亲：名词的意动用法，以……为亲。

[4] 子：名词的意动用法，以……为子。

[5] 矜（guān）：通“鳏”，老而无妻之人。寡：老而无夫之人。孤：幼而丧父母之人。独：老而无子女之人。废：残废的人。疾：有疾病的人。

[6] 分（fèn）：职分、职业。

[7] 归：女嫁曰归。

[8]“货”三句：财货，人们厌恶它被任意丢弃在地上，（想收起来）但不一定要收藏在自己家里。货，财货、财物。恶，厌恶、憎恶。

[9]“力”三句：力气，人们厌恶它不能从自己身上使出来，（想使出来）但不一定是为了自己。

[10] 谋闭而不兴：阴谋诡计就被扼制而不会发生。闭，引申为扼制。兴，发生。

[11] “盗窃”句：抢劫、偷窃、作乱、贼杀就不会产生。乱，造反。贼，残害、贼杀。

[12] 户：门。闭：《说文》：“阖门也。”即用门闩插门。

[13] 大同：高度和谐，高度和平。文中指儒家的理想社会。同：郑玄注：“同，犹和也，平也。”和谐、安定。

[14]《礼记》，儒家经典之一，相传由西汉戴圣编纂，共四十九篇，是一部先秦至两汉时期儒家关于各种礼仪的论著以及礼学文献汇编，与《周礼》《仪礼》并称“三礼”。是研究中国古代社会情况、儒家学说和文物制度的重要参考书。《礼运》是《礼记》中的篇名，记五帝、三王礼制之变易和阴阳转移之道，故以“运”为名。

中庸之道

扫二维码获取教学视频

天命之谓性[1]，率性之谓道[2]，修道之谓教[3]。道也者，不可须臾离也[4]，可离，非道也。是故君子戒慎乎其所不睹[5]，恐惧乎其所不闻[6]。莫见乎隐，莫显乎微[7]，故君子慎其独也[8]。喜怒哀乐之未发，谓之中[9]；发而皆中节，谓之和[10]。中也者，天下之大本也；和也者，天下之达道也[11]。致中和[12]，天地位焉[13]，万物育焉[14]。（《中庸·第一章》[15]）

注释

[1] 天命：天赋，人的自然禀赋。天，指自然。命，赋予。性：人性。

[2] 率性：遵循本性。率，遵循，按照。道：路，引申为规律、法则。

[3] 修：修明、节制。教：教化，包括礼、乐、刑、政等。

[4] 须臾：片刻，一会儿。

[5] 不睹：看不见的地方。

[6] 不闻：听不见的事情。

[7] 莫：在这里是“没有什么……”的意思。见（xiàn）：同“现”，显现，明显。乎：于，在这里有比较的意味。朱熹《中庸章句》：“隐，暗处也。微，细事也。”

[8] 独：独处。朱熹《中庸章句》：“人所不知而己所独知之地也。”

[9] 中（zhōng）：不偏不倚，恰到好处。

[10] 中（zhòng）：符合。节：节度，法度。和：和谐，不乖戾。

[11] 达道：天下古今必由之路，也指普遍规律。

[12] 致：达到。

[13] 位：安于所处的位置。

[14] 育：生养，成长发育。

[15]《中庸》：详见本书第二专题“第二节　自强”《中庸·博学之》注释［1］。

君子时中

仲尼曰[1]：“君子中庸[2]，小人反中庸。君子之中庸也，君子而时中[3]；小人之中庸也[4]，小人而无忌惮也[5]。”（《中庸·第二章》）

注释

[1] 仲尼：即孔子，名丘，字仲尼。

[2] 中庸：即中和。庸，“常”的意思。朱熹注：“中庸者，不偏不倚，无过不及。”它是儒家的最高道德标准。

[3] 时中：随时而处中。

[4] 小人之中庸也：王肃本作“小人之反中庸也”，程、朱皆从之。

[5] 忌惮：顾忌和畏惧。

中庸其至

子曰：“中庸其至矣乎[1]！民鲜能久矣[2]！”（《中庸·第三章》）

注释

[1] 至：极至，顶点。

[2] 鲜（xiǎn）：少，不多。

人莫不饮食也

子曰：“道之不行也[1]，我知之矣，知者过之[2]，愚者不及也；道之不明也，我知之矣，贤者过之，不肖者不及也[3]。人莫不饮食也[4]，鲜能知味也[5]。”（《中庸·第四章》）

注释

[1] 道：指中庸之道。行：施行。

[2]知者：有智慧有修养的人。知（zhì），通“智”。过，超过限度。

[3]不肖者：指不贤的人。

[4]莫：没有。

[5] 鲜（xiǎn）：少。

执两用中

子曰："舜其大知也与[1]！舜好问而好察迩言[2]，隐恶而扬善[3]，执其两端[4]，用其中于民[5]，其斯以为舜乎[6]！"（《中庸·第六章》）

注释

[1]舜：上古时代的帝王，姓姚，名重华，史称虞舜。知：通"智"，才智。与：句末助词。

[2]迩（ěr）言：浅近的话。

[3]恶：指不符合中庸之道的言论。善：指符合中庸之道的言论。

[4]执其两端：掌握事物相反的两个方面。端，极端。

[5]用其中：用适宜的办法，指运用中庸之道。

[6]其：语气词，表示推测。斯：这。

道不远人

子曰："道不远人，人之为道而远人[1]，不可以为道。"（《中庸·第十三章》）

注释

[1]人之为道而远人：意思是说人们在修行中庸之道时总爱好高骛远，这样就使存在于人们身边的道反而远离人们了。

延伸阅读

晏婴论和与同

齐侯至自田，晏子侍于遄台，子犹驰而造焉。公曰："唯据与我和夫！"晏子对曰："据亦同也，焉得为和？"公曰："和与同异乎？"对曰："异。和如羹焉，水、火、醯、醢、盐、梅，以烹鱼肉，燀之以薪，宰夫和之，齐之以味，济其不及，以泄其过。君子食之，以平其心。君臣亦然。君所谓可而有否焉，臣献其否以成其可；君所谓否而有可焉，臣献其可以去其否。是以政平而不干，民无争心。故《诗》曰：'亦有和羹，既戒既平。鬷嘏无言，时靡有争。'先王之济五味、和五声也，以平其心，成其政也。声亦如味，一气、二体、三类、四物、五声、六律、七音、八风、九歌，以相成也；清浊、小大、短长、疾徐、哀乐、刚柔、迟速、高下、出入、周疏，以相济也。君子听之，以平其心。心平，德和。故《诗》曰：'德音不瑕。'今据不然。君所谓可，据亦曰可；君所谓否，据亦曰否。若以水济水，谁能食之？若琴瑟之一专，谁能听之？同之不可也如是。"

——《左传·昭公二十年》

夫和实生物，同则不继。以他平他谓之和，故能丰长而物归之。若以同裨同，尽乃弃矣。故先王以土与金木水火杂，以成百物。

——《国语·郑语》

子曰："君子和而不同，小人同而不和。"

——《论语·子路》

畜之以道，则民和；养之以德，则民合。和合故能谐，谐故能辑，谐辑以悉，莫之能伤。

——《管子·兵法》

天地合而万物生，阴阳接而变化起，性伪合而天下治。

——《荀子·礼论》

思考与探讨

1. 你认为大同思想在当今全球化的社会进程中还有没有价值？如有，有何价值？
2. 什么是"中庸"？儒家的"中庸之道"有什么特点及现实意义？
3. 你打算在学习和生活中如何践行中庸之道？
4. 结合本节所选文段，谈谈你对儒家和合思想的理解及其对构建当代和谐社会的意义。

第二节　圆融即和合

三生万物

道生一[1]，一生二[2]，二生三[3]，三生万物。万物负阴而抱阳[4]，冲气以为和[5]。人之所恶，唯孤、寡、不谷[6]，而王公以为称。故物或损之而益，或益之而损。（《道德经·第四十二章》[7]）

注释

［1］一：这是老子用以代替“道”这一概念的数字表示，即道是绝对无偶的。

［2］二：指阴气、阳气。“道”的本身包含着对立的两方面，阴阳二气所含育的统一体即是“道”。因此，对立着的双方都包含在“一”中。

［3］三：即是由两个对立的方面相互矛盾冲突所产生的第三者，进而生成万物。

［4］负阴而抱阳：背阴而向阳。

［5］冲气以为和：阴阳二气互相冲突交合而成为均匀和谐状态，从而形成新的统一体。冲，冲突、交融。

［6］孤、寡、不谷：这些都是古时候君主用以自称的谦词。

［7］《道德经》：又称《道德真经》《老子》《五千言》，传说是春秋时期的老子所作，是道家哲学思想的重要来源。《道德经》分上、下两篇，上篇《道经》三十七章，下篇《德经》四十四章，共八十一章。《道德经》是中国历史上首部完整的哲学著作。其中提出“反者道之动”，蕴含朴素辩证法思想，主张尊重自然，无为而治，对中国哲学发展有深刻影响。老子，春秋时期思想家，道家学派创始人，楚国苦县厉乡曲仁里（今河南鹿邑东）人，姓李，名耳，字聃。曾任周守藏室之史，后退隐。

无私成其私

扫二维码获取
诵读音频

天长地久[1]，天地所以能长且久者，以其不自生[2]，故能长生。是以圣人后其身而身先[3]，外其身而身存[4]。非以其无私邪[5]？故能成其私[6]。（《道德经·第七章》）

注释

［1］长、久：均指时间长久。

［2］以其不自生：因为它不为自己生存。以，因为。

［3］后：方位名词作动词，放在……后面。身：自身，自己。以下三个“身”字同。先：居先，占据了前位。此是高居人上的意思。

［4］外其身：把自己的生命置之度外。外，方位名词作动词用，这里是置之度外的意思。

［5］邪（yé）：同“耶”，助词，表示疑问的语气。

［6］成其私：成就他个人的利益。成，成就。

思考与探讨

结合“无私成其私”，谈谈对老子谦退不争思想的理解。

上善若水

扫二维码获取
诵读音频

上善若水[1]，水善利万物而不争。处众人之所恶[2]，故几于道[3]。居善地，心善渊，与善仁，言善信，正善治，事善能，动善时[4]。夫唯不争，故无尤[5]。（《道德经·第八章》）

注释

[1] 上善：最善。上，最的意思。

[2] 处众人之所恶：居处于众人所不愿去的地方。恶，讨厌、不喜欢。

[3] 几于道：接近于道。几，接近。

[4] 善："故几于道"而后七个"善"，都是"善于"的意思。居：立身处世。渊：沉静、深沉。与：指与别人相交相接。仁：仁爱。正：同"政"。

[5] 尤：怨咎、过失、罪过。

思考与探讨

如何理解"上善若水"？在生活中，如何效法水的善德？

功遂身退

扫二维码获取
诵读音频

持而盈之，不如其已[1]。揣而锐之[2]，不可长保。金玉满堂，莫之能守[3]。富贵而骄，自遗其咎[4]。功遂身退，天之道也[5]。（《道德经·第九章》）

注释

[1] 持：手执、手捧。此指拿着盛水器。盈之：使盛水器满。其：指代水。已：止。

[2] 揣（zhuī）：捶击、捶打。锐之：使之尖锐。

[3] 莫之能守：即"莫能守之"，没有谁能守得住。

[4] 遗：留下。咎：灾祸。

[5] 天之道：指自然规律。

不敢为天下先

天下皆谓我道大[1]，似不肖[2]。夫唯大，故似不肖。若肖，久矣其细也夫！我有三宝，持而保之：一曰慈，二曰俭，三曰不敢为天下先。慈故能勇；

俭故能广；不敢为天下先，故能成器长[3]。今舍慈且勇[4]；舍俭且广；舍后且先；死矣！夫慈，以战则胜，以守则固。天将救之，以慈卫之。（《道德经·第六十七章》）

注释

[1] 我道：道即我，我即道。“我”不是老子用作自称之词。

[2] 似不肖：不像具体的事物。肖，相似之意。

[3] 能成器长：可以成为万物之长。器，物，万物。

[4] 且：取。

齐物与齐论

物无非彼[1]，物无非是[2]。自彼则不见，自知则知之[3]。故曰：彼出于是，是亦因彼。彼是方生之说也[4]。虽然，方生方死，方死方生；方可方不可，方不可方可；因是因非[5]，因非因是。是以圣人不由而照之于天[6]，亦因是也。是亦彼也，彼亦是也。彼亦一是非，此亦一是非，果且有彼是乎哉？果且无彼是乎哉？彼是莫得其偶[7]，谓之道枢[8]。枢始得其环中[9]，以应无穷。是亦一无穷，非亦一无穷也。故曰：莫若以明[10]。

以指喻指之非指，不若以非指喻指之非指也；以马喻马之非马，不若以非马喻马之非马也。天地一指也，万物一马也。

因是已[11]。已而不知其然谓之道[12]。劳神明为一而不知其同也[13]，谓之“朝三”。何谓“朝三”？狙公赋芧[14]，曰：“朝三而暮四[15]。”众狙皆怒。曰：“然则朝四而暮三。”众狙皆悦。名实未亏而喜怒为用[16]，亦因是也[17]。是以圣人和之以是非而休乎天钧[18]，是之谓两行[19]。

天下莫大于秋豪之末[20]，而大山为小[21]；莫寿乎殇子[22]，而彭祖为夭[23]。天地与我并生，而万物与我为一[24]。既已为一矣，且得有言乎？既已谓之一矣，且得无言乎？一与言为二，二与一为三。自此以往，巧历不能得[25]，而况其凡乎[26]！故自无适有[27]，以至于三，而况自有适有乎！无适焉[28]，因是已！

昔者庄周梦为胡蝶，栩栩然胡蝶也[29]。自喻适志与[30]，不知周也[31]。俄然觉[32]，则蘧蘧然周也[33]。不知周之梦为胡蝶与？胡蝶之梦为周与？周与胡蝶则必有分矣。此之谓物化[34]。（《庄子·内篇·齐物论》[35]）

注释

[1] 彼：事物的对立面。

[2] 是：事物本身，相当于言“此”。

[3] 自知则知之：“自知”文意难通，似应为“自是”，意为从自身这方面的角度来看就知道了。

[4] 彼是方生：彼此互相转化。方，正，才。说：理论，主张。

[5] 因：顺应。

[6] 不由：不经由（是非之途）。照：观照，对照。天：自然本性。

[7] 莫得其偶：不能构成对立。

[8] 枢：关键。

[9] 环中：比喻万物循环往复，合于中一。

[10] 莫若以明：不如以澄净的自然本性来观照事物。

[11] 因是已：顺应（自然本性）就是了。已，语气助词，同“矣”。

[12] 已而不知其然：既定的但是不知道它为什么这样的。已，已经，既定。

[13] 神明：心思智巧。

[14] 狙公：养猕猴的老翁。狙，猕猴。赋芧：分发橡栗。

[15] 朝三而暮四：早上给三个（橡栗），晚上给四个。

[16] 名：名分。实：实际。亏：减损。用：效果。

[17] 亦因是也：也是因为这个原因，指前文“劳神明为一而不知其同也”。

[18] 和：调和。天钧：天然均衡的状态。

[19] 两行：不执着于是非的争论而保持事理的自然均衡。

[20] 秋豪之末：动物秋天换新毛，毛尖非常微细。成语“明察秋毫”与之意同。豪，通“毫”，毫毛。末，尖端、末端。

[21] 大山：即泰山。大，通“太”，通“泰”。

[22] 殇子：夭折的小孩。

[23] 彭祖：传说中人物。封于彭，故称。传说他善养生，有导引之术，活到八百岁。

[24]“天地”二句：互文句。天地万物与我共生并存，都合为一体。

[25] 巧历：善于计算的人。

［26］凡：普通人。

［27］自无适有：从无到有。适，往，到。

［28］无适焉：不必再往下推算了。无，通“毋”。

［29］栩栩然：欢喜自得的样子。

［30］喻：晓，觉得。适志：舒适自得。

［31］不知周：忘了自己是庄周。

［32］俄然：忽然。觉：醒觉。

［33］蘧（qú）蘧然：惶恐的样子。

［34］物化：物我两化而融为纯一。

［35］《庄子》：庄子和他门人后学的著作。原有52篇，今存33篇，包括内篇7，外篇15，杂篇11。今学者多认为，内篇为庄子自著，外、杂篇出自他的门徒和后学。庄子（约前369—前286），名周，字子休（一说子沐），后人称之为“南华真人”，战国中叶宋国蒙城（今河南商丘东北）人，著名的思想家、哲学家、文学家，老子哲学思想的继承者和发展者，道家学派的代表人物，与老子并称“老庄”，他们的哲学为“老庄哲学”。庄子激烈批判黑暗现实和礼乐仁义，政治上主张清静无为，向往无冲突的“至德之世”。他还主张“不遣是非，以与世俗处”，以全身远害。又宣扬“齐物论”（一种认识上的相对主义），以求绝对的精神自由。其思想包含着朴素辩证法因素。诸子散文中，《庄子》文章长于寓言、夸张、想象，最为汪洋恣肆，文学色彩极浓，富有浪漫主义精神，文学成就也最高。《齐物论》是《庄子·内篇》的第二篇，全篇由五个相对独立的故事连珠并列组成，此篇为节选。“齐物论”包含齐物与齐论两个意思。庄子认为世界万物看起来虽千差万别，归根结底却是齐一的，并且在不断向其对立面转化，这就是“齐物”。庄子还认为人们的各种看法和观点，归根结底也应是齐一的，没有所谓是非和不同，这就是“齐论”。

思考与探讨

1. 庄子认为“道”本身是无法用语言表达的、自然而然的，那么追求真理，寻求“道”的人应该具备怎样的心态呢？

2. “庄周梦蝶”这一故事广为人知。说说看，这是一种怎样的境界？你有没有在别的文学作品中看到过类似的境界？试举一二例简析。

3. 结合本节所选文段，谈谈道家的和合思想及其现代意义。

第三节　儒道和合

赐南粤王赵佗书[1]

刘　恒

皇帝谨问南粤王[2]，甚苦心劳意。朕，高皇帝侧室之子[3]，弃外[4]，奉北藩于代[5]，道里辽远，壅蔽朴愚[6]，未尝致书[7]。

高皇帝弃群臣，孝惠皇帝即世[8]，高后自临事，不幸有疾，日进不衰[9]，以故悖暴乎治[10]。诸吕为变故乱法[11]，不能独制，乃取它姓子为孝惠皇帝嗣[12]。赖宗庙之灵，功臣之力，诛之已毕。朕以王、侯、吏不释之故[13]，不得不立，今即位。乃者闻王遗将军隆虑侯书[14]，求亲昆弟[15]，请罢长沙两将军[16]。朕以王书罢将军博阳侯[17]。亲昆弟在真定者，已遣人存问[18]，修治先人冢。

前日闻王发兵于边，为寇灾不止[19]。当其时，长沙苦之，南郡尤甚。虽王之国，庸独利乎[20]？必多杀士卒，伤良将吏，寡人之妻[21]，孤人之子，独人父母，得一亡十，朕不忍为也。

朕欲定地犬牙相入者[22]，以问吏，吏曰："高皇帝所以介长沙土也[23]。"朕不能擅变焉。吏曰："得王之地，不足以为大；得王之财，不足以为富。服领以南[24]，王自治之。"虽然，王之号为帝，两帝并立，亡一乘之使以通其道[25]，是争也。争而不让，仁者不为也。愿与王分弃前患[26]，终今以来[27]，通使如故。故使贾驰谕告王朕意[28]，王亦受之，毋为寇灾矣。上褚五十衣，中褚三十衣，下褚二十衣[29]，遗王，愿王听乐娱忧[30]，存问邻国[31]。

注释

[1] 本文选自《汉书·西南夷两粤朝鲜传》。南粤：与"南越"同，古越族，分布于

今两广及越南部分地区。赵佗（约前240—前137），真定（今河北正定）人。原为秦朝将领，与任嚣南下攻下百越后，被任命为龙川县令。秦二世时，任嚣病故，代行南海郡尉的职务。秦亡后，起兵兼并桂林郡、象郡，自立为“南粤武王”。汉高祖时，派陆贾出使南粤，立赵佗为南粤王。吕后时，汉越矛盾激化，吕后派遣大将隆虑侯周灶前去攻打赵佗，赵佗宣布脱离汉朝，自称“南越武帝”，出兵攻打长沙国，并在打败长沙国的边境数县后撤回。汉文帝即位后，采取怀柔政策，并派陆贾使粤，送此信给赵佗。赵佗为所动，取消帝号，归复汉朝。

[2] 谨：恭敬。问：问候、慰问。

[3] 侧室之子：言非正嫡所生。侧室，妾。

[4] 弃外：离开朝廷到外面。

[5] 奉北藩于代：在代国做北方的藩王。奉，供事。代，汉代王国名，在今山西省。

[6] 壅（yōng）蔽：隔绝，阻塞。

[7] 未尝致书：意为不曾通使于粤。

[8] 孝惠：汉惠帝之谥号。即世：去世。

[9] 日进不衰：日益严重。

[10] 以故悖暴乎治：因此政治苛暴，不合常轨。

[11] 诸吕：指吕后的本家梁王吕产、赵王吕禄等。

[12] 取它姓子为孝惠皇帝嗣：吕后以后宫美人之子假称惠帝子，立为太子，在惠帝死后让他做皇帝。

[13] 不释：不舍，不放下，辞让帝位而不放过。

[14] 乃者：近者。隆虑侯：周灶，吕后时，曾派其率军攻打南粤赵佗。

[15] 求：访求。昆弟：兄弟。

[16] 长沙：汉代王国名。

[17] 以：按照。博阳侯：陈濞。

[18] 存问：慰问。

[19] 寇灾：兵灾。

[20] 虽：即使。庸：岂。

[21] 寡人之妻：使人家的妻子成为寡妇。“寡”与下文“孤”“独”均为使动用法。

[22] 定地犬牙相入者：划定彼此间犬牙交错之地。犬牙相入，犬牙交错，形容交界处参差不齐，像狗牙一样。

[23] 所以：用它来……。介：隔。

[24] 服岭：山岭名。约在今湖南南部。

[25] 亡：无。乘：车。

[26] 分弃：彼此共弃。

[27] 终今以来：自今以后。

[28] 贾：陆贾。

[29] 褚：以棉装成之衣。以棉之多少厚薄，分为上、中、下三等。

[30] 听乐娱忧：听听音乐以消忧愁。

[31] 邻国：指东越与西瓯。

延伸阅读

南粤王归附记

李　申

新近在广州发现的西汉南粤王宫廷遗址，规模宏大，势比皇宫。历史上，南粤王赵佗确实称过皇帝，经过一番曲折，最后与汉王朝归于统一。

南粤（同南越）王赵佗本是真定人（今河北省正定县）。秦朝时在南海（今广东）龙川任县令。秦末农民起义，天下大乱。南海尉任嚣病势垂危，召赵佗密议后事。任嚣说："陈胜造反，豪杰并立，南海地处偏远，恐怕兵火战乱蔓延到这里。我本想起兵，断绝通往内地的道路，自行其是。不想一病不起。这一带有南岭作屏障，东西南北纵横数千里，还有内地人士辅助。不但可以成为一州之主，而且可以自立为王，只是郡中诸吏没有可以托附大事的，唯有你可以胜任。"于是任嚣把全部权力交付赵佗，执掌南海尉的职权。任嚣一死，赵佗马上传令，封锁通道，独立自守；秦朝灭亡后，赵佗以武力吞并了西南方的桂林、象郡，势力大增，自立为南粤武王。

汉高祖刘邦平定天下之后，认为天下初定，不宜以武力平定南粤。公元前196年，刘邦派陆贾南下，正式封赵佗为南粤王，建立往来，命令南粤王负责协调百粤一带，统辖范围以长沙为界。于是，自立为王的赵佗得到中央集团的正式承认。

刘邦死后，吕后掌权，朝廷有关部门为防止南粤获得武器，建议在长沙一带禁止铁器贸易。赵佗十分不满，说："汉高祖正式承认我们，建立关系。不想吕后听信谗言，杜绝物资交通，一定是长沙王搞鬼，想削弱和兼并我们。"于是，赵佗决定恢复独立王国，派兵进攻长沙边界，夺取数县。吕后派兵征讨，部队不习湿热，无法越过南岭，只好无功而返。不久吕后去世，汉王朝对南粤鞭长莫及。赵佗趁机向东西两个方向扩大势力，兼并了闽粤，控制范围东西万里。接着，赵佗黄屋左纛（dào），宫殿居室，一如帝制，俨然与汉王朝分庭抗礼。

汉文帝即位当年，对四夷诸侯实行怀柔政策。对于赵佗，在真定老家为其修葺先人墓，还给其本家兄弟安排官职。又派陆贾出使南粤赐书赵佗，以示招附。文帝先表示对南粤王的问候，介绍汉王朝自高祖刘邦、吕后、惠帝的演变过程和文帝刘恒自己即位经过。同时，严肃批评赵佗在长沙一带用兵滋事。文帝说，本来可以用兵南粤，但是，"高祖当年承认南粤王，允许你管辖长沙以南。我没有理由擅自变更。南粤一带你可继续自主管理。……但是，你号称皇帝，两帝并存，很不妥当。希望捐弃前嫌，着眼将来……”

陆贾的到来和汉文帝柔中带硬的赐书使赵佗大为震动、惊恐，赵佗叩首领旨，连连谢罪，表示服从皇帝，永为藩臣，尽职尽责，并发布命令说：“两雄不能并立，一国不可两主，汉皇帝是贤明天子。我的帝号和建制即日废除。”赵佗还致书文帝说，“老夫原来只是南粤的旧官吏，感谢高祖允许作南粤王。只是后来吕后对我种种限制，又听说故乡墓地被毁，兄弟被害，才自称皇帝，决不是想有害天下国家。那个帝号，只不过是自慰罢了。老夫在南粤四十九年，已经有了孙子。为什么夜不安席，食不甘味？就是因为不能侍奉汉室。现在陛下关心我，让我恢复王号，恢复往来。我至死也不敢擅用帝号了。”

赵佗请陆贾向文帝赠送礼物。陆贾还朝，文帝很高兴。

从那时到汉景帝，赵佗一直称臣，派使节入朝；然而，赵佗并没有真正遵守诺言，在南粤依然使用皇帝称号。但一旦汉室过问或者派使者入朝，又表示自己尊奉汉天子位同诸侯。

赵佗死后，其孙子赵胡受汉武帝之封继续为南粤王，同中央关系很好，赵胡还让儿子婴齐到首都长安当宿卫。赵胡死后，婴齐回到南粤即位为王，继续尊奉汉室；婴齐死后，儿子赵兴即王位，丞相吕嘉恃权，挟持赵兴反抗汉朝。元鼎五年（公元前 112 年），汉武帝派路博德为伏波将军，杨仆为楼船将军，一路出川贵，一路出零陵，从西、南两个方向出兵南粤，以无可阻挡之势扫平叛乱，在今广东、海南一带重新设置九郡，实现了中央集权对南粤一带的牢牢控制。

（摘自 2000 年 6 月 23 日《光明日报》）

思考与探讨

1. 本文在说理上有何特点？
2. 本文分别体现了儒、道两家什么样的思想？

第四节　诗情和合

读《山海经》[1]

陶渊明[2]

孟夏草木长[3]，绕屋树扶疏[4]。
众鸟欣有托[5]，吾亦爱吾庐。
既耕亦已种，时还读我书。
穷巷隔深辙[6]，颇回故人车[7]。
欢言酌春酒[8]，摘我园中蔬。
微雨从东来，好风与之俱[9]。
泛览《周王传》[10]，流观《山海》图[11]。
俯仰终宇宙[12]，不乐复何如？

注释

[1]《读〈山海经〉》共十三首，这是第一首。《山海经》：一部记载古代神话传说、史地文献、原始风俗的书。

[2] 陶渊明（约 365—427）：字元亮，又名潜，号五柳先生，东晋末期至南朝宋初期诗人、文学家、辞赋家、散文家。田园诗的开创者，诗风平淡自然。

[3] 孟夏：初夏，农历四月。

[4] 扶疏：枝叶茂盛的样子。

[5] 欣有托：高兴找到可以依托的地方。

[6] 深辙：大路上轧有很深的车辙。门外多深辙表示显贵来访者多；“隔深辙”是说没有故人车到穷巷。

[7] 颇回故人车：经常让熟人的车调头回去。

[8] 欢言：高兴的样子。言，语气助词。春酒：冬酿春成的酒。

[9] 与之俱：和它一起吹来。

[10] 泛览：随意阅读，与下文“流观”同。《周王传》：即《穆天子传》，记叙周穆王驾八骏西游的神话故事。

[11]《山海》图：带插图的《山海经》。《山海经》原书有图，后失传，仅留文字。

[12] 俯仰：低头抬头之间。终宇宙：遍及世界。

思考与探讨

如何理解陶渊明这首诗中所表达的安顿生命、返归自然的喜悦之情？并分析这首诗的思想内容。

渭川田家[1]

王　维[2]

斜光照墟落[3]，穷巷牛羊归[4]。
野老念牧童[5]，倚杖候荆扉[6]。
雉雊麦苗秀[7]，蚕眠桑叶稀[8]。
田夫荷锄至[9]，相见语依依[10]。
即此羡闲逸[11]，怅然吟式微[12]。

注释

[1] 渭川：一作“渭水”。渭水源于甘肃鸟鼠山，经陕西，流入黄河。田家：农家。

[2] 王维（约701—761）：字摩诘，唐朝诗人，有“诗佛”之称。其作品最主要的为山水诗，通过田园山水的描绘，宣扬隐士生活和佛教禅理；体物精细，状写传神，有独特成就。兼通音乐，工书画。诗与孟浩然齐名，并称“王孟”。

[3] 斜光：一作“斜阳”，夕阳的光辉。墟落：村落，村庄。

[4] 穷巷：偏僻的里巷，深巷。

[5] 野老：村野老人。牧童：一作“僮仆”。

[6] 倚杖：靠着拐杖。荆扉：柴门。

[7] 雉雊（zhì gòu）：野鸡鸣叫。麦苗秀：麦子抽穗吐花。

[8] 蚕眠：蚕蜕皮时，不食不动，像睡眠一样。

[9] 荷（hè）：肩负的意思，扛着。至：一作“立”。

[10] 语依依：亲切交谈的样子。

[11] 即此：指上面所说的情景。

[12] 式微：《诗经·邶风》中的篇名，其中有“式微，式微，胡不归”之句，表归隐之意。

思考与探讨

1. 此诗的核心字是什么？围绕这个字共写了几幅画面？表达了作者怎样的思想感情？

2. 苏轼评价王维：“味摩诘之诗，诗中有画；观摩诘之画，画中有诗。”结合本诗谈谈王维“诗中有画”的特点。

行香子·树绕村庄[1]

秦　观[2]

树绕村庄，水满陂塘[3]。倚东风、豪兴徜徉[4]。小园几许，收尽春光。有桃花红，李花白，菜花黄。

远远围墙，隐隐茅堂。飏青旗[5]、流水桥旁。偶然乘兴，步过东冈。正莺儿啼，燕儿舞，蝶儿忙。

注释

[1] 行香子：词牌名。此词约作于宋神宗熙宁年间（1068—1077），是秦观早期的作品。

[2] 秦观（1049—1100）：字少游，号淮海居士，“苏门四学士”之一。北宋文学家，婉约派代表词人。

[3] 陂（bēi）塘：池塘。

[4] 徜徉（cháng yáng）：自由自在来回地走动。

[5] 飏（yáng）：飞扬，飘扬。青旗：青色的酒幌子。

思考与探讨

简要分析这首词主要的表现手法。并比较这首词作和秦观后期词作（如《踏莎行·雾失楼台》）风格有何差异？结合课内外知识，试分析其原因。

兰陵王·柳[1]

扫二维码获取
诵读音频

周邦彦[2]

柳阴直[3]，烟里丝丝弄碧[4]。隋堤上[5]、曾见几番，拂水飘绵送行色[6]。登临望故国[7]，谁识京华倦客[8]？长亭路[9]，年去岁来，应折柔条过千尺[10]。

闲寻旧踪迹[11]，又酒趁哀弦[12]，灯照离席[13]。梨花榆火催寒食[14]。愁一箭风快[15]，半篙波暖，回头迢递便数驿[16]，望人在天北[17]。

凄恻[18]，恨堆积。渐别浦萦回[19]，津堠岑寂[20]，斜阳冉冉春无极[21]。念月榭携手[22]，露桥闻笛[23]。沉思前事，似梦里，泪暗滴。

注释

［1］兰陵王：词牌名，首见于周邦彦词。全词共一百三十字，分三片，故又称“渭城三叠”。

［2］周邦彦（1056—1121）：北宋著名词人，字美成，号清真居士。其作品多写闺情、羁旅，也有咏物之作，在婉约派词人中被推为“集大成”者。

［3］柳阴直：长堤之柳，排列整齐，其阴影连缀成直线。直，柳阴连成一条直线。

［4］烟：薄雾。丝丝弄碧：细长轻柔的柳条随风飞舞，舞弄其嫩绿的姿色。丝丝，形容轻柔的柳枝。弄，飘拂。

［5］隋堤：汴京附近汴河之堤，隋炀帝开汴河，沿堤种柳，故称隋堤。

［6］拂水飘绵：柳枝轻拂水面，柳絮在空中飞扬。飘绵，柳絮随风飘扬。行色：行人出发时的情状。

［7］故国：故乡。

［8］京华倦客：作者自谓。京华，指京城，作者久客京师，有厌倦之感，故云。

［9］长亭：古时驿路上十里一长亭，五里一短亭，供人休息或送别。

［10］柔条：柳枝。古人有折柳送别之习。过千尺：极言折柳之多。

［11］旧踪迹：指过去登堤饯别的地方。

［12］又：又逢。酒趁哀弦：饮酒时奏着离别的乐曲。趁，逐，追随，伴着。哀弦，哀怨的乐声。

［13］离席：饯别的宴席。

[14]“梨花”句：饯别时正值梨花盛开的寒食时节。寒食节在清明节前一天。古代寒食节禁火，唐宋时期朝廷于清明节取榆、柳之火以赐百官，故有“榆火”之说。此句中“榆火”仅作辞藻以点缀时令。

[15]一箭风快：顺风行船，其快如箭。

[16]迢递：遥远。驿：驿站。

[17]“望人”句：因被送者离汴京南去，回望送行人，故曰天北。望人，送行人。

[18]凄恻：悲伤。

[19]渐：正当。别浦：水流分支的地方，此指送行的水边。萦回：水波回旋。

[20]津堠（hòu）：码头上供瞭望歇宿的处所。津，渡口。堠，哨所。岑寂：冷清寂寞。

[21]冉冉：慢慢移动的样子。春无极：春色一望无边。

[22]念：想到。月榭：月光下的亭榭。榭，建在高台上的敞屋。

[23]露桥：露湿的桥。

思考与探讨

此词以柳为题，是一首咏物词吗？试分析这首词的主题。

暗香·旧时月色[1]

姜　夔[2]

辛亥之冬[3]，余载雪诣石湖[4]。止既月[5]，授简索句[6]，且征新声[7]，作此两曲，石湖把玩不已[8]，使工伎隶习之[9]，音节谐婉，乃名之曰《暗香》《疏影》[10]。

旧时月色，算几番照我，梅边吹笛？唤起玉人[11]，不管清寒与攀摘。何逊而今渐老，都忘却，春风词笔[12]。但怪得[13]，竹外疏花[14]，香冷入瑶席[15]。

江国[16]，正寂寂。叹寄与路遥[17]，夜雪初积。翠尊易泣[18]，红萼无言耿相忆[19]。长记曾携手处，千树压[20]，西湖寒碧。又片片吹尽也，几时见得？

注释

[1] 暗香：词牌名。

[2] 姜夔（1154—1221）：字尧章，号白石道人，南宋文学家、音乐家。其少年孤贫，屡试不第，终生未仕，一生转徙江湖，靠卖字和朋友接济为生。他工诗词，善翰墨，尤精通乐律。其作品素以空灵含蓄著称，张炎评其词“不惟清空，又且骚雅，读之使人神观飞越”。

[3] 辛亥：宋光宗绍熙二年（1191）。

[4] 载雪：冒雪乘船。诣：到。石湖：在苏州西南，与太湖通。南宋诗人范成大晚年居此，自号石湖居士。

[5] 止既月：指住满一月。

[6] 授简索句：给信笺索取诗调。简，信笺。

[7] 征新声：征求新的词调。

[8] 把玩：指反复欣赏。

[9] 工伎：乐工和歌妓。隶习：学习。

[10]《暗香》《疏影》：语出北宋诗人林逋《山园小梅》诗：“疏影横斜水清浅，暗香浮动月黄昏。”

[11] 唤起玉人：写过去和美人冒着清寒、攀折梅花的韵事。贺铸《浣溪纱》：“美人和月摘梅花。”

[12] 何逊：南朝梁诗人，早年曾任南平王萧伟的记室。任扬州法曹时，廨舍有梅花一株，常吟咏其下。后居洛思之，请再往。抵扬州，花方盛开，逊对树彷徨终日，不能成章。春风词笔：指何逊《咏春风》诗“可闻不可见，能重复能轻。镜前飘落粉，琴上响余声”，咏物颇工细。此处作者以何逊自比，主要是说自己才力不逮，已经忘却了“春风词笔”，赋不得眼前的梅花。当为自谦之辞。

[13] 但怪得：惊异。

[14] 竹外疏花：竹林外面几枝稀疏的梅花。

[15] 香冷：寒梅的香气透进诗人的屋子里。瑶席：席座的美称。

[16] 江国：江南水乡。

[17] 寄与路遥：表示音讯隔绝。这里暗用南朝诗人陆凯寄给范晔的诗：“折花逢驿使，寄与陇头人。”

[18] 翠尊：翡翠酒杯，这里指酒。

[19] 红萼：红色的花，这里指梅花。耿：耿然于心，不能忘怀。

[20] 千树：写寒冬时千树红梅映在西湖碧水之中的美丽景色。宋时杭州西湖上的孤山梅树成林，所以有“千树”之说。

思考与探讨

1.《暗香》主旨索人费解。有谓咏物怀人，有谓兼含自我零落的悲哀，有谓寄托着国事的感愤，等等，你怎么看？

2. 宋人张炎说：“词之赋梅，惟姜白石《暗香》《疏影》二曲，前无古人，后无来者，自立新意，真为绝唱。”试析此词“新”在何处？

第六专题

婚姻爱情

专题导读

爱情是男女双方灵肉合一的相互吸引、欣赏、理解和支持，也是婚姻的基础，正如恩格斯所言："没有爱情的婚姻是不道德的。"而关于婚姻，东汉班固在《白虎通·嫁娶》中这样解释："婚者，谓昏时行礼，故曰婚；姻者，妇人因夫而成，故曰姻。"可见，自古以来，我们就把男女结为夫妻，成为终身伴侣之事，称为婚姻。一夫一妻的婚姻制度，约自商周以后，就成为礼制与法律承认的婚姻正型。由于古代礼制规定，男子20岁行冠礼、女子15岁行笄礼，意谓成年之后方可谈婚论嫁；并且，古代婚娶还有郑而重之的纳采、问名、纳吉、纳征、请期和亲迎"六礼"之俗。所以，婚姻，不仅仅是男女爱情的结果，更是自古以来"家国同构"的传统宗法制社会中，我们对家庭、家族与社会责任的承诺与践行。爱情、婚姻，不仅是每个人幸福人生的必由之途，其思想观念内核，也是我们中华传统文化的重要组成部分之一。

本专题所选以诗歌为主（按传统观念，词亦诗余），是审美意义与思想情感兼具的形式载体。

就艺术审美而言，既是诗歌，便逃不开我国古代诗歌的两大传统——浪漫主义与现实主义。前者或如屈子《山鬼》，焦灼等待之情曲折起伏，婉转缠绵，情景交融；或如南朝民歌之冠《西洲曲》，相思情长，手法绵密，摇曳多姿，声情并茂，给我们以美的享受，吟咏之间，唇齿留芳，情思翩跹。后者则如本专题所选《古诗十九首》之二首及另几篇乐府古诗，在诉尽婚姻爱情当中各种苦痛无奈的同时，通过悲愁的艺术反照净化着我们的心灵，启迪着我们的思考，升华着我们的灵魂。

就思想情感而言，本单元内容并不厚重，乍看尽皆风花雪月，细品却书尽爱情婚姻当中各样面目，掩卷之余，亦可引人深思。

《诗经·郑风·褰裳》可视作先秦时期一位调皮女子嗔责情人变心之作。“子不我思，岂无他士”的诘问，竟颇有现代女子自由独立之风采。《溱洧》被誉为“开后世冶游艳诗之祖”，为我们展示了先秦时期青年男女在上巳之日自由邀约、大胆表达爱意的一幅民俗风情画。两首诗当中的爱情主人公，尤其是女主人公的形象，都是热情奔放的，与封建中后期所倡导的“三从四德”的保守形象，大相径庭。

《羽林郎》中卖酒胡姬面对权贵豪奴的凌辱做出了决绝、勇敢而不失智慧的反抗，其辨识能力、拒绝艺术都令人情不自禁为之击节喝彩。《行行重行行》虽无死别之恸，却有生离之悲，尤为难得的是，“弃捐勿复道，努力加餐饭”这种伤怀惨恸中的节制隐忍，平常琐屑当中的体贴关怀，让我们有理由相信，这正是平凡爱情的动人之处。《青青河畔草》“荡子行不归，空床难独守”的热情呐喊，不仅喊出了寂寞思妇对远方丈夫的思念之情，更道出了当时社会中下层妇女对命运桎梏的奋力抗争。

《白头吟》吟出了一个弃妇对爱情、对自我选择的坦诚和坚定。正是这份“皑如山上雪，皎若云间月”的坦荡情怀，为传说中的她赢得了世人的尊重和情郎的回心转意。面对相似的婚姻危机，元代赵孟頫妻子管道升的《我侬词》，则是以一种“你中有我，我中有你”的幽默式深情，使丈夫终于打消了纳妾的念头。

《朝云诗（并引）》是宋代诗人苏轼对患难相随红颜知己的深情赞美。而这份深情，来自一路坎坷风雨中的彼此扶携，更来自相知、相惜的两颗心在灵魂上的高度合契。

“两情若是久长时，又岂在朝朝暮暮！”秦观一反俗套，其《鹊桥仙》借天上牛郎织女的故事，表达了凭借坚贞爱情超越时间距离的美好愿望和坚定信念。“我住长江头，君住长江尾。日日思君不见君，共饮长江水。”李之仪的《卜算子》则为我们描画出了建立在“君心似我心”两心相知基础上的爱情，跨越广大空间距离的动人魅力。

当然，爱情婚姻当中难免有遗憾。《遣悲怀》三首是诗人元稹对亡妻韦丛的诚挚追怀，二人婚后虽贫寒但相互体谅关怀的生活细节，与眼前茕茕孑立的凄凉寂寞形成鲜明对照，质朴而深情。《生查子·元夕》通过甜蜜往昔与失落今夕的对比，将物是人非的惆怅感慨抒写得动人心魄。元好问的《摸鱼儿·雁丘词》则由雁及人，对世间至死不渝的爱情致以了由衷的敬意。

虽然人们常以“老大嫁作商人妇”（白居易《琵琶行》）为婚姻不幸的典型代表，但李白《长干行·其一》中的“商人妇”却也是值得人钦敬的典范。是什么让正经历着长久别离之苦的女主人公，依然对自己的婚姻、两人的感情有着“常存抱柱信，岂上望夫台”的坚定信念？原来，“商人重利轻别离”并不见得是绝对的真相，萌发自“青梅竹马”“两小无猜”、成长于长期相知相携基础上、被粗糙岁月“千淘万漉”所沉淀下来的爱情与婚姻，才堪称“情比金坚”。

举案齐眉，相敬如宾，白头偕老……这是我们对传统婚恋的刻板印象，其中甚至不乏从一而终、三从四德、七出一类的封建教条糟粕。但如果你有耐心细细读过这一专题，你会发现，沟通、理解、信任、自爱自重、患难与共……更是我们古老而珍贵的婚姻爱情经营智慧。

第一节　爱情本来的样子

诗经·郑风·褰裳[1]

子惠思我[2]，
褰裳涉溱[3]。
子不我思[4]，
岂无他人？
狂童之狂也且[5]！

子惠思我，
褰裳涉洧[6]。
子不我思，
岂无他士[7]？
狂童之狂也且！

注释

[1]《诗经》是我国第一部诗歌总集。共305篇，取成数，又称“诗三百”。产生于先秦时期，经孔子整理删定。分为风、雅、颂三类，主要使用赋、比、兴三种表现手法，合起来称为“诗之六义”。十五国风大致都是各地民间诗歌，对于考察当时各地民俗风情、生产状况等极有价值。郑国都城在新郑（今属河南），是一个大都会，诗多言情之作。对于《郑风》，《论语》评价说“郑声淫”，是就声调和内容两方面而言的。这首诗是一位女子责备情人变心之作。

[2] 惠：爱。

[3] 褰（qiān）：提起。裳：裙。溱（zhēn）：郑国河名，在今河南省新密市。

[4] 不我思：“不思我”的倒文。

[5] 童：愚昧无知。这里与“狂”同义。也且：语气词。

[6] 洧（wěi）：郑国河名，在今河南省新密市。

[7] 士：青年男子。朱熹《诗集传》：“士，未娶者之称。”

思考与探讨

《褰裳》中女主人公的性格是怎样的？

诗经·郑风·溱洧[1]

溱与洧，方涣涣兮[2]。
士与女，方秉蕑兮[3]。
女曰：“观乎[4]？”士曰：“既且[5]。”
“且往观乎[6]？洧之外[7]，洵訏且乐[8]。”
维士与女[9]，伊其相谑[10]，赠之以勺药[11]。

溱与洧，浏其清矣[12]。
士与女，殷其盈矣[13]。
女曰：“观乎？”士曰：“既且。”
“且往观乎？洧之外，洵訏且乐。”
维士与女，伊其将谑[14]，赠之以勺药。

注释

[1] 据《太平御览》引《韩诗内传》揭示了此诗的民俗性质：“溱与洧，说（悦）人也。郑国之俗，三月上巳之日，于两水上招魂续魄，祓（fú）除不祥，故诗人愿与所说（悦）者俱往观也。”两水即溱、洧。三月上巳，三月上旬之巳日，后相沿为三月三日。

[2] 方：正。涣涣：水势盛大的样子。《韩诗》：“三月桃花水下之时至盛也。”

[3] 秉：执，拿。蕑（jiān）：兰草，香草名。古人采兰于山峪或水上以祓除不祥。

[4] 观乎：去看看吗？

[5] 既且（cú）：已经去过了。既，已经。且，同“徂”，去，往，到。

[6] 且：再。这句意为，再去看看吧。

[7] 洧之外：洧水岸边。

[8] 洵（xún）：确实，诚然。讦（xū）：宽广。乐：好玩。

[9] 维：与下句的“伊”，皆为语助词，无实意。

[10] 其：代指“士与女”。相谑（xuè）；相互调笑。谑，开玩笑。

[11] 勺药：又写作“芍药”，花名。因古音“药”与“约”音近，古代男女以互赠芍药，表达爱慕之情。一说，古代情人互赠此花，以表依依惜别之情。王先谦《诗三家义集疏》：“韩说，勺药，离草也；言将别离时赠此草也。”

[12] 浏：水清澈的样子。

[13] 殷：众多。盈：充满。此句是说，溱水、洧水岸边到处挤满了人。

[14] 将：即“相”之意。

思考与探讨

1. 方玉润《诗经原始》评《溱洧》，于“三百篇中别为一种，开后世冶游艳诗之祖”，你怎么看待这一评价？

2. 《褰裳》和《溱洧》都较为客观地反映了先秦时期的婚恋观，与封建社会中后期的婚恋观相比，有何不同？

山　鬼[1]

屈　原

若有人兮山之阿，被薜荔兮带女萝[2]。既含睇兮又宜笑，子慕予兮善窈窕[3]。乘赤豹兮从文狸，辛夷车兮结桂旗[4]。被石兰兮带杜衡，折芳馨兮遗所思[5]。

余处幽篁兮终不见天，路险难兮独后来[6]。表独立兮山之上，云容容兮而在下[7]。杳冥冥兮羌昼晦，东风飘兮神灵雨[8]。留灵修兮憺忘归，岁既晏兮孰华予[9]。

采三秀兮於山间[10]，石磊磊兮葛蔓蔓。怨公子兮怅忘归，君思我兮不得闲[11]。山中人兮芳杜若[12]，饮石泉兮荫松柏。君思我兮然疑作[13]。雷填填兮雨冥冥，猿啾啾兮狖夜鸣[14]。风飒飒兮木萧萧，思公子兮徒离忧[15]。

注释

［1］《山鬼》选自屈原《九歌》。山鬼：山中女神，谓其若隐若现。

［2］山之阿（ē）：指山中深曲处。阿，曲隅。被：同“披”。薜荔：与下文之“石兰”“杜衡”俱是香草名。带女萝：以女萝为衣带。女萝，又叫菟丝，蔓生植物。

［3］含睇：指双眼含情而视。睇（dì），微视。子：与“公子”“灵修”“君”同指山鬼爱慕和思念的情人。窈窕：美好的样子。

［4］辛夷：香木名。

［5］遗（wèi）：赠予。

［6］幽篁：幽深的竹林。后来：迟到。

［7］表：特出的样子。容容：同“溶溶”，形容云气像流水一样在山间缓缓浮动。

［8］杳：深。冥冥：昏暗的样子。羌：发语词。昼晦：白天昏暗。飘：指大风回旋地吹。雨：下雨。

［9］憺：安。岁：年岁。晏：晚。华予：使我保持青春年华。一说，认为我很美，依然保持着青春年华。

［10］三秀：灵芝草，一年开花三次，故名。秀，开花。於山：一说即巫山，在重庆、湖北交界处，战国时属楚地。

［11］“君思我”句：你思念我，只因不得空闲才不来赴约。系自慰之词。

［12］山中人：山鬼自指。芳杜若：芳香如同杜若一般。

［13］然疑作：信疑交作，忽信忽疑，半信半疑。然，信。

［14］填填：雷声。冥冥：指阴雨时光线昏暗。啾啾：象声词，指猿凄厉的鸣叫声。狖（yòu）：长尾猿。

［15］徒：徒然。离忧：忧伤，忧愁。一说，离，同“罹”，遭受的意思。

思考与探讨

1. 分析山中女神赴约前后的心理变化。

2. 作为一首描写人神恋爱的祭祀之歌，千百年来它为什么能引起后世读者的广泛共鸣？

第二节　爱之初，辨识与拒绝

扫二维码获取教学视频　扫二维码获取诵读音频

羽林郎[1]

辛延年

昔有霍家奴，姓冯名子都。
依倚将军势，调笑酒家胡[2]。
胡姬年十五，春日独当垆[3]。
长裾连理带[4]，广袖合欢襦[5]。
头上蓝田玉[6]，耳后大秦珠[7]。
两鬟何窈窕，一世良所无[8]。
一鬟五百万，两鬟千万余[9]。
不意金吾子[10]，娉婷过我庐[11]。
银鞍何煜爚，翠盖空踟蹰[12]。
就我求清酒[13]，丝绳提玉壶；
就我求珍肴，金盘脍鲤鱼。
贻我青铜镜，结我红罗裾。
不惜红罗裂，何论轻贱躯！
男儿爱后妇[14]，女子重前夫。
人生有新故，贵贱不相逾[15]。
多谢金吾子，私爱徒区区[16]。

注释

[1] 本篇记载于《玉台新咏》，《乐府诗集》列入《杂曲歌辞》。羽林郎：羽林军的军官。羽林，汉武帝设置的皇家禁卫军。辛延年：东汉人，身世不详。

[2] 冯子都：名殷，霍光家奴，主管霍家家务，甚得宠。将军：霍光，霍去病弟，字子孟。汉昭帝时大司马大将军。昭帝宾天，废荒淫无道昌邑王。《汉书·霍光传》称霍

光“持国权柄，杀生在手中。”酒家胡：卖酒的胡女。胡，中国古代对北部和西部民族的泛称，此处是汉代对西域和匈奴人的称谓。

[3] 当垆：坐在垆边卖酒。当，值。垆，用土垒的用来搁置酒坛的台子，四边隆起，一面较高，形如煅垆，故名。

[4] 裾：衣服的前襟。连理带：两条对称的衣带，用它系结衣服。

[5] 广袖：宽大衣袖。合欢襦：绣对称花纹的短袄。合欢，和合欢乐。

[6] 蓝田玉：蓝田山出产的美玉。蓝田，又名玉山，在今陕西省西安东南三十里。

[7] 大秦：古国名，中国古代史籍对罗马帝国的称呼。395 年罗马帝国分裂后，大秦常指东罗马帝国。

[8] 鬟：环形发髻。一世：整个世界。良：的确，实在。

[9] “一鬟”二句：写首饰的珍贵。

[10] 不意：没料到。金吾子：对豪奴的敬称。执金吾，卫戍京师的武官。

[11] 娉（pīng）婷：婉容曰娉，和色曰婷，形容姿态美好。此讥豪奴冯子都装模作样。

[12] 煜爚（yù yuè）：光彩闪耀。翠盖：饰有翠羽的车盖。空踟蹰：徒劳逗留。

[13] 就：走近。

[14] 后妇：即新妇。

[15] 新故：指新交与故旧。逾：逾越，超过。

[16] 多谢：郑重告诉。谢，告诉，一说谢绝。私爱：私心相爱，指豪奴的殷勤。徒：徒然，白白的。区区：方寸之地，指心意。意为豪奴对自己的殷勤实在是白费心。

思考与探讨

1. 本篇反映了汉代怎样的社会现实？

2. 试分析总结胡姬的拒绝艺术。

3. 本篇与《陌上桑》有异曲同工之妙，试比较两位女主人公外貌、性格刻画的异同。

陌上桑

日出东南隅，照我秦氏楼。秦氏有好女，自名为罗敷。罗敷善蚕桑，采桑城南隅；青丝为笼系，桂枝为笼钩。头上倭堕髻，耳中明月珠；缃绮为下裙，紫绮为上襦。行者见罗敷，下担捋髭须；少年见罗敷，脱帽著帩头。耕者忘其犁，锄者忘其锄；来归相怨怒，但坐观罗敷。

使君从南来，五马立踟蹰。使君遣吏往，问是谁家姝。“秦氏有好女，自名为罗敷。”“罗敷年几何？”“二十尚不足，十五颇有余。”使君谢罗敷：“宁可共载不？”罗敷前置辞：“使君一何愚！使君自有妇，罗敷自有夫。”

“东方千余骑，夫婿居上头。何用识夫婿？白马从骊驹；青丝系马尾，黄金络马头；腰中鹿卢剑，可值千万余。十五府小吏，二十朝大夫，三十侍中郎，四十专城居。为人洁白皙，鬑鬑颇有须；盈盈公府步，冉冉府中趋。坐中数千人，皆言夫婿殊。”

第三节　内敛与热情，都是爱的模样

古诗十九首·行行重行行[1]

行行重行行[2]，与君生别离[3]。
相去万余里[4]，各在天一涯[5]。
道路阻且长[6]，会面安可知[7]。
胡马依北风[8]，越鸟巢南枝[9]。
相去日已远[10]，衣带日已缓[11]。
浮云蔽白日[12]，游子不顾返[13]。
思君令人老，岁月忽已晚[14]。
弃捐勿复道[15]，努力加餐饭。

注释

［1］古诗十九首：最早见于梁萧统《文选》，题作“古诗”。非一时一人之作，约是东汉后期一些中下层文人作品。主要内容或写游子思妇相思别离之苦，或写知识分子仕途失意之悲，较真实地反映了东汉末年知识分子的失意心态，从一个侧面记录了当时的社会生活。是我国早期文人五言诗的典范作品，代表汉代文人五言诗的最高成就。

［2］行行：走啊走啊，即走个不停之意。重：又。

［3］君：你，此指丈夫。生别离：活生生地被分开。《楚辞·九歌·少司命》：“悲莫悲兮生别离，乐莫乐兮新相知。”

［4］相去：相离，相隔。

［5］天一涯：天的一边。涯，本指水边，引申作边际，极限。

［6］阻：艰难。此句本《诗经·秦风·蒹葭》：“溯洄从之，道阻且长。”

［7］安：怎么。知：预料。

［8］胡：胡地。古代对北方和西方少数民族泛称“胡”。

[9] 越：古代对长江中下游以南各族称“越”，即百越，后泛指南方。
[10] 日已远：一天比一天远。已，同“以”。
[11] 衣带日已缓：表示人因思念一天比一天瘦。缓，宽松。
[12] 浮云蔽白日：以浮云遮蔽了白日。暗寓游子心有所惑，不能回家。
[13] 游子：客游在外的人，此指丈夫。顾：思念。返：指回乡。
[14] 忽：匆促。晚：年终。
[15] 弃捐：丢开，抛弃。此句言抛开思念不再提及。

思考与探讨

1. 粗知《古诗十九首》的内容、艺术特点及在文学史上的地位。
2. “胡马依北风，越鸟巢南枝。”说说你对此句的理解和体会。

古诗十九首·青青河畔草

青青河畔草，郁郁园中柳[1]。
盈盈楼上女[2]，皎皎当窗牖[3]。
娥娥红粉妆[4]，纤纤出素手[5]。
昔为倡家女[6]，今为荡子妇[7]。
荡子行不归，空床难独守。

注释

[1] 郁郁：繁盛貌。
[2] 盈盈：体态轻美。
[3] 皎皎：洁白状。此指容颜照人。牖（yǒu）：窗。
[4] 娥娥：轻巧美好貌。
[5] 纤纤：柔细的样子。
[6] 倡：古称歌舞艺人。
[7] 荡子：即游子，指思妇出游未归的丈夫。

思考与探讨

比较“弃捐勿复道，努力加餐饭”与“荡子行不归，空床难独守”情感表达方式的差异。

西洲曲[1]

忆梅下西洲[2]，折梅寄江北。
单衫杏子红，双鬓鸦雏色[3]。
西洲在何处？两桨桥头渡。
日暮伯劳飞，风吹乌臼树[4]。
树下即门前，门中露翠钿[5]。
开门郎不至，出门采红莲。
采莲南塘秋，莲花过人头。
低头弄莲子[6]，莲子青如水。
置莲怀袖中，莲心彻底红[7]。
忆郎郎不至，仰首望飞鸿[8]。
鸿飞满西洲，望郎上青楼[9]。
楼高望不见，尽日栏杆头。
栏杆十二曲，垂手明如玉。
卷帘天自高，海水摇空绿[10]。
海水梦悠悠[11]，君愁我亦愁。
南风知我意，吹梦到西洲。

注释

[1] 本篇属《杂曲歌辞》，是经过文人加工的南朝民歌。写一个女子的四季相思。西洲：地名，未详所在。它是诗中男女的欢会之地。

[2] 下：落。落梅时节是本诗中男女会晤之时。

[3] 鸦雏色：形容头发乌黑发亮。鸦雏，小乌鸦。

[4] 伯劳：鸣禽，仲夏始鸣，好单栖。乌臼：乌桕，落叶乔木，夏开小黄花，籽可榨油。

[5] 翠钿：用翠玉做成或镶嵌的首饰。

[6] 莲：谐“怜”，双关语。怜，爱。子：你。

[7] 莲心：谐“怜心”，就是相爱之心。彻底红：喻爱情完全成熟。

[8] 望飞鸿：古有鸿雁传书之说，“望飞鸿”有盼望书信的意思。

[9] 青楼：漆成青色的楼，为女子所居之处。后指妓女所居。

[10] 海水：此处指如海之水，即大江大湖之水。

[11] 悠悠：渺远。

思考与探讨

1. 本篇多用谐音双关和顶针的修辞手法抒写女子的相思之情，请做具体分析。

2.《西洲曲》为南朝民歌的代表作，试跟以下北朝民歌《捉搦歌》比较其艺术风格的不同，并据此分析我国古代中原汉族与西北少数民族在婚恋当中的心态与表达方式的差异及其成因。

捉搦歌

谁家女子能行步，
反着夹禅后裙露。
天生男女共一处，
愿得两个成翁妪。

第四节　沟通化解风波

白头吟[1]

皑如山上雪[2]，皎若云间月[3]。
闻君有两意，故来相决绝。
今日斗酒会[4]，明旦沟水头。
躞蹀御沟上[5]，沟水东西流。
凄凄复凄凄[6]，嫁娶不须啼。
愿得一心人，白首不相离。
竹竿何袅袅[7]，鱼尾何簁簁[8]。
男儿重意气[9]，何用钱刀为[10]！

注释

［1］晋葛洪《西京杂记》载："相如将聘茂陵女为妾，文君作《白头吟》以自绝，相如乃止。"后人多据此将此诗归于卓文君名下。亦存争议，认为属"街陌谣讴"者有之。卓文君（前175—前121），原名文后，西汉临邛（今四川邛崃）巨商卓王孙之女，辞赋家司马相如之妻。汉代才女，中国古代四大才女之一、蜀中四大才女之一。

［2］皑：白色。

［3］皎：洁白光明。

［4］斗：古代量酒器。

［5］躞蹀（xiè dié）：小步慢行。御沟：流经宫苑的沟渠。

［6］凄凄：哀伤貌。

［7］袅袅：纤弱貌。

［8］簁簁（shāi）：柔软摇动貌。

［9］意气：这里指感情、恩义。

[10] 钱刀：即钱币。古钱有形如刀者，称刀币、刀钱或钱刀。

思考与探讨

1. 找出诗中能分别概括男女主人公精神面貌的诗句，并略作分析。
2. 如果葛洪所记为实，想想司马相如是因何而改变心意的。并谈谈你的体会。

延伸阅读

相传卓文君《白头吟》而外，还有一信，随诗附上：

诀别书

春华竞芳，五色凌素，琴尚在御，而新声代故。

锦水有鸳，汉宫有木，彼物而新，嗟世之人兮，瞀（mào）于淫而不悟。

朱弦断，明镜缺，朝露晞，芳时歇，白头吟，伤离别，努力加餐勿念妾，锦水汤汤，与君长诀！

（另据《宋书·乐志》，此篇是汉代“街陌谣讴”，与卓文君无关，亦为一说。）

我侬词[1]

管道升[2]

你侬我侬[3]，忒煞情多[4]。
情多处，热如火。
把一块泥，
捻[5]一个你，塑一个我，
将咱两个一齐打破，用水调和。
再捻一个你，再塑一个我。
我泥中有你，你泥中有我。
我与你生同一个衾[6]，死同一个椁[7]。

注释

[1] 侬：吴方言字，既可指我，也可指你。

[2] 管道升（1262—1319）：字仲姬、瑶姬，华亭（今上海青浦）人，又说为德清茅山（今属浙江）人，元代著名的女性书法家、画家、诗词创作家。书画家赵孟頫妻。据清徐釚《词苑丛谈》，赵孟頫“尝欲置妾，以小词调管夫人，云：‘我为学士，你做夫人。岂不闻陶学士有桃叶、桃根，苏学士有朝云、暮云。我便多娶几个吴姬越女，无过分。你年纪已过四旬，只管占住玉堂春。’”夫人答以此词，赵孟頫“得词大笑而止”。

[3] 你侬我侬：你中有我，我中有你之意。

[4] 忒（tè）：太。煞：甚。

[5] 捻（niē）：捏。

[6] 衾：被子。

[7] 椁（guǒ）：古代套在棺材外面的大棺。

延伸阅读

赵孟頫身为赵宋王孙而被迫仕元，心情郁闷。其妻管道升曾作两首《渔父词》劝其归隐。

其一曰：

遥想山堂数树梅，凌寒玉蕊发南枝。山月照、晓风吹，只为清香苦欲归。

其二曰：

人生贵极是王侯，浮利浮名不自由。争得似、一扁舟，弄月吟风归去休。

思考与探讨

1. 这种“你中有我，我中有你”浓得化不开的深情，其建立并得以延续的基础是什么？

2. 比较卓文君和管道升两位古代奇女子在面对爱情风波时的应对，你更欣赏哪一位？为什么？

第五节　“坚贞就在这里”①

长干行[1]·其一

李　白

妾发初覆额[2]，折花门前剧[3]。
郎骑竹马来[4]，绕床弄青梅[5]。
同居长干里，两小无嫌猜[6]。
十四为君妇，羞颜未尝开[7]。
低头向暗壁，千唤不一回。
十五始展眉[8]，愿同尘与灰[9]。
常存抱柱信[10]，岂上望夫台[11]。
十六君远行，瞿塘滟滪堆[12]。
五月不可触，猿声天上哀[13]。
门前迟行迹，一一生绿苔[14]。
苔深不能扫，落叶秋风早。
八月蝴蝶来[15]，双飞西园草[16]。
感此伤妾心，坐愁红颜老[17]。
早晚下三巴[18]，预将书报家。
相迎不道远[19]，直至长风沙[20]。

注释

[1] 长干行：乐府《杂曲歌辞》名。长干，里巷名，故址约在今江苏省南京市南，

① 引自当代诗人舒婷《致橡树》。

近长江。歌辞内容多写长干里一带江边妇女的生活感情。

[2] 妾：古代妇女自称。初覆额：指头发尚短。

[3] 剧：游戏，嬉戏。

[4] 骑竹马：儿童游戏时以竹竿当马骑。

[5] 床：井边护栏。弄：用手把玩，逗弄。

[6] 无嫌猜：指天真烂漫。

[7] “羞颜”句：指婚后一直含着羞意。详见下文“低头”二句。“未尝”一作“尚未”。

[8] 始展眉：意谓才懂得些人事，感情也在眉宇间显现出来。

[9] “愿同”句：愿意永远结合在一起。尘与灰，犹言至死不渝，死了化作灰尘也要在一起。

[10] 抱柱信：《庄子·盗跖》：“尾生与女子期于梁下，女子不来，水至不去，抱梁柱而死。”后以此典表示坚守信约。

[11] “岂上”句：因深信两人爱情坚贞，所以自己绝不会成为望夫台上的人物。望夫台，类似的望夫石、望夫山的传说有好几处，其址不详。大意为，丈夫久出不归，妻子便在台上眺望，日久变成一块石头。

[12] 瞿塘：峡名，长江三峡之一，在重庆市奉节县东。滟滪堆：瞿塘峡口的一块大礁石。每年阴历五月，江水上涨，滟滪堆被水淹没，船只不易辨识，易触礁致祸，故下云不可触。古乐府也有“滟滪大如襆，瞿塘不可触”语。

[13] “猿声”句：三峡多猿，啼声哀切。北魏郦道元《水经注》载当地渔歌曰：“巴东三峡巫峡长，猿鸣三声泪沾裳。”

[14] “门前”二句：意谓女主人公常望着丈夫出门时的踪迹而等待着，只见旧踪迹上都已生出了青苔。迟（zhì）：等待，期待。一作“旧”。

[15] 蝴蝶来：一作“蝴蝶黄”。

[16] 双飞：指蝴蝶双飞。

[17] 坐：空，徒然。

[18] 早晚：何时。三巴：指巴郡、巴东、巴西，都在今四川省东部，属长江上游。

[19] 不道远：不会嫌远。道，述说。

[20] 长风沙：地名，在今安徽省安庆市东长江边。据陆游《入蜀记》，自金陵（南京）至长风沙有七百里。极湍险，自古与瞿塘、滟滪并称。

思考与探讨

正经历着长时间别离的苦痛，为什么诗中女主人公对感情却有着“常存抱柱信，岂上望夫台”的坚定信念？

朝云诗（并引）[1]

扫二维码获取诵读音频

苏　轼

世谓乐天有鬻骆马放杨柳枝词[2]，嘉其主老病[3]，不忍去也。然梦得有诗云[4]：“春尽絮飞留不住，随风好去落谁家[5]。”乐天亦云：“病与乐天相伴住，春随樊子一时归。”[6]则是樊素竟去也。予家有数妾，四五年相继辞去，独朝云者，随予南迁。因读乐天集，戏作此诗。朝云姓王氏，钱唐人。尝有子曰干儿，未期而夭云[7]。

不似杨枝别乐天，恰似通德伴伶玄[8]。
阿奴络秀不同老[9]，天女维摩总解禅[10]。
经卷药炉新活计[11]，舞衫歌扇旧因缘。
丹成逐我三山去[12]，不作巫阳云雨仙[13]。

注释

[1] 朝云：王朝云（1062—1096），字子霞，北宋钱塘（今浙江杭州）人。本为西湖歌舞伎，十二岁被时为杭州知州的苏轼收为常侍。后苏轼因“乌台诗案”出贬黄州，改纳朝云为侍妾，并于此间诞下一子，取名苏遁，小名干儿，未满周岁夭折。1094 年苏轼远贬惠州，只有朝云及三子苏过随行陪伴。苏轼谪居惠州第三年，朝云病故，葬于惠州西湖畔孤山栖禅寺旁。因朝云临终前执诵《金刚经》“六如”偈：“一切有为法，如梦幻泡影，如露亦如电，当作如是观。”栖禅寺僧在其墓上筑六如亭以纪念，苏轼亲题楹联曰：“不合时宜，惟有朝云能识我；独弹古调，每逢暮雨倍思卿。”

[2] 乐天：唐朝诗人白居易，字乐天。鬻（yù）：或作“粥”，意为卖。鬻骆马放杨柳枝词：白居易年老患风痹，将放歌妓樊素，卖所乘骆马。马眷恋反顾长嘶。素闻而泣下，婉娈有辞。白氏闻素言恻然，乃作《不能忘情吟》有云：“鬻骆马兮放《杨柳枝》，掩翠黛兮顿金羁。”后遂用为典实。《杨柳枝》为樊素善唱之曲，以之代指樊素。

[3] 嘉：赞美。

[4] 梦得：唐朝诗人刘禹锡，字梦得。

[5] “春尽”二句：或作“春尽絮花留不得，随风好去落谁家”，见唐代刘禹锡《杨柳枝词九首》。

[6]“病与”二句：见白居易《春尽日宴罢，感事独吟（开成五年三月三十日作）》。

[7] 期：这里指一周年，一周岁。

[8] 通德：晋人刘伶玄的小妾樊通德，“有才色”，二人相伴终老。这里苏轼以刘自比，以樊通德形容王朝云。

[9] 典出《晋书·列女传》。络秀姓李，生三子，幼子周谟，小字阿奴，性情平淡冲和，貌似碌碌无为，但终能服侍父母天年，无灾无祸一生，而才高的哥哥周颢却因直言遭祸。苏东坡在这里用阿奴比喻朝云所生早夭之子干儿，用络秀比附王朝云。

[10] 佛教《维摩经》载，天女居维摩室，与舍利佛发明禅理。维摩曰：“此女已能游戏，菩萨之神通也。”此处苏轼赞朝云如天女般精通佛学大义，学佛有成。

[11] 朝云为杭州人，到惠州后水土不服，常病，礼佛和煎药是对其当时生活现状的描绘。

[12] 三山：道教传说中的三座海外仙山——蓬莱、瀛洲、方丈。

[13] 巫阳云雨仙：典出宋玉《高唐赋序》：“昔者先王尝游高唐，怠而昼寝，梦一妇人，曰：‘妾巫山之女也。’……去而辞曰：‘妾在巫山之阳，高丘之阻，旦为朝云，暮为行雨，朝朝暮暮，阳台之下。’”秦观曾作《南歌子》赠朝云曰：“霭霭迷春态，溶溶媚晓光，不应容易下巫阳。”这里苏轼反用其意，说一旦仙丹炼就，他二人将同登神仙境界，不再像巫山神女一样为尘缘所羁绊。

延伸阅读

东坡一日退朝，食罢扪腹徐行，顾谓侍儿曰：“汝辈且道是中有何物？”一婢遽曰：“都是文章。”坡不以为然。又一人曰：“满腹都是见识。”坡亦未以为当。至朝云，乃曰：“学士一肚皮不合时宜。”坡捧腹笑。

——宋·费衮《梁溪漫志·侍儿对东坡语》

子瞻在惠州，朝云侍坐。维时青女（神话传说中的霜雪之神）初降，落木萧萧，凄然有宋玉之悲。因命朝云捧觞，唱“花褪残红”词以遣悲。朝云珠喉将啭，粉泪满襟。子瞻诘其故，答曰：“奴所不能歌，是‘枝上柳绵吹又少，天涯何处无芳草’也。”子瞻大笑，曰：“我正悲秋，汝又伤春矣！”遂罢。未几，朝云殁，子瞻为之终身不复闻此词。

——清·叶申芗《本事词》卷上

思考与探讨

结合本课所学，自查相关资料，说说苏轼对王朝云一往情深的基础是什么？对你有何启发？

鹊桥仙[1]

秦　观[2]

纤云弄巧[3]，飞星传恨，银汉迢迢暗渡[4]。金风玉露一相逢[5]，便胜却人间无数。

柔情似水，佳期如梦，忍顾鹊桥归路[6]。两情若是久长时，又岂在朝朝暮暮[7]！

注释

[1] 鹊桥仙：词牌名。此调皆咏七夕。

[2] 秦观（1049—1100）：初字太虚，后改字少游，号淮海居士，扬州高邮（今属江苏）人。“苏门四学士”之一。能诗文，尤工词，婉约派重要代表作家。有《淮海集》《淮海居士长短句》。

[3] 纤云：细薄的云。弄巧：变化出奇巧的形状。因七夕乃乞巧节，故此句亦云，是织女巧手编织出了纤云。

[4] 银汉：银河。

[5] 金风：秋风。玉露：白露，秋季节气名。

[6] 忍顾：不忍回头看。

[7] 朝朝暮暮：用宋玉《高唐赋序》：“旦为朝云，暮为行雨。朝朝暮暮，阳台之下。”

对比阅读

古诗十九首·迢迢牵牛星

迢迢牵牛星，皎皎河汉女。
纤纤擢素手，札札弄机杼。
终日不成章，泣涕零如雨。
河汉清且浅，相去复几许！
盈盈一水间，脉脉不得语。

思考与探讨

“细水长流”与“只争朝夕”，哪一种是你心目中理想爱情的样子？为什么？

卜算子[1]

李之仪[2]

我住长江头[3]，君住长江尾[4]。日日思君不见君，共饮长江水。

此水几时休？此恨何时已[5]？只愿君心似我心，定不负相思意[6]。

注释

[1] 卜算子：词牌名。

[2] 李之仪（约 1035—1117），字端叔，自号姑溪居士、姑溪老农，沧州无棣（今属山东）人。治平进士。哲宗元祐初官至枢密院编修，通判原州。因为苏轼门人得罪权贵蔡京，两度获罪。词以小令见长。有《姑溪词》。

[3] 长江头：长江上游。

[4] 长江尾：长江下游。

[5] 已：止。

[6]“只愿”二句：用五代词人顾敻（xiòng）《诉衷情》“换我心，为你心，始知相忆深”词意。定，词中衬字。

思考与探讨

“只愿君心似我心”，是一种什么样的思维方式？对你有何启发？

第六节　生死离别总关情

遣悲怀

扫二维码获取
诵读音频

元　稹[1]

谢公最小偏怜女[2]，自嫁黔娄百事乖[3]。
顾我无衣搜荩箧[4]，泥他沽酒拔金钗[5]。
野蔬充膳甘长藿[6]，落叶添薪仰古槐。
今日俸钱过十万，与君营奠复营斋[7]。

昔日戏言身后意，今朝都到眼前来。
衣裳已施行看尽[8]，针线犹存未忍开。
尚想旧情怜婢仆，也曾因梦送钱财。
诚知此恨人人有，贫贱夫妻百事哀。

闲坐悲君亦自悲，百年都是几多时！
邓攸无子寻知命[9]，潘岳悼亡犹费词[10]。
同穴窅冥何所望[11]？他生缘会更难期！
惟将终夜长开眼，报答平生未展眉。

注释

[1] 元稹（779—831）：唐代诗人，字微之，洛阳（今属河南）人，与白居易共同倡导“新乐府”运动，并称“元白”。诗以艳诗和悼亡诗最具特色。另有传奇代表作《莺莺传》。《遣悲怀》一说作于元和六年（811）前后，元稹时任监察御史；一说作于长庆二年（822），元稹时任宰相。

［2］谢公：东晋宰相谢安，他最宠爱小侄女谢道韫。这里指元稹前妻韦丛之父韦夏卿。最小女：指韦丛。

［3］黔娄：春秋时齐国贫士，为人清高而饱学，此处自喻。乖：不顺。

［4］荩箧（jìn qiè）：草或竹编的箱子。荩，草名。

［5］泥：纠缠，软磨。他：同“她”。

［6］藿（huò）：豆叶。

［7］营奠：设祭。营斋：为死者祈冥福而向僧人施斋食。

［8］行：将要。

［9］邓攸：字伯道，西晋人，战乱中舍子保侄，后终无子。时人哀之曰：“天道无知，使邓伯道无儿!”事见《晋书・邓攸传》。

［10］潘岳：字安仁，西晋人，妻早卒，终无儿。曾写《悼亡诗》三首。事见《晋书・潘岳传》。

［11］窅冥（yǎo míng）：渺远不可期。

思考与探讨

1. 何谓“悼亡诗”?

2. 说说这一组诗最令你感动的是哪几句？为什么？

生查子・元夕[1]

欧阳修[2]

去年元夜时，花市灯如昼[3]。月上柳梢头，人约黄昏后。

今年元夜时，月与灯依旧。不见去年人，泪湿春衫袖[4]。

注释

［1］生查（zhā）子：唐教坊曲名，后用为词牌。元夕：正月十五叫上元，上元的夜晚叫元夕、元宵或元夜，自唐起有观灯闹夜的民间风俗，也是年轻人幽会谈情的好机会。

［2］欧阳修（1007—1072），字永叔，号醉翁，又号六一居士，庐陵（今江西吉安市）人。北宋政治家、文学家，“唐宋八大家”之一。本词曾误为朱淑真作，后经考证确为欧阳修所作。

[3] 花市：民俗每年春时举行的卖花、赏花的集市。灯如昼：灯火像白天一样。据宋代孟元老《东京梦华录》卷六《元宵》载："正月十五日元宵……灯山上彩，金碧相射，锦绣交辉。"可见当时繁华景象。

[4] 泪湿：一作"泪满"。

比较阅读

题都城南庄

崔 护

去年今日此门中，
人面桃花相映红。
人面不知何处去，
桃花依旧笑春风。

思考与探讨

1. 分析这首诗的情感内蕴和主要表现手法。

2. 就你所知，除了观灯，元宵节还有哪些民俗？借助网络、图书资料，尝试了解这些民俗的起源。

3. 元夕（详《生查子·元夕》）、上巳（详《诗经·郑风·溱洧》）和七夕（详秦观《鹊桥仙》），都是古代男女青年可以自由相会传达情意的日子，你觉得哪个更适合作为我们中国人自己的"情人节"？为什么？（扫码查看相关文章）

扫二维码获取相关文章

摸鱼儿·雁丘词[1]

元好问[2]

太和五年乙丑岁[3]，赴试并州[4]，道逢捕雁者云："今旦获一雁，杀之矣。其脱网者悲鸣不能去，竟自投于地而死。"余因买得之，葬之汾水之上，累石为识[5]，号曰"雁丘"，并作《雁丘词》。

问世间、情为何物，直教生死相许[6]？天南地北双飞客[7]，老翅几回寒暑！欢乐趣，离别苦，就中更有痴儿女[8]。君应有语[9]：渺万里层云[10]，千山暮雪，只影向谁去[11]！

横汾路，寂寞当年箫鼓，荒烟依旧平楚[12]。招魂楚些何嗟及，山鬼暗啼风雨[13]。天也妒，未信与，莺儿燕子俱黄土[14]。千秋万古，为留待骚人[15]，狂歌痛饮，来访雁丘处。

注释

[1] 摸鱼儿：唐教坊曲，后用为词牌，又名《买陂塘》《迈陂塘》《双蕖怨》等。雁丘：元好问葬雁之处，在山西省阳曲县汾水旁，为著名古迹。丘，坟墓。

[2] 元好问（1190—1257)：金末元初著名诗人、文学家、历史学家，“一代文宗”，字裕之，号遗山，太原秀容（今山西忻州）人。有《遗山集》。

[3] 太和五年乙丑岁：即金章宗泰和五年（1205)，以天干地支纪年为乙丑年。

[4] 赴试并州：到并州（今山西太原）参加府试。《金史·选举志》载：金代选举之制，由乡至府，由府至省及殿试，凡四试。明昌元年罢免乡试。府试试期在秋八月。府试处所承安四年赠太原，共为十处。

[5] 累（lěi)：堆叠。识（zhì)：标记。

[6] 直教：竟使。许：允婚，许嫁。

[7] 双飞客：大雁双宿双飞，秋去春来，故云。

[8] 就中：其中。

[9] 君：这里指丘中之雁。

[10] 渺：广远。

[11] 只影：孤独无偶。

[12]“横汾”三句：这葬雁的汾水，当年汉武帝横渡时何等热闹，如今寂寞凄凉。汉武帝《秋风辞》：“泛楼船兮济汾河，横中流兮扬素波，箫鼓鸣兮发棹歌。”楚，本指一种丛生灌木，又叫“荆”。远望树梢齐平，故称平楚。

[13]“招魂”二句：我想要为死雁招魂又有何用，雁魂在风雨中暗暗啼哭。招魂楚些（suò)，《楚辞·招魂》句尾皆有“些”字。何嗟及，悲叹无济于事。山鬼，《楚辞·九歌·山鬼》指山神，此指雁魂。

[14]“天也”三句：不信殉情的大雁与普通莺燕一样都寂灭无闻变为黄土，它将声名远播，使天地忌妒。

[15] 骚人：诗人。

思考与探讨

1. 此词名为咏物，实则抒情，表达了一种怎样的爱情观？

2. 除了歌颂爱情，这首词也蕴含了作者的民本思想，试作分析。

第七专题

革故鼎新

专题导读

“五四”时期，国学曾经被“打倒”过。其主要“罪名”就是因循守旧、不思进取，与当时迫切需要变革、需要维新、需要向西方学习的社会时代局势不相契合。然而，百年风雨过去，当我们重新回过头来审视我们祖先的文化遗产，我们发现——尽管在漫长封建时代沉淀起来的厚重国学固然有它保守的一面，但我们中华民族之所以能够在历史甬道中蜿蜒跋涉数千年，历经无数分分合合，依然屹立于世界潮流之巅，跟我们国故传统当中本就有之的发展创新思想不无关系。2018 年 12 月 18 日，在庆祝改革开放 40 周年大会上的讲话中，习近平同志指出：“中华民族充满变革和开放精神。几千年前，中华民族的先民们就秉持‘周虽旧邦，其命维新’的精神，开启了缔造中华文明的伟大实践。”《周易·杂卦》云：“革，去故也；鼎，取新也。”“革故鼎新”，这个成语既是对我国历史发展道路的高度概括，也是对我们国学体系中发展创新思想的集中凝练。

正如马克思所言：“人们自己创造自己的历史，但是他们并不是随心所欲地创造，并不是在他们自己选定的条件下创造，而是在直接碰到的、既定的、从过去承继下来的条件下创造……”中国文化传统的革故鼎新思想与西方社会极端崇尚个性自由的创新精神是有本质区别的，我们推崇的是以“和实生物”（《国语·郑语》）、“和而不同”（《论语·子路》）为基础的综合性的、非线性的和谐创新思想。在此基础之上，我们鼓励百家争鸣，因着对“殊途同归”（《周易·系辞下》）的信念，我们追求“坐于室而见四海，处于今而论久远”（《荀子·解蔽》），因为我们的先秦诸子都深知一叶障目的危险；我们重视“童子功”的修炼累积，因为只有“图难于其易，为大于其细”（《老子》），才可能达成“生生日新”的欣荣格局；众声喧哗之际，我们会坚守自己的主观判断，因为我们都知道“从善如登，从恶如崩”（《国语·周语下》），正确的道路，往往并不好走。虽然我们也在孜孜以求地探索、建立着规律、规则，但我们确实缺乏契约精神，不甘于被陈规陋习束缚了手脚，“穷则变，变则通，通则久”（《周易·系辞下》）每每成为重大变革推行者的强心针，“兵无常势”“因敌制胜”（《孙子兵法·虚实篇》）也是战争指挥家的定心丸。中国人是谦虚的，一时的发展并不容易让我们得意忘形，我们关心的是如何实现可持续发展。对此，“生而不有，为而不恃，成而弗居”（《老子》）的道家智慧也许值得当今全社会全人类借鉴反思。

在这种具有东方特色的革故鼎新思想的引领下，我们历史上并不缺乏伟大的政治革新人物，如商鞅、范仲淹、王安石、北魏孝文帝拓跋宏、张居正、谭嗣同、康有为、梁启超……一个个耳熟能详的名字在历史长河里熠熠生辉。我们从中精选了最具代表性的两位——商鞅和王安石，通过他们的正史传记，希图借一斑以窥全豹，瞻仰一下这些改革家以信立法的铁腕手段，以及“天变不足畏，祖宗不足法，人言不足恤”力排众议、坚定执着的改革勇气与信念，相信对于我们今天继续解放思想、全面推进改革开放、走出一条独具中国特色的社会主义政治革新道路，不无裨益。

科技创新方面，我们的“四大发明”、《齐民要术》、《本草纲目》等，都对世界文明作出过巨大贡献。诚如英国科学家李约瑟博士在20世纪50年代曾指出的：“中国思想，其对欧洲贡献之大，实远逾吾人所知。在通盘检讨之后，恐怕欧洲从中国得到的助益，可以与西方人士传入中国的17、18世纪欧洲科技相媲美。”亦如诺贝尔奖获得者普利高津所言：“中国文明对人类、社会与自然之间的关系有着深刻的理解……中国的思想对那些想扩大西方科学范围和意义的哲学家和科学家来说，始终是个启迪的源泉。”在此，我们仅以被誉为“中国科技史上的坐标”的《梦溪笔谈》的作者沈括的正史传，和由作者宋应星亲自撰写的《天工开物·序》为蓝本，来探讨中国古代科学家身上普遍存在的博学广识、求真务实的优秀品质，和中国科技哲学中尤其强调的自然与人协同作用的优秀传统，相信对于当前科技创新中的一系列痼疾顽症，都有很好的启示作用。

革故鼎新思想也被很多文学家吸纳到了自己的作品当中。李斯《谏逐客书》反对驱逐客卿，主张任人唯贤，恰是“和实生物”思想的杰出运用。苏轼《留侯论》在今天看来是一篇很出格的考场作文，因为他公然质疑前代学术权威司马迁，勇气可嘉的同时，平素深厚的学养也是成功的奠基石。无独有偶，与苏轼同时代、他的政治对手王安石也在《明妃曲》中公然为众矢之的的宫廷画师毛延寿平反；面对司马光针对新法的种种非议，进行了有条不紊、有理有节的一一驳斥（《答司马谏议书》）。这种敢于突破成见的思想锋芒，直面反对意见的勇气和技巧，正是他“不畏浮云遮望眼”（《登飞来峰》）大刀阔斧力推新政的基础。当然，我们也要看到，杰出的个人创造力背后，有宋一代整个时代风气为文人学士提供的相对宽松、自由、自信的客观环境，对于整体文化创新繁荣也有着不可磨灭的贡献。同理，文化的整体繁荣，即使是在绮靡之末的晚唐，也能催生出像《贫女》一样构思奇巧、寄意深远的作品来。

最后，借用习近平同志的话：“不忘本来才能开辟未来，善于继承才能更好创新！”希望这一单元的内容，对我们每一个人的人生创新之路，都能有所启发。

第一节　政治改革家

商君列传[1]

司马迁[2]

商君者，卫之诸庶孽公子也[3]，名鞅，姓公孙氏，其祖本姬姓也[4]。鞅少好刑名之学[5]，事魏相公叔座为中庶子[6]。

公叔既死[7]，公孙鞅闻秦孝公下令国中求贤者，将修缪公之业[8]，东复侵地，乃遂西入秦，因孝公宠臣景监以求见孝公。公与语，不自知膝之前于席也[9]。语数日不厌。景监曰："子何以中吾君[10]？吾君之欢甚也。"鞅曰："吾说君以帝王之道比三代[11]，而君曰：'久远，吾不能待。且贤君者，各及其身显名天下[12]，安能邑邑待数十百年以成帝王乎[13]？'故吾以强国之术说君，君大说之耳[14]。然亦难以比德于殷周矣[15]。"

孝公既用卫鞅，鞅欲变法，恐天下议己。卫鞅曰："疑行无名[16]，疑事无功。且夫有高人之行者，固见非于世[17]；有独知之虑者，必见敖于民[18]。愚者暗于成事[19]，知者见于未萌[20]。民不可与虑始而可与乐成[21]。论至德者不和于俗，成大功者不谋於众。是以圣人苟可以强国，不法其故[22]；苟可以利民，不循其礼。"孝公曰："善。"甘龙曰[23]："不然。圣人不易民而教[24]，知者不变法而治。因民而教，不劳而成功；缘法而治者[25]，吏习而民安之。"卫鞅曰："龙之所言，世俗之言也。常人安于故俗，学者溺于所闻[26]。以此两者居官守法可也，非所与论于法之外也[27]。三代不同礼而王[28]，五伯不同法而霸[29]。智者作法，愚者制焉[30]；贤者更礼，不肖者拘焉[31]。"杜挚曰[32]："利不百，不变法；功不十，不易器[33]。法古无过，循礼无邪。"卫鞅曰："治世不一道，便国不法古。故汤武不循古而王，夏殷不易礼而亡[34]。反古者不可非，而循礼者不足多[35]。"孝公曰："善。"以卫鞅为左庶长[36]，卒定变法之令[37]。

令既具[38]，未布[39]，恐民之不信己，乃立三丈之木于国都市南门[40]，募民有能徙置北门者予十金。民怪之，莫敢徙。复曰“能徙者予五十金”。有一人徙之，辄予五十金[41]，以明不欺。卒下令。

令行于民期年[42]，秦民之国都言初令之不便者以千数[43]。于是太子犯法。卫鞅曰：“法之不行，自上犯之。”将法太子[44]。太子，君嗣也，不可施刑，刑其傅公子虔[45]，黥其师公孙贾[46]。明日[47]，秦人皆趋令[48]。行之十年，秦民大说[49]，道不拾遗，山无盗贼，家给人足[50]。民勇于公战，怯于私斗，乡邑大治。

于是以鞅为大良造[51]。行之四年，公子虔复犯约，劓之[52]。居五年，秦人富强，天子致胙于孝公[53]，诸侯毕贺。

注释

［1］本文节选自《史记·商君列传》。商君：即商鞅（约前390—前338），卫国人，姬姓公孙氏，故又称卫鞅、公孙鞅。因封地在商（今陕西商洛市东南），号商君，因称商鞅。战国时期政治家、改革家、思想家。秦孝公任用他实行变法，具体措施为：奖励耕织；废除贵族世袭，按军功大小给予爵位等级；推行连坐法；建立县制；废井田制，准许土地买卖；按丁男征赋；统一度量衡。变法奠定了秦强盛的基础。孝公死后，被诬陷，车裂而死。著有《商君书》，今存二十四篇。

［2］司马迁（约前145或前135—?），字子长，夏阳（今陕西韩城南）人。西汉著名史学家、文学家、思想家。早年受学于孔安国、董仲舒，漫游各地，了解风俗，采集传闻。后继父司马谈任太史令。因替李陵败降申辩而受宫刑，出狱后任中书令，发愤继续完成所著史籍。人称其书为《太史公书》，后称《史记》，为我国第一部纪传体通史，该书记载了从上古传说中的黄帝时期，到汉武帝元狩元年，长达3000多年的历史，被公认为中国史书典范，是“二十五史”之首，被鲁迅誉为“史家之绝唱，无韵之离骚”。

［3］庶孽：妃妾所生之子。犹树有孽生，故称。公子：古称诸侯之庶子，以别于世子，亦泛称诸侯之子。

［4］姬姓：周王室之姓，亦为当时卫国国君之姓。

［5］刑名之学：战国时以申不害为代表的学派。主张循名责实，慎赏明罚。刑，通“形”。指形体或事实。名，指言论或主张。

［6］中庶子：官名，掌公族。

［7］公叔：即魏相公叔座。

［8］缪公之业：指秦穆公修德行武，开拓疆土，争霸诸侯的事业。

[9] 膝之前于席：身体跪在席子上向前膝行。古人席地而坐，膝盖挨着席子。

[10] 中（zhòng）：打动。

[11] 说（shuì）：劝说。三代：指夏、商、周三个朝代。

[12] 及其身：在世的时候。

[13] 邑邑：同“悒悒”。郁闷不乐。

[14] 大说：“说”通“悦”，很高兴。

[15] 比德：比量德行。

[16] 疑行无名：此句谓修养操行如果犹疑不定就不能成名。疑，犹豫不定。

[17]“且夫”二句：意谓操行超出常人的人，本来要被世俗非难的。

[18] 敖：通“謷（áo）”。诋毁。

[19] 暗：不清楚，不明白。

[20] 知：通“智”。未萌：未发露、察觉。

[21] 虑：思虑，打算。

[22] 法：效法。故：指成法。

[23] 甘龙：秦孝公之臣，甘姓，名龙。秦国世族名臣，变法反对派。

[24] 易民：改变民风民俗。

[25] 缘：依照，沿袭。法：此指旧法、旧制度。

[26] 溺于所闻：指迷信书本教条。

[27] 法：此二句中的“法”皆指旧法、旧制。

[28] 三代：指夏、商、周三代。王（wàng）：称王，为王。

[29] 五伯：五个霸主，指齐桓公、晋文公、宋襄公、楚庄公、秦穆公。霸：称霸。

[30] 制：被制约。

[31] 不肖：不成材，不正派。拘：被约束。

[32] 杜挚：秦孝公臣子，破魏有功，官左司空。跟甘龙一样，是守旧派代表人物。

[33] 器：指古代标志名位、爵号的器物。

[34] 夏殷：指夏桀、殷纣。

[35] 多：推重，赞扬。

[36] 左庶长：既是爵位，又是官职，为非王族大臣领政。

[37] 卒（zú）：终于，最终。

[38] 具：准备就绪。

[39] 布：颁布，公布。

[40] 国都市南门：指都城后边市场南门。古代国都建制：前朝，后市，左祖，右社。

[41] 辄：就。金：古代货币单位。

[42] 期年：一整年。

[43] 初令：新出的法令。

[44] 法：依法处罚、治罪。

[45] 傅：即太傅，辅导太子的官。公子虔：嬴姓，名虔，战国时秦公子，曾为秦孝公太子驷之傅。孝公用商鞅变法，他因纵太子犯法而受刑，后又因犯他法，受劓刑，随后闭门八年。孝公卒，太子立，是为秦惠文王。他诬告商鞅欲反，秦惠文王遂杀商鞅，灭其家。

[46] 黥：即墨刑。用刀在面额上刺字，再涂以墨。公孙贾：秦献公后期与秦孝公前期的骨干大臣之一。

[47] 明日：第二天。

[48] 趋令：遵照新法执行。

[49] 大说（yuè）："说"通"悦"。（对新法）非常喜欢、满意。

[50] 家给（jǐ）人足：成语，形容家家衣食充裕，人人生活富足。

[51] 大良造：又称大上造。战国初期秦国国内最高官职，掌握军政大权。亦为爵名，位列二十等军功爵制第十六位。

[52] 劓：古代割掉鼻子的刑罚。

[53] 致胙：天子把祭祀用的肉赐给诸侯，表示荣宠的特殊礼遇。胙（zuò），古代祭祀用的肉。

延伸阅读

中国人民具有伟大梦想精神，中华民族充满变革和开放精神。几千年前，中华民族的先民们就秉持"周虽旧邦，其命维新"的精神，开启了缔造中华文明的伟大实践。自古以来，中国大地上发生了无数变法变革图强运动，留下了"治世不一道，便国不法古"等豪迈宣言。自古以来，中华民族就以"天下大同""协和万邦"的宽广胸怀，自信而又大度地开展同域外民族交往和文化交流，曾经谱写了万里驼铃万里波的浩浩丝路长歌，也曾经创造了万国衣冠会长安的盛唐气象。正是这种"天行健，君子以自强不息""地势坤，君子以厚德载物"的变革和开放精神，使中华文明成为人类历史上唯一一个绵延5000多年至今未曾中断的灿烂文明。以数千年大历史观之，变革和开放总体上是中国的历史常态。中华民族以改革开放的姿态继续走向未来，有深远的历史渊源、深厚的文化根基。

——2018年12月18日习近平在庆祝改革开放40周年大会上的讲话

王安石传[1]

王安石，字介甫，抚州临川人[2]。安石少好读书，一过目终身不忘。其属文动笔如飞[3]，初若不经意，既成，见者皆服其精妙。友生曾巩携以示欧阳修，修为之延誉[4]。擢进士上第[5]，签书淮南判官[6]。再调知鄞县[7]，起堤堰，决陂塘[8]，为水陆之利；贷谷与民，出息以偿，俾新陈相易，邑人便之。通判舒州[9]。文彦博为相[10]，荐安石恬退[11]，乞不次进用[12]，以激奔竞之风[13]。寻召试馆职[14]，不就[15]。修荐为谏官，以祖母年高辞。修以其须禄养言于朝，用为群牧判官[16]，请知常州[17]。移提点江东刑狱[18]，入为度支判官，时嘉祐三年也。

安石议论高奇，能以辨博济其说；果于自用[19]，慨然有矫世变俗之志。于是上万言书，以为："今天下之财力日以困穷，风俗日以衰坏，患在不知法度，不法先王之政故也。法先王之政者，法其意而已。法其意，则吾所改易更革，不至乎倾骇天下之耳目[20]，嚣天下之口[21]，而固已合先王之政矣。因天下之力以生天下之财，收天下之财以供天下之费，自古治世，未尝以财不足为公患也，患在治财无其道尔。在位之人才既不足，而闾巷草野之间亦少可用之才[22]，社稷之托[23]，封疆之守[24]，陛下其能久以天幸为常[25]，而无一旦之忧乎[26]？愿监苟且因循之弊[27]，明诏大臣，为之以渐，期合于当世之变。臣之所称，流俗之所不讲[28]，而议者以为迂阔而熟烂者也[29]。"后安石当国[30]，其所注措[31]，大抵皆祖此书[32]。

神宗在颍邸[33]，（韩）维为记室[34]，每讲说见称，辄曰："此非维之说，维之友王安石之说也。"及为太子庶子[35]，又荐自代。帝由是想见其人，甫即位，命知江宁府[36]。数月，召为翰林学士兼侍讲[37]。熙宁元年四月，始造朝[38]。入对[39]，帝问为治所先，对曰："择术为先[40]。"帝曰："唐太宗何如?"曰："陛下当法尧、舜，何以太宗为哉？尧、舜之道，至简而不烦，至要而不迂，至易而不难。但末世学者不能通知[41]，以为高不可及尔。"帝曰："卿可谓责难于君[42]，朕自视眇躬[43]，恐无以副卿此意[44]。可悉意辅朕[45]，庶同济此道[46]。"

二年二月，拜参知政事[47]。上谓曰：“人皆不能知卿，以为卿但知经术，不晓世务。”安石对曰：“经术正所以经世务，但后世所谓儒者，大抵皆庸人，故世俗皆以为经术不可施于世务尔。”上问：“然则卿所施设以何先？”安石曰：“变风俗，立法度，正方今之所急也。”上以为然。于是设制置三司条例司[48]，命与知枢密院事陈升之同领之。安石令其党吕惠卿任其事。而农田水利、青苗、均输、保甲、免役、市易、保马、方田诸役相继并兴，号为新法，遣提举官四十余辈，颁行天下。

御史中丞吕诲论安石过失十事，帝为出诲[49]，安石荐吕公著代之。韩琦谏疏至[50]，帝感悟，欲从之，安石求去。司马光答诏[51]，有“士夫沸腾，黎民骚动”之语，安石怒，抗章自辨[52]，帝为巽辞谢[53]，令吕惠卿谕旨，韩绛又劝帝留之[54]。安石入谢，因为上言中外大臣、从官、台谏、朝士朋比之情[55]，且曰：“陛下欲以先王之正道胜天下流俗，故与天下流俗相为重轻。流俗权重[56]，则天下之人归流俗；陛下权重，则天下之人归陛下。权者与物相为重轻[57]，虽千钧之物，所加损不过铢两而移[58]。今奸人欲败先王之正道，以沮陛下之所为[59]。于是陛下与流俗之权适争轻重之时，加铢两之力，则用力至微，而天下之权，已归于流俗矣，此所以纷纷也。”上以为然。安石乃视事[60]，琦说不得行[61]。

三年十二月，拜同中书门下平章事。

唐坰本以安石引荐为谏官，因请对极论其罪[62]，谪死。文彦博言市易与下争利[63]，致华岳山崩。安石曰：“华山之变，殆天意为小人发。市易之起，自为细民久困[64]，以抑兼并尔，于官何利焉？”阏其奏[65]，出彦博守魏。

七年春，天下久旱，饥民流离，帝忧形于色，对朝嗟叹，欲尽罢法度之不善者。安石曰：“水旱常数[66]，尧、汤所不免[67]，此不足招圣虑，但当修人事以应之[68]。”帝曰：“此岂细事，朕所以恐惧者，正为人事之未修尔。今取免行钱太重[69]，人情咨怨[70]，至出不逊语。自近臣以至后族[71]，无不言其害。两宫泣下[72]，忧京师乱起，以为天旱，更失人心。”安石曰：“近臣不知为谁，若两宫有言，乃向经、曹佾所为尔[73]。”冯京曰：“臣亦闻之。”安石曰：“士大夫不逞者以京为归[74]，故京独闻其言，臣未之闻也。”监安上门郑侠上疏，绘所见流民扶老携幼困苦之状，为图以献，曰：“旱由安石所致。去安石，天必雨。”侠又坐窜岭南[75]。慈圣、宣仁二太后流涕谓帝曰：“安石乱天下。”帝亦疑之，遂罢为观文殿大学士、知江宁府[76]。

八年二月，复拜相，安石承命，即倍道来[77]。《三经义》成，加尚书左仆射兼门下侍郎[78]，以子雱为龙图阁直学士[79]。雱辞，惠卿劝帝允其请，由是嫌隙愈著。惠卿为蔡承禧所击[80]，居家俟命[81]。雱风御史中丞邓绾[82]，复弹惠卿与知华亭县张若济为奸利事[83]，置狱鞫之[84]，惠卿出守陈[85]。

省吏告惠卿于陈[86]，惠卿以状闻[87]，且讼安石曰："安石尽弃所学，隆尚纵横之末数[88]，方命矫令[89]，罔上要君[90]。此数恶力行于年岁之间[91]，虽古之失志倒行而逆施者，殆不如此。"又发安石私书曰[92]："无使上知"者。帝以示安石，安石谢无有，归以问雱，雱言其情，安石咎之。雱愤恚[93]，疽发背死[94]。安石暴（邓）绾罪[95]，云"为臣子弟求官及荐臣婿蔡卞"，遂与亨甫皆得罪[96]，皆斥[97]。

元祐元年[98]，卒，年六十六，赠太傅。绍圣中[99]，谥曰文。

安石性强忮[100]，遇事无可否，自信所见，执意不回。至议变法，而在廷交执不可。安石传经义[101]，出己意，辩论辄数百言，众不能诎[102]。甚者谓"天变不足畏，祖宗不足法，人言不足恤[103]。"

注释

[1] 本文节选自《宋史》卷三百二十七。王安石（1021—1086）：字介甫，号半山，中国历史上杰出的政治家、改革家、文学家、思想家，"唐宋八大家"之一，新党领袖。北宋仁宗庆历二年（1042）进士。神宗熙宁三年（1070）任宰相，主持发动了一场声势浩大的变法运动，史称"王安石变法"。变法针对北宋王朝的各种弊政进行全面改革，以求达到富国强兵的目的。由于改革触动了统治阶层大地主、大官僚们的切身利益，遭到保守派激烈反对与攻击，熙宁七年（1074）罢相，九年（1076）退居江宁（今南京）。新法也在王安石去后不久全部废止。王安石性格坚毅，为人刚直，行事有时刚愎，人称"拗相公"。有《临川集》。

[2] 抚州临川：今江西省抚州市临川区。

[3] 属（zhǔ）文：撰写文章。

[4] 延誉：传扬好名声。

[5] 擢进士上第：考中进士，名列上等。

[6] 签书：京官以上充州府判官时用此名。淮南：当时称淮南节度使，治扬州，今江苏扬州。判官：即节度判官，节度使属官。

[7] 知：主持（政务）。鄞（yín）县：今浙江宁波。

[8] 决：疏通，开掘。陂（bēi）塘：池塘。

［9］舒州：今安徽潜山。

［10］文彦博为相：在庆历八年（1048）至皇祐三年（1051）。

［11］恬退：淡泊名利，安于退让。

［12］乞：请求。不次进用：破格提拔。

［13］激：阻遏。奔竞：奔走竞争，形容一味追名逐利。

［14］寻：随即，不久。

［15］就：参加。

［16］群牧判官：管理养马事务的属官，以京朝官充任。

［17］常州：今江苏常州。

［18］江东：指江南东路。提点刑狱：掌一路的诉讼事。

［19］果：坚决，不犹豫。自用：凭主观意图行事，不接受别人意见。

［20］倾骇：使……惊骇。

［21］嚣：使……喧哗，吵嚷。

［22］闾巷草野：成语，比喻民间乡野地方。闾巷，街巷。

［23］社稷：古代帝王、诸侯所祭的土神和谷神。后用社稷代表国家。社，土神；稷，谷神。

［24］封疆：边疆。

［25］其：难道，岂。天幸：天赐幸运，侥幸。常：恒久不变。

［26］一旦：不确定的时间，忽然。

［27］愿：希望。监：从上往下看。

［28］流俗：此指世间平庸之人。

［29］迂阔：不切实际。

［30］当国：执政，主持国事。

［31］注措：安排处置，亦作“注错”。

［32］祖：根据。此书：指王安石嘉祐三年（1058）提点江东刑狱任满返京述职时所作《上仁宗皇帝言事书》，又称《上仁宗皇帝万言书》《上皇帝万言书》。这篇上书被梁启超称为“秦汉以下第一大文”，是王安石要求革新变法的具有纲领性的政治论文，也是他人才政策和方案的基本设想。

［33］神宗在颍邸：即言神宗为颍王，尚未登基时。邸，高级官员的住宅。

［34］记室：亲王府属官。

［35］太子庶子：太子东宫官。

［36］江宁府：今江苏南京。

［37］翰林学士兼侍讲：翰林学士院掌制、诰、诏、令撰述之事，宋代只有资历最深的才士才正式除授翰林学士。侍讲是皇帝经筵官，掌进读书史，讲解经义，备顾问应对，

一般都是兼职。

[38] 造朝：进谒，朝觐。

[39] 入对：臣下进宫回答皇帝提出的问题。

[40] 术：思想，学说，主张。

[41] 通知：完全了解。

[42] 责难：勉强人做难为之事。

[43] 眇躬：旧时帝后自称之词。

[44] 副：符合。

[45] 悉意：尽心。

[46] 庶同济此道：希望能共同成就此事。

[47] 拜：授予官职。

[48] 制置三司条例司：官署名，变法时的立法机构。

[49] 帝为出诲：神宗为此事将吕诲派到外地去做官。出，外放，外迁，离京为官。

[50] 韩琦：当时判相州（今河南安阳）。韩琦谏疏，是反对散青苗钱。

[51] 司马光：当时任翰林学士。

[52] 抗章自辨：向皇帝上奏章，为自己辩解。

[53] 巽：通"逊"，谦逊。谢：道歉。

[54] 韩绛：当时任枢密副使。

[55] 朋比：相互依附勾结。

[56] 权：此句与下文"陛下权重"，"权"皆作"权势，权力"讲。

[57] 权者：秤锤。

[58] "所加损"句：在秤锤上不过增减极轻微的重量就能移动其位置。铢，古代重量单位，二十四铢等于旧制一两（亦有他说，标准不一）。铢两，一铢一两。引申为极轻的分量。

[59] 沮：通"阻"。

[60] 视事：就职治事，多指政事言。

[61] 琦说：指韩琦乞罢青苗法。

[62] 因：趁。请对：古代官吏请求奏对。

[63] 文彦博：当时任枢密使。

[64] 细民：小民，老百姓。

[65] 阏（è）：遏止，抑制。

[66] 常数：平常的事。

[67] 尧：古代传说中的圣王。汤：商朝开国君主。

[68] 修人事：整治世事。

［69］免行钱：行户向官府缴纳免除科配应交物资的钱，亦称免行役钱。

［70］咨怨：嗟叹怨恨。

［71］后族：皇后家族。

［72］两宫：即后文所言慈圣、宣仁二太后。慈圣曹后：仁宗的皇后。宣仁高后：英宗的皇后。

［73］向经：神宗皇后向氏之父。曹佾（yì）：仁宗皇后曹氏之弟。

［74］不逞：心怀不满的人。以京为归：归附冯京。

［75］坐窜岭南：因此被贬谪到岭南。

［76］观文殿大学士：官名，备顾问，无具体职掌，凡曾任宰相者才授此职。

［77］倍道：兼程而行，一日走两日的路程。

［78］尚书左仆射（yè）：尚书省长官。门下侍郎：门下省副长官。当时都是加给宰相的官衔。

［79］雱（páng）：王雱（1044—1076），字元泽，北宋临川人。文学家、道学、佛学学者，王安石之子。

［80］蔡承禧（xǐ）：当时为御史。击：抨击。

［81］居家俟命：在家等候皇帝的处理。俟：等待。

［82］风：同“讽”，微言劝告，这里意为暗中唆使。

［83］华亭：此指秀州华亭，今上海松江。为奸利事：所做之相互勾结、违法谋利之事。

［84］置狱鞫（jū）之：立案审查他们。鞫，审问。

［85］出：罢职出朝。守陈：任陈州长官。陈，陈州，今河南淮阳。

［86］告：告知。

［87］以状闻：把（这些事）上书报告皇帝。

［88］隆尚：崇尚。纵横：纵横家，战国时一批从事政治活动的谋士，以审查时势、陈明利害的方法，以“合纵”“连横”的主张，游说列国，其代表人物为苏秦、张仪。末数：末流手段。

［89］方命矫令：违抗君命，假传号令。

［90］罔上要君：欺骗和要挟君主。

［91］年岁之间：一年的时间内。

［92］发：揭发。私书：私人信件。

［93］愤恚：愤怒怨恨。

［94］疽发背死：背上的痈疽发作而死。

［95］暴：公开宣布。

［96］亨甫：练亨甫，与邓绾俱为王雱门下谋士，是弹劾吕惠卿的主要干将。

[97] 斥：贬斥。

[98] 元祐：宋哲宗即位后的第一个年号。

[99] 绍圣：哲宗的第二个年号。

[100] 强忮（zhì）：固执。

[101] 传：传授。

[102] 诎（qū）：屈服。

[103] 恤：忧虑，顾虑。

延伸阅读

温家宝总理答记者问

记者：请问总理，继续解放思想对于经济、社会发展有什么现实针对性？第二个问题，今年是改革开放30周年，请问总理，在您新的5年任期内还有没有其他改革开放的突破点？下一步深化政治体制改革有什么样的考虑？

温家宝：我想集中回答一下关于解放思想这个问题。一般的道理大家都知道。我想从中国的文化、传统和历史上讲一点自己的看法。我一直很重视两句话：一句话来自《诗经》，一句话来自《诗品》，就是“周虽旧邦，其命维新”，“如将不尽，与古为新”。

中国是一个既老又新的国家，五千多年来，中国的前进是同它不断的变革维新分不开的。就是在30年前，邓小平先生提出来要解放思想，实事求是，团结一致向前看，从而推动了中国的改革开放事业。

有人可能会问解放思想和改革开放还要进行多久，我可以明确告诉大家，将永不停止，一直到中国现代化的成功，到了那时也还需要解放思想。

新时期的解放思想应该突出哪些方面呢？我想有三点：第一，就是要继续破除迷信，反对本本主义。只有这样，才能使我们的国家永远保持生机和活力。第二，要坚持实践是检验真理的唯一标准，鼓励大胆地探索、实验和创新。第三，要使每个人，特别是领导干部的思想得到解放，也就是说要有独立思考、批判思维和创造能力。只有这样，我们的整个事业才会不断前进。解放思想需要勇气、决心和献身精神。解放思想和改革创新，如果说前者是因的话，后者就是果。5年前，我曾面对大家立过誓言，苟利国家生死以，岂因祸福避趋之。今天我还想加上一句话，就是天变不足畏，祖宗不足法，人言不足恤。

（摘自2008年3月19日《东方早报》）

思考与探讨

1. 商鞅变法和王安石变法，在当时都受到不少人的攻击；千载而后，你怎么看待这些变法运动？

2. 作为一个改革先驱，王安石的个性有哪些是值得我们学习的？哪些是我们当引以为戒的？

经典筑基

《周易·系辞上》："一阴一阳之谓道……显诸仁[1]，藏诸用[2]，鼓万物而不与圣人同忧[3]，盛德大业至矣哉[4]！富有之谓大业，日新之谓盛德[5]，生生之谓易[6]。"

注释

[1] 诸：之于。仁：这里指阴阳之道生育万物的仁德。

[2] 用：这里指阴阳之道生育万物的作用。

[3] 鼓：振动，摇动。不与圣人同忧：圣人为济世利民而忧，道的济世利民是无所用心的，所以没有忧。

[4] 业：事业，功业。至矣：到达了极点。

[5] 富有：指生长万物的富有。日新：即每天有新的变化。此二句意谓道的化生万物是极富有的，是每天不断更新的。

[6] 易：变化。此句意为阴阳化生万物，是不停生长发展的，这就叫变易。

《周易·系辞下》："神农氏没[1]，黄帝、尧、舜氏作[2]，通其变[3]，使民不倦；神而化之[4]，使民宜之[5]。《易》，穷则变[6]，变则通[7]，通则久。"

注释

[1] 没：死。

[2] 作：兴起。

[3] 通：通晓。

[4] 神：神妙。化：变化，改作。

[5] 宜：合适，合用。

[6] 穷：困窘。

[7] 通：畅通，没有阻塞。

《孙子兵法·虚实篇》[1]：“夫兵形象水[2]，水之形，避高而趋下；兵之形，避实而击虚。水因地而制流[3]，兵因敌而制胜。故兵无常势[4]，水无常形；能因敌变化而取胜者，谓之神[5]。故五行无常胜，四时无常位[6]，日有短长，月有死生[7]。”

注释

[1]《孙子兵法》又称《孙武兵法》《吴孙子兵法》《孙子兵书》《孙武兵书》等，是中国现存最早的兵书，也是世界上最早的军事著作，被誉为“兵学圣典”。作者为春秋时吴国将军孙武，字长卿，齐国乐安人（今山东广饶，另一说惠民县），春秋时期著名的军事家、政治家，后世尊称“兵圣”。

[2] 兵形象水：意谓用兵规律如同水的流动。

[3] 因地而制流：凭借地势（高低）而控制流向。

[4] 常：本段中的“常”均作形容词，恒久的，长久不变的。

[5] 神：高明。

[6] 四时：春、夏、秋、冬。此句意为四季更替，永无休止，均不能常在。

[7] 月有死生：指月有盈亏圆缺的变化。

思考与探讨

结合本节《经典筑基》部分内容，说说商鞅、王安石等改革家，从中华优秀传统文化经典中汲取了哪些有益营养，以支持其变法革新运动？

第二节　科技创新者

沈括传[1]

沈括，字存中。擢进士第，编校昭文书籍[2]，为馆阁校勘，删定三司条例。故事[3]，三岁郊丘之制[4]，有司按籍而行，藏其副[5]，吏沿以干利[6]。坛下张幔，距城数里为园囿，植采木、刻鸟兽绵络其间。将事之夕，法驾临观[7]，御端门、陈仗卫以阅严警[8]，游幸登赏，类非斋祠所宜[9]。乘舆一器[10]，而百工侍役者六七十辈[11]。括考礼沿革[12]，为书曰《南郊式》。即诏令点检事务，执新式从事，所省万计，神宗称善。

迁太子中允[13]、检正中书刑房[14]、提举司天监[15]，日官皆市井庸贩[16]，法象图器[17]，大抵漫不知。括始置浑仪、景表、五壶浮漏[18]，招卫朴造新历[19]，募天下上太史占书[20]，杂用士人，分方技科为五[21]，后皆施用。

淮南饥，遣括察访，发常平钱粟[22]，疏沟渎，治废田，以救水患。迁集贤校理[23]，察访两浙农田水利。时大籍民车[24]，人未谕县官意[25]，相挺为忧[26]；又市易司患蜀盐之不禁[27]，欲尽实私井而辇解池盐给之[28]。言者论二事如织，皆不省[29]，括侍帝侧，帝顾曰："卿知籍车乎？"曰："知之。"帝曰："何如？"对曰："敢问欲何用？"帝曰："北边以马取胜，非车不足以当之[30]。"括曰："车战之利，见于历世。然古人所谓兵车者，轻车也，五御折旋[31]，利于捷速。今之民间辎车重大[32]，日不能三十里，故世谓之太平车，但可施于无事之日尔[33]。"帝喜曰："人言无及此者，朕当思之。"遂问蜀盐事，对曰："一切实私井而运解盐，使一出于官售，诚善。然忠、万、戎、泸间夷界小井尤多[34]，不可猝绝也，势须列候加警[35]，臣恐得不足偿费。"帝颔之[36]。明日，二事俱寝[37]。擢知制诰，兼通进、银台司[38]，自中允至是才三月。

辽萧禧来理河东黄嵬地[39]，留馆不肯辞，曰："必得请而后反。"帝遣括往聘[40]。括诣枢密院阅故牍[41]，得顷岁所议疆地书[42]，指古长城为境，今所争盖三十里远，表论之[43]。帝以休日开天章阁召对[44]，喜曰："大臣殊不究本末[45]，几误国事。"命以画图示禧，禧议始屈。赐括白金千两使行。至契丹庭，契丹相杨益戒来就议[46]，括得地讼之籍数十[47]，预使吏士诵之[48]，益戒有所问，则顾吏举以答[49]。他日复问，亦如之。益戒无以应，谩曰[50]："数里之地不忍，而轻绝好乎？"括曰："师直为壮，曲为老[51]。今北朝弃先君之大信[52]，以威用其民[53]，非我朝之不利也。"凡六会，契丹知不可夺，遂舍黄嵬而以天池请[54]。括乃还，在道图其山川险易迂直[55]，风俗之纯庞[56]，人情之向背[57]，为《使契丹图抄》上之。拜翰林学士、权三司使。

元祐初，徙秀州[58]，继以光禄少卿分司[59]，居润八年卒[60]，年六十五。

括博学善文，于天文、方志、律历、音乐、医药、卜算，无所不通，皆有所论著。又纪平日与宾客言者为《笔谈》[61]，多载朝廷故实、耆旧出处[62]，传于世。

注释

［1］本文节选《宋史》卷三百三十一。沈括（1031—1095），字存中，号梦溪丈人，汉族，杭州钱塘（今浙江杭州）人，北宋科学家、政治家。在天文、数学、历法、地理、物理、生物、医药、文学、史学、音乐等各门学科中，都有所建树，被英国著名科学史家李约瑟誉为"中国科技史上的坐标"。其名作《梦溪笔谈》是一部百科全书式的作品，集前代科学之大成，被誉为"中国科学史上的里程碑"。在书中，他首创性地把历史上沿用的石漆、石脂水、火油、猛火油等统一命名为"石油"，并预言将"大行于世"。此名称一直沿用至今，并通行世界。为了纪念他，中国科学院紫金山天文台将该台在1964年发现的一颗小行星2027，于1979年7月1日命名为沈括。

［2］昭文：即昭文馆，官署名，宋三馆之一，藏有经、史、子、集四部图书。

［3］故事：先例，旧日典章制度。

［4］三岁郊丘之制：皇帝每三年一次往南郊举行祭祀天地的礼仪。郊丘，古天子郊祭天地于圜丘。亦指祭天。

［5］副：副本。

［6］沿：照老样子，顺着（这个机会）。干利：谋求私利。

［7］法驾：天子车驾的一种。天子的卤簿分大驾、法驾、小驾三种，繁简各有不同。

［8］御：驾车。陈：陈设。仗卫：仪仗，卫队。阅：检阅。严警：戒严警卫的部队。

［9］类：大抵，大致。斋祠：斋戒祭祀。

[10] 乘舆：古代特指天子和诸侯所乘坐的车子。

[11] 百工：各种手工业工人的总称。

[12] 沿革：沿习和变革，指事物发展变化的过程。

[13] 太子中允：太子府属官。

[14] 检正中书刑房：官名，中书属官，掌管监督中书所属五房之一的刑房。

[15] 提举司天监：司天监长官，司天监是负责观看天象、写造历书等事的机构。

[16] 市井庸贩：此指寻常庸碌之人。

[17] 法象：古代哲学术语。对自然界一切事物现象的总称。法象图器：这里指天体现象、图象及观象器械。

[18] 景：同"影"。浑仪、景表、浮漏：都是观象仪器。

[19] 卫朴：北宋淮南人，精通历法。

[20] 募：征集。太史：掌天文历法。

[21] 方技科：指录取天文、医学等方面人才的考试科目。

[22] 发：打开，分发。常平：即常平仓，用以平准粮价的粮仓。

[23] 集贤校理：官名，属集贤院。集贤院负责收藏、校勘书籍。

[24] 籍：通"藉"，借，此意为"征集"。

[25] 谕：明白，了解。

[26] 挻（shān）：引发，延及。

[27] 市易司：官署名，掌贸易、平衡物价等事。蜀盐：指四川私盐盐贩牟取暴利的行为。

[28] 实：填塞。私井：私人的盐井。辇：拉车。解池：指解州（今山西运城西南解州）的盐池。给（jǐ）：供应，供给。

[29] 省（xǐng）：明白。

[30] 北边：指宋域北面的辽军。当：抵敌，抵挡。

[31] 五御：又作"五驭"。驾车的五种技术。郑玄注《周礼地官保氏》："五驭：鸣和鸾，逐水曲，过君表，舞交衢，逐禽左。"谓行车时和鸾之声相应，车随曲岸疾驰而不坠水，经过天子表位有礼仪，过通道而驱驰自如，行猎时追逐禽兽从左面射获。折旋：来回奔逐。

[32] 辎车：古代有帷盖的车，既可载物，又可作卧车。重大：大而沉重。

[33] 但：只。

[34] 忠：忠州，今重庆忠县。万：万州，今重庆万州。戎：戎州，今四川宜宾。泸：泸州，今四川泸州。

[35] 列候加警：派人守望，加强警卫。

[36] 颔：点头。

[37] 寝：停止，止息。

[38] 通进、银台司：官署名，隶给事中，掌抄录进呈奏疏等文件及颁布之事，二司分工稍有不同。

[39] 理：料理，整理。黄嵬地：在今山西原平县西北。

[40] 聘：探访，访问。

[41] 故牍：以前的档案文件。

[42] 顷岁：往年。议：商定。疆地书：边境文件。

[43] 表：上表。

[44] 休日：休沐日，假日。召对：君主召见臣下令其回答有关政事、经义等方面的问题。

[45] 殊：非常，完全。本末：树木的根和梢，比喻事物的根源和结局，原委。

[46] 就议：近距离讨论，面议。

[47] 地讼之籍：争论土地的文件。

[48] 吏士：办事人员和幕僚。诵：背诵。

[49] 顾：回头看，示意。举：举出（以往文件中的相关记载）。

[50] 谩：轻慢无礼。

[51] “师直”二句：意为，出兵有道理，士气就高；没道理，士气就低落。师，军队。

[52] 先君：以前的君主。大信：重大信誓。

[53] 威：威力，威势。用：役使。

[54] 天池：即天池庙，在今山西宁武西南管涔山上。

[55] 图：画。险：险峻。易：平顺。迂：迂曲。

[56] 纯：单纯。庞：复杂。

[57] 人情：人心，众人的情绪、愿望。

[58] 秀州：今浙江嘉兴。

[59] 光禄少卿：官名，属光禄寺，为副长官，此处为虚职。光禄寺掌祭祀时的供品安排等事。分司：官职名，此处指分司南京，在南京支取俸禄。

[60] 润：即润州，今江苏镇江。

[61]《笔谈》：即《梦溪笔谈》，参看注释 [1]。

[62] 故实：有参考或借鉴意义的旧事，典故。耆旧：年高望重之人。

思考与探讨

沈括的生平行事，体现了一个创新者的哪些基本质素？对你有何启发？

天工开物·序[1]

宋应星[2]

天覆地载[3]，物数号万，而事亦因之，曲成而不遗[4]，岂人力也哉？事物而既万矣，必待口授目成而后识之，其与几何[5]？万事万物之中，其无益生人与有益者，各载其半[6]。

世有聪明博物者[7]，稠人推焉[8]。乃枣梨之花未赏，而臆度楚萍[9]；釜鬵之范鲜经[10]，而侈谈莒鼎[11]。画工好图鬼魅而恶犬马[12]，即郑侨、晋华[13]，岂足为烈哉[14]？

幸生圣明极盛之世，滇南车马，纵贯辽阳；岭徼宦商[15]，横游蓟北[16]。为方万里中，何事何物，不可见见闻闻。若为士而生东晋之初，南宋之季，其视燕、秦、晋、豫方物[17]，已成夷产[18]；从互市而得裘帽[19]，何殊肃慎之矢也[20]？且夫王孙帝子，生长深宫，御厨玉粒正香[21]，而欲观耒耜[22]；尚宫锦衣方剪，而想象机丝[23]。当斯时也，披图一观[24]，如获重宝矣。

年来著书一种，名曰《天工开物》。伤哉贫也！欲购奇考证，而乏洛下之资[25]；欲招致同人[26]，商略赝真[27]，而缺陈思之馆[28]。随其孤陋见闻，藏诸方寸而写之[29]，岂有当哉[30]？吾友涂伯聚先生[31]，诚意动天，心灵格物[32]，凡古今一言之嘉，寸长可取，必勤勤恳恳而契合焉[33]。昨岁《画音归正》[34]，由先生而授梓[35]；兹有复命，复取此卷而继起为之，其亦夙缘之所召哉[36]！

卷分前后，乃“贵五谷而贱金玉”之义[37]，“观众”、“乐律”二卷，其道太精，自揣非吾事，故临梓删去。丐大业文人[38]，弃掷案头，此书于功名进取[39]，毫不相关也。

时崇祯丁丑孟夏月[40]，奉新宋应星书于家食之问堂[41]。

注释

[1]《天工开物》：明末（17 世纪前半叶）对中国古代农业和手工业生产技术的总结式著作，是世界上第一部此领域的综合性著作，被誉为“17 世纪的工艺百科全书”。初刊

于崇祯十年（1637），17 世纪末传入日本，19 世纪广传于欧洲。书名“天工”取自《尚书·皋陶谟》“天工人其代之”，“开物”取自《易经·系辞传上》“开物成务”，作者将二词合用，赋予新的含义：从天然界中靠人工技巧开发出有益之物。作者以此命名其著作，亦发展出一种优秀的技术哲学思想。其书特点是图文并茂，注重实际，重视实践，强调人类要与自然相协调、人力要与自然力相配合。它对中国古代的各项技术进行了系统的总结，构成了一个完整的科学技术体系。全书共三编十八卷，上编叙述衣食方面的生产技术和经验；中编著录各种日用品生产技术和经验；下编记载五金采冶、兵器和火药制作、制曲、酿酒、珠宝玉料采琢等生产技术与经验。书中对每一部门的原料开采和生产操作过程均有详细说明，并附一百二十三幅工艺流程插图。书中所记的许多生产技术，一直沿用到近代。此篇为作者宋应星为全书所作的总序，交代了此书的写作背景、目的和编排原则等。

［2］宋应星（1587—?），明末清初科学家。字长庚。奉新（今属江西）人。万历四十三年（1615）举于乡，历任江西分宜教谕、福建汀州推官、安徽亳州知州。明亡后弃官归里，终老于乡。宋应星生于一个先辈曾为工部官员的家庭，又身为地方官吏，较多地接触到下层人民生活，对明末政治的腐朽及学风的败坏有较深刻的认识，故能一反流俗，究心实学。在当时商品经济高度发展、生产技术达到新水平的条件下，他在江西分宜教谕任内著成《天工开物》一书。

［3］天覆地载：成语，像天覆盖万物，地承受一切一样。比喻范围极广大，也比喻恩泽深厚。覆，盖。载，承受。

［4］曲成而不遗：语出《易经·系辞上》“曲成万物而不遗”，意谓人要适应事物变化，屈曲委细成就万物，而不遗弃细小，则物宜得矣。

［5］与：参与，参加。

［6］生人：民众，大众。

［7］博物：通晓各种事物。

［8］稠人推焉：受到众人的推崇。

［9］臆度（duó）楚萍：主观猜测“楚萍”。典出《孔子家语·政思》篇，楚王渡江，见物大如斗，圆而赤，取之，使人往鲁问孔子。孔子曰：“此所谓萍实者也，可剖而食之，吉祥也，唯霸者能获焉。”后因以“楚萍”或“楚江萍”喻吉祥而罕见难得之物。

［10］釜鬵（zèng）之范鲜经：很少接触铸锅用的型范。釜鬵，均指锅。

［11］莒（jǔ）鼎：《左传·昭公七年》载晋侯赐子产二方鼎，由莒国（今山东莒县）所铸煮食器，原物已不存。

［12］画工好图鬼魅而恶（wù）犬马：《韩非子·外储说左上》云，齐王问画师画何物难，答曰画犬马难。又问画何物易，答曰画鬼怪易。因犬马易见，有参照物，画得像便难；鬼怪人皆不知，大可从心所欲。

［13］郑侨：春秋时郑国著名政治家公孙侨，字子产。晋华：西晋学者张华，《博物志》的作者。

［14］岂足为烈哉：如何值得效法呢？

［15］岭徼（jiào）宦商：岭南一带远处的官吏和商人。徼，边界，边境。

［16］蓟（jì）北：今河北省一带。

［17］燕：今河北省北部一带。秦：今陕西省中部平原地区。晋：今山西省。豫：豫州，古九州之一，包括今河南省和湖北省北部。方物：当地土产。

［18］夷：我国古代称东部少数民族，后泛指中原以外各族。

［19］互市：指民族或国家之间的贸易活动。

［20］殊：异，不同。肃慎之矢：典出《国语·鲁语下》，周武王、成王时，在黑龙江地区的肃慎族人，曾将木箭石镞进贡于周王。此喻远来罕见之物。

［21］玉粒：指米、粟。

［22］耒耜（lěi sì）：古代农耕器具，木柄叫耒，犁头叫耜。此泛指农具。

［23］机丝：织机和丝缕。

［24］披图：展阅图籍、图画。

［25］洛下之资：《三国志·魏志·夏侯玄传》注引《魏略》，载蒋济语："洛中市买，一钱不足则不行。"此句指没钱。

［26］招致：招来，罗致。同人：志同道合之人。

［27］商略赝（yàn）真：共同讨论，鉴别真伪。赝：伪。

［28］陈思之馆：曹操之子陈思王曹植延请文人学士的宾馆。

［29］藏诸方寸：记在心里。

［30］岂有当哉：意为，难免有不当之处。

［31］涂伯聚：名绍煃（kuǐ，1585—1645），江西新建人，万历四十七年（1619）进士，历任督察院观政、四川督学、河南信阳兵备道，进广西左布政使，宋应星的友人和同学。

［32］心灵格物：善于讲求科技实学。格物，推究事物本原。

［33］契合：刻版发表。

［34］昨岁：去年。《画音归正》：宋应星人文科学方面的另一部著作，已佚。

［35］授梓：交付雕版。即付印。

［36］夙缘：前生因缘。此指宋应星与涂伯聚二人的多年友谊。

［37］贵五谷而贱金玉：《汉书·食货志》引西汉政论家晁错的《论贵粟疏》曰："夫珠玉金银，饥不可食，寒不可衣……粟米布帛生于地，长于时，聚于力……一日弗得而极寒至。是故明君贵五谷而贱金玉。"后魏农学家贾思勰《齐民要术》中亦有此语。

［38］大业文人：以读书做官为大业的文人。

[39] 功名进取：科举入仕。

[40] 崇祯丁丑孟夏月：1637年夏四月。

[41] 家食之问堂：作者书斋名，取自《易经·大畜卦》："不家食，吉，养贤也。"意为给贤人以官禄，不让其在家自食。宋应星反其意而用之，主张在家自食。家食之问，指研究在家自食的学问，转义为研究工农业生产技术的学问。

思考与探讨

1. 这篇序文反映了作者怎样的科技哲学思想？

2. 联系现实，说说实践与创新的关系。

经典筑基

《论语·子路》："子曰：'君子和而不同[1]，小人同而不和[2]。'"

注释

[1] 君子：有道德的人。和：恰到好处地发表自己的意见，与众和谐。同：同流合污，盲从附和。

[2] 小人：无德之人。

《论语·子罕》："子绝四[1]——毋意[2]，毋必[3]，毋固[4]，毋我[5]。"

注释

[1] 绝：断绝。

[2] 毋：同"无"，表示禁止。意：凭空揣测。

[3] 必：绝对肯定或绝对否定。

[4] 固：拘泥固执。

[5] 我：唯我独是。

《荀子·解蔽》："虚一而静[1]，谓之大清明[2]。万物莫形而不见[3]，莫见而不论[4]，莫论而失位。坐于室而见四海，处于今而论久远。疏观万物而知其情[5]，参稽治乱而通其度[6]，经纬天地而材官万物[7]，制割大理[8]，而宇宙里矣[9]。”

注释

[1] 虚：虚心。一：专心一致。

[2] 大清明：指认识上极其透彻、没有遮蔽的境界。

[3] 见：通“现”，显现。

[4] 论：通“伦”，伦理，指次序。

[5] 疏观：通观，洞察。情：实情。

[6] 参稽：检验，考察。参，验。稽，考。通：通晓。度：界线。

[7] 经纬：治理，安排。材官：管理，利用。

[8] 制割：掌握。大理：自然和社会的全面道理。

[9] 里：治理。

《老子》第六十三章：“图难于其易[1]，为大于其细[2]。天下难事，必作于易[3]；天下大事，必作于细。是以圣人终不为大[4]，故能成其大。”

注释

[1] 图：谋划，谋取。

[2] 为：做。

[3] 作：起。

[4] 终：始终。不为大：不自以为大。

《老子》第六十四章：“合抱之木[1]，生于毫末[2]；九层之台，起于累土[3]；千里之行，始于足下。”

注释

[1] 合抱：两臂围拢，形容树粗大。

[2] 毫末：指细小的萌芽。

[3] 累土：有两种解释，或为低下之土，或为一堆土、一篑（盛土的竹筐）土。

《老子》第二章：“生而不有[1]，为而不恃[2]，成而弗居[3]。夫唯弗居，是以不去[4]。”

注释

[1] 生：生养万物。有：据为己有。

[2] 为：作育万物。恃：凭借、依赖（自己的才能、功绩而自得）。

[3] 弗：不。居：止息，停留（在过往成绩里）。

[4] 去：（功绩）泯灭。

思考与探讨

思考沈括和宋应星的个体创新素质，与本节《经典筑基》部分的经典语段有怎样的一一对应关系？

第三节　文学创新

谏逐客书[1]

李　斯[2]

臣闻吏议逐客，窃以为过矣[3]。昔缪公求士，西取由余于戎[4]，东得百里奚于宛[5]，迎蹇叔于宋[6]，来邳豹、公孙支于晋[7]。此五子者，不产于秦，而缪公用之，并国二十，遂霸西戎[8]。孝公用商鞅之法[9]，移风易俗，民以殷盛[10]，国以富强，百姓乐用，诸侯亲服，获楚、魏之师[11]，举地千里，至今治强。惠王用张仪之计[12]，拔三川之地，西并巴、蜀[13]，北收上郡[14]，南取汉中[15]，包九夷[16]，制鄢、郢[17]，东据成皋之险[18]，割膏腴之壤，遂散六国之从，使之西面事秦，功施到今[19]。昭王得范雎[20]，废穰侯[21]，逐华阳[22]，强公室，杜私门，蚕食诸侯[23]，使秦成帝业。此四君者，皆以客之功。由此观之，客何负于秦哉！向使四君却客而不内[24]，疏士而不用，是使国无富利之实，而秦无强大之名也。

今陛下致昆山之玉[25]，有随、和之宝[26]，垂明月之珠[27]，服太阿之剑[28]，乘纤离之马[29]，建翠凤之旗[30]，树灵鼍之鼓[31]。此数宝者，秦不生一焉，而陛下说之[32]，何也？必秦国之所生然后可，则是夜光之璧不饰朝廷，犀象之器不为玩好[33]，郑、卫之女不充后宫[34]，而骏良駃騠不实外厩[35]，江南金锡不为用[36]，西蜀丹青不为采[37]。所以饰后宫、充下陈[38]、娱心意、说耳目者，必出于秦然后可，则是宛珠之簪[39]、傅玑之珥[40]、阿缟之衣[41]、锦绣之饰不进于前，而随俗雅化、佳冶窈窕赵女不立于侧也[42]。夫击瓮叩缶、弹筝搏髀[43]，而歌呼呜呜快耳目者，真秦之声也。《郑》、《卫》、《桑间》、《韶》、《虞》、《武》、《象》者[44]，异国之乐也。今弃击瓮叩缶而就《郑》、《卫》，退弹筝而取《韶》、《虞》，若是者何也？快意当前，适观而已矣。今取人则不然。不问可否，不论曲直，非秦者去，为客者逐。然则是所重者在乎色、乐、珠、玉，而所轻者在乎人民也。此非所以跨海内、制诸侯之术也。

臣闻地广者粟多，国大者人众，兵强则士勇。是以太山不让土壤[45]，故能成其大；河海不择细流[46]，故能就其深；王者不却众庶[47]，故能明其德。是以地无四方，民无异国，四时充美，鬼神降福，此五帝三王之所以无敌也[48]。今乃弃黔首以资敌国[49]，却宾客以业[50]诸侯，使天下之士退而不敢西向，裹足不入秦，此所谓"藉寇兵而赍盗粮[51]"者也。夫物不产于秦，可宝者多；士不产于秦，而愿忠者众。今逐客以资敌国，损民以益雠[52]，内自虚而外树怨于诸侯[53]，求国无危，不可得也。

注释

[1] 本文选自《史记·李斯列传》，篇名为后人所加，秦王政元年（前 246），韩国派水工郑国来秦大兴水利，耗费秦国力，不能对韩用兵。此事被发觉后，秦王政十年（前 237）接受宗室大臣的建议，下令逐客。李斯也在被逐之列，于是上书劝谏。秦王看后，乃除逐客之令，复李斯官职。书：上书，古代臣子向君主陈述意见的一种文体。

[2] 李斯（？—前 208），战国末期楚国上蔡（今属河南）人。秦代政治家、文学家。早年为郡小吏，后从荀子学帝王之术，学成入秦，由吕不韦引荐给秦王嬴政，后佐助秦王政统一天下，为秦丞相，参与系列重大决策，废分封制，行郡县制，统一车轨、文字、度量衡。秦始皇死后与赵高立少子胡亥为二世皇帝，后为赵高诬陷谋反，腰斩于市。

[3] 吏：此处指秦国的宗室大臣。议：议论，商议。客：客卿，古代官名，春秋战国时授予非本国人而在本国当高级官员的人。窃：私下，自谦之辞。过：错误。

[4] 缪：通"穆"。由余：亦作"繇余"，戎王的臣子，是晋人的后裔。穆公屡次使人设法招致他归秦，以客礼待之。入秦后，受到秦穆公重用，帮助秦国攻灭西戎众多小国，称霸西戎。戎：古代中原人多称西方少数部族为戎。此指秦国西北部的西戎，活动范围约在今陕西西南、甘肃东部、宁夏南部一带。

[5] 百里奚：原为虞国大夫。晋灭虞后被俘，后作为秦穆公夫人的陪嫁奴仆被送往秦国。后逃亡到宛，被楚人抓获。秦穆公听说其贤能，用五张黑公羊皮赎回，任为上大夫，故称"五羖大夫"。他是辅佐秦穆公称霸的重臣。宛（yuān）：楚国邑名，在今河南南阳市。

[6] 蹇（jiǎn）叔：百里奚的好友，经百里奚推荐，秦穆公把他从宋国请来，委任为上大夫。宋：国名，或称"商""殷"，子姓，约有今河南东南部及所邻山东、江苏、安徽接界之地。

[7] 来邳豹、公孙支于晋：邳豹，晋国大夫邳郑之子，邳郑被晋惠公杀死后，邳豹

投奔秦国，秦穆公任为大将攻晋，功破八城，生擒晋惠公。公孙支：字子桑，秦人，曾游晋，后返秦任大夫。晋：国名，姬姓，约有今山西西南部之地。

[8] 产：生，出生。并：吞并，兼并。二十：当是约数。

[9] 孝公：即秦孝公。商鞅：即公孙鞅，卫国人。以法家强国之术受到秦孝公重用，任为国相，因功封于商（今山西商县东南），号称商君。于公元前356年和前350年两次实行变法，奠定了秦国富强的基础。秦孝公去世后，被车裂而死。

[10] 以：因。殷盛：富裕强盛。

[11] 获楚、魏之师：指战胜了楚国、魏国的军队。公元前340年，商鞅设计诱杀魏军主将公子昂，大败魏军。同年又与楚战，当也是秦军获胜。

[12] 惠王：即秦惠王，名驷，秦孝公之子，公元前337年至公元前311年在位。张仪：魏人，秦惠王时任国相，鼓吹“连横”，以瓦解东方六国“合纵”的谋略。此句以下诸事，并非都是张仪之计，因为张仪曾经为相，就把功劳归功到他身上了。

[13] 三川之地：因有黄河、雒水、伊水流过而得名，在今河南西北部洛阳一带。巴：国名，在今四川东部、湖北西部一带。蜀：国名，有今四川中部偏西地区。

[14] 上郡：郡名，在现在的陕西榆林一带。

[15] 汉中：郡名，在现在的陕西省南部。

[16] 包：并吞之意。九夷：此指楚国境内的少数民族。

[17] 鄢（yān）：楚国别都，在今湖北宜城县东南。郢（yǐng）：楚国都城，在今湖北江陵市西北纪南城。

[18] 成皋：邑名，今河南荥阳县汜水镇，地势险要，是著名的军事重地，又称虎牢关。

[19] 六国：韩、魏、燕、赵、齐、楚。施（yì）：蔓延，延续。

[20] 昭王：即秦昭王，公元前306年至公元前251年在位。范雎（jū）：魏人，入秦后受到秦昭王信任，为秦相，对内力主废除外戚专权，对外采取远交近攻策略。

[21] 穰侯：即魏冉，封于穰，秦昭王母宣太后之异父弟，曾为秦相，擅权三十余年，秦昭王用范雎之计废逐他，收回权力。

[22] 华阳：即芈戎，宣太后之同父弟，受封于华阳（今河南新郑县北），故称华阳君，亦专横不法，与魏冉同被免职遣归封地。

[23] 蚕食：比喻像蚕吃桑叶那样逐渐吞食侵占。

[24] 向使：假使，倘若。内：通“纳”，接纳。

[25] 陛下：对帝王的尊称。昆山：即昆仑山。

[26] 随、和之宝：即所谓“随侯珠”及“和氏璧”，传说中春秋时随侯所得的夜明珠和楚人卞和献的美玉。

[27] 明月：宝珠名。

[28] 太阿（ē）：亦称“泰阿”，宝剑名，相传为春秋著名工匠欧冶子和干将所铸。

[29] 纤离：骏马名。

[30] 翠凤之旗：用翠鸟羽毛做成凤形装饰的旗帜。

[31] 鼍（tuó）：亦称扬子鳄，俗称猪龙婆，皮可蒙鼓。

[32] 说：通“悦”，喜悦，喜爱。

[33] 犀象之器：用犀牛角和象牙制成的器具。

[34] 郑、卫之女：相传郑、卫两国多美女。后宫：嫔妃所居的宫室，也可用作嫔妃代称。

[35] 駃騠（jué tí）：骏马名。外厩（jiù）：宫外的马圈。

[36] 江南：长江以南地区。此指长江以南的楚地，素以出产金、锡著名。

[37] 丹青：红色和青色的颜料，绘画用。西蜀丹青：蜀地素以出产丹青矿石出名。采：彩色，彩绘。

[38] 下陈：殿堂下陈放礼器、站立侯从的地方。充下陈：此泛指将财物、美女充实府库后宫。

[39] 宛珠之簪：指用宛（今河南南阳市）地出产的珍珠装饰的簪子。

[40] 傅：附着，镶嵌。玑：不圆的珠子，此泛指珠子。珥（ěr）：耳饰。

[41] 阿缟之衣：用齐国东阿生产的丝绢制作成的衣服。

[42] 随俗雅化：随和时俗而雅致不凡。佳：美好，美丽。冶：妖冶，艳丽。窈窕：美好的样子。赵女：赵国美女。

[43] 击瓮叩缶：秦人将瓮、缶作为打击乐器敲打。弹筝搏髀：弹奏秦筝，拍打大腿，以此掌握音乐唱歌的节奏。

[44]《郑》、《卫》：指两国的民间音乐。《桑间》：此指卫国桑间的地方音乐。《韶》：歌颂虞舜的舞乐。《虞》：当为歌颂商汤的舞乐。《武》：歌颂周武王的舞乐。《象》：歌颂周文王的舞乐。

[45] 太山：即泰山。让：辞让，拒绝。

[46] 择：舍弃，抛弃。细流：小河流。

[47] 却：推却，拒绝。

[48] 五帝：指黄帝、颛顼、帝喾、尧、舜。三王：指夏、商、周三代开国君主，即夏禹、商汤、周文王和周武王。

[49] 黔首：秦国统治者称百姓为黔首。资：资助，供给。

[50] 业：成就功业。

[51] 藉：借。赍（jī）：送，送给。这句是说，把武器粮食供给寇盗。

[52] 益：增益，增多。雠：通“仇“，仇敌。减少本国的人口而增加敌国的人力。

[53] 外树怨于诸侯：指宾客被驱逐出外必投奔其他诸侯，从而构树新怨。

思考与探讨

1. 袁行霈评价这篇文章“挟战国纵横说辞之风，兼具汉代辞赋之丽”，谈谈你的理解。并具体分析本文的文体特色。

2. 结合本文谈谈你对“未来的竞争就是人才竞争”的理解。

留侯论[1]

苏　轼

古之所谓豪杰之士者，必有过人之节，人情有所不能忍者[2]。匹夫见辱[3]，拔剑而起，挺身而斗，此不足为勇也。天下有大勇者，卒然临之而不惊[4]，无故加之而不怒，此其所挟持者甚大，而其志甚远也。

夫子房受书于圯上之老人也[5]，其事甚怪。然亦安知其非秦之世，有隐君子者出而试之？观其所以微见其意者，皆圣贤相与警戒之义[6]。而世不察[7]，以为鬼物，亦已过矣[8]。且其意不在书。

当韩之亡，秦之方盛也，以刀锯鼎镬待天下之士，其平居无罪夷灭者[9]，不可胜数；虽有贲、育[10]，无所复施。夫持法太急者[11]，其锋不可犯，而其势未可乘。子房不忍忿忿之心，以匹夫之力，而逞于一击之间。当此之时，子房之不死者，其间不能容发[12]，盖亦已危矣！

千金之子，不死于盗贼[13]。何者？其身之可爱[14]，而盗贼之不足以死也。子房以盖世之才，不为伊尹、太公之谋[15]，而特出于荆轲、聂政之计[16]，以侥幸于不死，此固圯上之老人所为深惜者也。是故倨傲鲜腆而深折之[17]，彼其能有所忍也，然后可以就大事。故曰：“孺子可教也[18]。”

楚庄王伐郑，郑伯肉袒牵羊以逆[19]。庄王曰：“其君能下人[20]，必能信用其民矣[21]。”遂舍之[22]。勾践之困于会稽，而归臣妾于吴者，三年而不倦[23]。且夫有报人之志，而不能下人者，是匹夫之刚也。夫老人者，以为子房才有余，而忧其度量之不足，故深折其少年刚锐之气，使之忍小忿而就大谋。何则？非有平生之素，卒然相遇于草野之间，而命以仆妾之役，油然而不怪者，此固秦皇之所不能惊，而项籍之所不能怒也。

观夫高祖之所以胜，而项籍之所以败者，在能忍与不能忍之间而已矣。项籍唯不能忍，是以百战百胜，而轻用其锋。高祖忍之，养其全锋而待其弊。此子房教之也[24]。当淮阴破齐而欲自王[25]，高祖发怒，见于词色[26]。由此观之，犹有刚强不忍之气，非子房其谁全之？

太史公疑子房以为魁梧奇伟，而其状貌乃如妇人女子，不称其志气[27]。呜呼！此其所以为子房欤！

注释

[1] 本文为嘉祐六年（1061）苏轼应“制科”时所上《进论》之一。留侯：即张良，字子房，“汉初三杰”之一，辅佐刘邦平定天下，封为留侯。

[2] 人情：人之常情。

[3] 见辱：被侮辱。

[4] 卒：通“猝”，突然。

[5] 圯（yí）：桥。事见《史记·留侯世家》。

[6] 相与：互相。

[7] 察：察觉，明白。

[8] 过：过错，引申为荒谬。

[9] 平居无罪夷灭者：住在家里没有罪过被杀头灭族的人。

[10] 贲、育：孟贲、夏育，战国时勇士。

[11] 持法：执法。

[12] 其间不能容发：即成语“间不容发”。空隙中容不下一根头发。比喻与灾祸相距极近，或情势危急到极点。间，空隙。

[13] 千金之子，不死于盗贼：富贵人家子弟，不肯死在盗贼手里。

[14] 可爱：值得珍爱。

[15] 伊尹：商汤大臣，名伊，尹是官名。是汤妻陪嫁的奴隶，后助汤伐夏桀，被尊为阿衡。汤去世后历佐卜丙、仲壬二王。后太甲即位，因荒淫失度，被伊尹放逐到桐宫，三年后迎复位。太公：此指姜太公姜尚。

[16] 荆轲：战国末年剑客，受燕太子丹派遣刺杀秦王嬴政，图穷匕见之际，刺杀未果，被当场杀死。聂政：战国时侠客，为报父仇（或说为严仲子报仇），历尽艰险，刺杀韩王（或说韩相侠累）。因怕连累家人，遂以剑自毁其面，挖眼、剖腹自杀。

[17] 倨傲鲜腆：妄自尊大而不知羞耻。鲜，少。腆，害羞。

[18] 孺子可教：成语，指年轻人有出息，可以造就。孺子，小孩子，年轻人。

[19] 肉袒：脱去上衣，裸露肢体，古人在祭祀或谢罪时以此表示恭敬或惶恐。

逆：迎。

[20] 下人：处于别人之下，指对人谦让。

[21] 信用其民：得到老百姓的信任和效力。

[22] ……遂舍之：事见《左传·宣公十二年》："春，楚子围郑……三月，克之，入自皇门，至于逵路。郑伯肉袒牵羊以逆，曰：'孤不天，不能事君，使君怀怒，以及敝邑，孤之罪也，敢不唯命是听?'……王曰：'其君能下人，必能信用其民矣，庸可几乎?'退三十里而许之平。"

[23] ……三年而不倦：事见本书第二专题《卧薪尝胆》。

[24] ……此子房教之也：事见《史记·淮阴侯列传》。

[25] 王（wàng）：称王。

[26] 词色：言辞脸色。

[27] ……不称其志气：《史记·留侯世家》太史公曰："余以为其人计魁梧奇伟，及见其图，状貌如妇人好女。盖孔子曰：'以貌取人，失之子羽。'"

延伸阅读

欧阳公作省试知举，得东坡之文，惊喜，欲取为第一人，又疑其是门人曾子固之文，恐招物议，抑为第二。坡来谢，欧阳问坡所作《刑赏忠厚之至论》，有"皋陶曰杀之三，尧曰宥之三"，此见何书，坡曰："事在《三国志·孔融传注》。欧退而阅之，无有。他日再问坡，坡云："曹操灭袁绍，以袁熙妻赐其子丕。孔融曰：'昔武王伐纣，以妲己赐周公。'操惊问何经见，融曰：'以今日之事观之，意其如此。'尧皋陶之事，某亦意其如此。"欧退而大惊曰："此人可谓善读书，善用书，他日文章，必独步天下。"

——宋·杨万里《诚斋诗话》

良尝学礼淮阳。东见仓海君。得力士，为铁椎重百二十斤。秦皇帝东游，良与客狙击秦皇帝博浪沙中，误中副车。秦皇帝大怒，大索天下，求贼甚急，为张良故也。良乃更名姓，亡匿下邳。

良尝闲从容步游下邳圯上，有一老父，衣褐，至良所，直堕其履圯下，顾谓良曰："孺子，下取履!"良愕然，欲殴之。为其老，强忍，下取履。父曰："履我!"良业为取履，因长跪履之。父以足受，笑而去。良殊大惊，随目之。父去里所，复还，曰："孺子可教矣。后五日平明，与我会此。"良因怪之，跪曰："诺。"五日平明，良往。父已先在，怒曰："与老人期，后，何也?"去，曰："后五日早会。"五日鸡鸣，良往。父又先在，复怒曰："后，何也?"去，曰："后五日复早来。"五日，良夜未半往。有顷，父亦来，喜曰："当如是。"出一编书，曰："读此则为王者师矣。后十年兴。十三年孺子见我济北，穀城山下黄石即我矣。"遂去，无他言，不复见。旦日视其书，乃《太公兵法》也。良因异之，常习诵读之。

——汉·司马迁《史记·留侯世家》

汉四年，遂皆降平齐。使人言汉王曰："齐伪诈多变，反覆之国也，南边楚，不为假王以镇之，其势不定。愿为假王便。"当是时，楚方急围汉王于荥阳，韩信使者至，发书，汉王大怒，骂曰："吾困于此，旦暮望汝来佐我，乃欲自立为王！"张良、陈平蹑汉王足，因附耳语曰："汉方不利，宁能禁信之王乎？不如因而立，善遇之，使自为守。不然，变生。"汉王亦悟，因复骂曰："大丈夫定诸侯，即为真王耳，何以假为！"乃遣张良往立信为齐王，征其兵击楚。

——汉·司马迁《史记·淮阴侯列传》

思考与探讨

1. 本文题目是《留侯论》，不是《留侯传》，这两者有什么区别？

2. 本文议论的中心是什么？你如何看待"勇"？

3. 自读延伸阅读材料，说说苏轼在文中的观点与"太史公"司马迁有何差异。分析其敢于质疑前代大家的基础是什么。

王安石诗文二则

扫二维码获取
诵读音频

明妃曲[1]

明妃初出汉宫时，泪湿春风鬓脚垂[2]。
低徊顾影无颜色，尚得君王不自持[3]。
归来却怪丹青手[4]，入眼平生几曾有[5]？
意态由来画不成[6]，当时枉杀毛延寿[7]。
一去心知更不归，可怜着尽汉宫衣。
寄声欲问塞南事[8]，只有年年鸿雁飞[9]。
家人万里传消息，好在毡城莫相忆[10]。
君不见咫尺长门闭阿娇[11]，人生失意无南北[12]！

注释

[1]《明妃曲》乐府旧题。此诗作于嘉祐四年（1059）。明妃：即王嫱，字昭君，汉元帝时选入掖庭，因和亲而北嫁匈奴。晋人因避司马昭讳，改称明君，又称明妃。

[2]“泪湿”句：泪流满面，鬓发低垂。春风，形容昭君容貌姣美如春风。杜甫《咏怀古迹》：“画图省识春风面。”

[3]“低徊”二句：汉元帝惊见昭君美貌，几乎不能自制。事见《后汉书·南匈奴传》：“昭君丰容靓饰，光明汉宫，顾景（影）裴回，竦动左右。帝见大惊，意欲留之，而难于失信，遂于匈奴。”低徊顾影，谓徘徊不进，顾影自怜。

[4]丹青手：画师。

[5]几曾：一本作“未曾”。

[6]意态：风度神采。

[7]“当时”句：《西京杂记》卷二“元帝后宫既多，不得常见，乃使画工图形，案图召幸之。诸宫人皆赂画工，……独王嫱不肯，遂不得见。匈奴入朝，求美人为阏氏。于是上案图以昭君行。及去，召见。貌为后宫第一，善应对，举止闲雅。帝悔之。而名籍已定，帝重信于外国，故不复更人。乃穷案其事，画工皆弃市。籍其家资，皆巨万。画工有杜陵毛延寿，为人形，丑好老少必得其真。……同日弃市。”

[8]塞南：指汉王朝，因在边塞以南，故称。

[9]鸿雁飞：旧说雁能传书信。此言年年只见雁飞，却没有书信。

[10]毡城：匈奴人住在毡帐里，故云。

[11]“君不见”句：阿娇，汉武帝陈皇后小名，原十分受宠，失宠后贬居于长门宫。咫尺，极近的距离。八寸为咫。长门，即长门宫。

[12]“人生”句：谓天地南北皆有失意之人。

答司马谏议书[1]

某启[2]：昨日蒙教[3]，窃以为与君实游处相好之日久[4]，而议事每不合，所操之术多异故也[5]。虽欲强聒[6]，终必不蒙见察[7]，故略上报[8]，不复一一自辨；重念蒙君实视遇厚[9]，于反覆不宜卤莽[10]，故今具道所以[11]，冀君实或见恕也[12]。

盖儒者所争[13]，尤在于名实[14]。名实已明，而天下之理得矣。今君实所以见教者，以为侵官、生事、征利、拒谏以致天下怨谤也[15]。某则以谓受命于人主[16]，议法度而修之于朝廷[17]，以授之于有司[18]，不为侵官；举先王之政[19]，以兴利除弊，不为生事；为天下理财，不为征利；辟邪说[20]，难壬人[21]，不为拒谏。至于怨诽之多，则固前知其如此也[22]。

人习于苟且非一日，士大夫多以不恤国事、同俗自媚于众为善[23]。上乃欲变此[24]，而某不量敌之众寡，欲出力助上以抗之[25]，则众何为而不汹汹然[26]？盘庚之迁[27]，胥怨者民也[28]，非特朝廷士大夫而已。盘庚不为怨者故改其度[29]，度义而后动[30]，是以不见可悔故也[31]。

如君实责我以在位久，未能助上大有为，以膏泽斯民[32]，则某知罪矣；如曰今日当一切不事事[33]，守前所为而已[34]，则非某之所敢知[35]。

无由会晤，不任区区向往之至[36]！

注释

[1] 司马谏议：司马光（1019—1086），字君实，陕州夏县（今属山西）人，当时任右谏议大夫（负责向皇帝提意见的官）。他是北宋著名史学家，编撰有《资治通鉴》。神宗用王安石行新法，他竭力反对。元丰八年（1085），哲宗即位，高太后听政，召他主国政。次年为相，废除新法。为相八个月病故，追封温国公。

[2] 某：自称。启：写信说明事情。

[3] 蒙教：承蒙指教。这里指接到来信。

[4] 窃：私，私自。此处用作谦辞。君实：司马光的字。古人写信称对方的字以示尊敬。游处：同游共处，即同事交往的意思。

[5] 操：持，使用。术：方法，主张。

[6] 强聒：硬在耳边啰唆，强作解说。聒，语声嘈杂。

[7] 见：用在动词前表示言者自己，作“我”讲。后文“见恕”亦同。察：明察，详审。

[8] 略：简略。上报：给您写信。指王安石接到司马光第一封来信后的简答。

[9] 重（chóng）念：再三想想。视遇厚：看重。视遇，看待。

[10] 反覆：指书信往来。卤莽：简慢无礼。

[11] 具道：详细说明。所以：原委。

[12] 冀：希望。

[13] 儒者：这里泛指一般封建士大夫。

[14] 名实：名义和实际。

[15] 侵官、生事、征利、拒谏：这里指司马光再三在信中指责王安石推行新法的“四大罪状”。侵官，指王安石特设“制置三司条例司”负责制定新法是侵犯其他官员的职权。生事，制造事端。征利，指“青苗法”等新法只是征敛财富的手段。拒谏，拒不接受意见。怨谤：怨恨，指责。

[16] 人主：皇帝。这里指宋神宗赵顼（xū）。

[17] 议法度：讨论、审定国家的法令制度。修：修订。

[18] 有司：负有专责的官员。

[19] 举：推行。

[20] 辟邪说：驳斥错误的言论。辟，驳斥，排除。

[21] 难（nàn）：责难。壬（rén）人：佞人，巧辩谄媚之人。

[22] 固：本来。前：预先。

[23] 恤：关心。同俗自媚于众：指附和世俗的见解，向众人献媚讨好。

[24] 上：皇上。这里指宋神宗赵顼。

[25] 抗：抵制，斗争。之：代词，指上文所说的“士大夫”。

[26] 汹汹然：吵闹、叫嚷的样子。

[27] 盘庚：商朝中期的一个君主。商朝原来建都在黄河以北的奄（今山东曲阜），常有水灾。为摆脱政治上的困境和自然灾害，盘庚即位后，决定迁都到殷（今河南安阳西北）。这一决定曾遭到全国上下的怨恨和反对。后来，盘庚发表文告说服了所有反对者，才完成了迁都。事见《尚书·盘庚》。

[28] 胥（xū）怨：全都抱怨。胥，皆。

[29] 改其度：改变他原来的计划。

[30] 度（duó）义：考虑是否合理。度，考虑。

[31] 是：此处作动词，认为做得对。

[32] 膏泽：施加恩惠。

[33] 事事：做事。前一“事”字是动词，后一“事”字是名词。

[34] 守前所为：恪守前人的作法。

[35] 所敢知：愿意领教的。知，领教。

[36] 不任区区向往之至：意即私心不胜仰慕。旧时写信的客套语。不任，不胜，受不住，形容情意深重。区区，小，指自己，自谦辞。向往，仰慕。

思考与探讨

1. 《明妃曲》立意新警，颠覆传统观点，试作具体分析。

2. 《答司马谏议书》是王安石针对司马光来信批评的一篇辩驳文字，据行文分析，此二人有无私人恩怨？文中，王安石说“某知罪矣”，是在向司马光认错么？为什么？

3. 王安石与苏轼同为“唐宋八大家”之一，同为宋代名臣，虽政见相左，但从本专题所选诗文作品来看，风格上二者有何共同特点？联系相关历史知识，探讨其背后的客观环境因素。

过松源晨炊漆公店（其五）[1]

杨万里[2]

莫言下岭便无难，赚得行人错喜欢[3]。
正入万山圈子里，一山放出一山拦[4]。

注释

[1]松源、漆公店：皆地名，所在不详。晨炊：早饭。同题诗六首，此其五。

[2]杨万里（1127—1206），字廷秀，号诚斋，吉水（今江西吉水）人。南宋诗人。其诗“师法自然”，跳出前人窠臼，想象丰富，立意新巧，自然活泼，幽默风趣，被称为“诚斋体”。

[3]赚：骗。错：空

[4]放出：指下山。

思考与探讨

试析诗中理趣。

贫　女

秦韬玉[1]

蓬门未识绮罗香[2]，拟托良媒益自伤。
谁爱风流高格调[3]，共怜时世俭梳妆[4]。
敢将十指夸偏巧[5]，不把双眉斗画长[6]。
苦恨年年压金线[7]，为他人作嫁衣裳[8]！

注释

［1］秦韬玉（生卒年不详），晚唐诗人，以七律见长。

［2］蓬门：用蓬茅编扎的门，此指贫穷人家。绮罗香：绮罗香泽，指富贵人家妇女用丝绸做成的华丽衣服。

［3］风流：风采举止，此指意态娴雅。高格调：高尚的品格与情操。

［4］怜：爱。时世：当今，时髦。俭梳妆：朴素的打扮。中唐以后妇女装束打扮趋俭。白居易《时世妆》："腮不施朱面无粉"。

［5］偏巧：细致工巧，此指针线活。一作"针巧""纤巧"。

［6］不把双眉斗画长：绝不把眉毛画得长长的去和别人争妍斗丽。斗，竞争，较量。

［7］苦恨：深恨。压金线：用彩线刺绣。压，刺绣的一种手法。金线，指刺绣时所用的彩色丝线。

［8］他人：别人，此指富贵人家的姑娘。嫁衣裳：出嫁时所穿的漂亮衣服。

思考与探讨

1. 试析本诗所塑造的贫女形象及其寄托之意。

2. 张籍的《节妇吟》同出机杼，可对比研读：

君知妾有夫，赠妾双明珠。
感君缠绵意，系在红罗襦。
妾家高楼连苑起，良人执戟明光里。
知君用心如日月，事夫誓拟同生死。
还君明珠双泪垂，恨不相逢未嫁时。

经典筑基

《周易·系辞下》："天下同归而殊途[1]，一致而百虑[2]。"

注释

［1］天下：天下人，一切人。归：结局，归宿。殊：异，不同。

［2］一致：目的一致。百虑：多种打算。

《国语·郑语》[1]：“夫和实生物[2]，同则不继[3]。以他平他谓之和[4]，故能丰长而物归之[5]。若以同裨同[6]，尽乃弃矣[7]。故先王以土与金木水火杂[8]，以成百物。”

注释

[1]《国语》是我国第一部国别体史书，以记言为主。作者相传为春秋时期左丘明，实则成书于战国。选文记载郑桓公与太史伯商量郑国东迁之事。

[2] 夫：句首发语词。和：原意为声音相应，引申为谐和，调和。实：副词，其实，实际。

[3] 继：增益。

[4] 他：两个“他”均指不同事物。平：使平衡协调。

[5] 丰长：丰富发展。物归之：万物归于和谐统一。

[6] 裨：益，增加。

[7] 尽：竭尽，达到极点。弃：废弃。

[8] 土与金木水火：即五行，是我国古代哲学的重要范畴之一。五行互为生克，是以日常生活中常见的五种物质来比附自然界万物的相互关系，具有朴素唯物主义色彩。汉儒将之与封建伦理、社会法则相结合，衍生出“五常”（仁、义、礼、智、信）、“五伦”（君臣、父子、兄弟、夫妇、朋友）、“五德”（温、良、恭、俭、让）。董仲舒进而提出天人合一、天人感应说。后被方术者利用，成为古代算命术的理论依据。

《国语·周语下》：“从善如登[1]，从恶如崩[2]。”

注释

[1] 从：顺随。登：登高。

[2] 崩：山崩，倒塌。

《大学》第二章：“汤之盘铭曰[1]：‘苟日新[2]，日日新[3]，又日新。’”

注释

[1] 汤：即成汤，商朝的开国君主。盘铭：刻在器皿上用来警戒自己的箴言。这里的器皿是指商汤的洗澡盆。

[2] 苟：如果。日：一天。新：这里的本义是指洗澡除去身体上的污垢，使身体焕

然一新。引申义指进行精神上的弃旧图新。

[3] 日日：每天。

《孟子·尽心下》：“尽信《书》[1]，则不如无《书》。吾于《武成》[2]，取二三策而已矣[3]。仁人无敌于天下，以至仁伐至不仁，而何其血之流杵[4]也?”

注释

[1]《书》：指《尚书》。

[2]《武成》：《尚书·周书》篇名，叙周武王伐纣之事。今存《武成》是伪古文。

[3]取：这里为择取，取信之意。策：竹简，书册。

[4]杵：捣物的棒槌。一说形状像杵的兵器。《尚书·武成》：“会于牧野，罔有敌于我师，前徒倒戈，攻于后以北，血流漂杵。”血流漂杵，即血流成河，舂米的木槌都漂了起来，形容战死的人很多。

思考与探讨

结合作者创作背景、思想内容，以及本节《经典筑基》中的经典论述，说说本节各篇诗文所揭示的促成创新的因素都有哪些?

参考文献

[1] 孔安国传，孔颖达疏. 尚书正义 [M]. 北京：北京大学出版社，1999.

[2] 朱熹. 四书章句集注 [M]. 北京：中华书局，1983.

[3] 杨伯峻. 论语译注 [M]. 北京：中华书局，1982.

[4] 程树德. 论语集释 [M]. 北京：中华书局，1990.

[5] 钱穆. 论语新解 [M]. 成都：巴蜀书社，1985.

[6] 杨伯峻. 孟子译注 [M]. 北京：中华书局，1981.

[7] 史次耘. 孟子今注今译 [M]. 重庆：重庆出版社，2009.

[8] 王国轩. 大学中庸 [M]. 北京：中华书局，2010.

[9] 胡平生. 孝经译注 [M]. 北京：中华书局，2009.

[10] 汪受宽. 孝经译注 [M]. 上海：上海古籍出版社，2004.

[11] 王先谦. 荀子集解 [M]. 北京：中华书局，2012.

[12] 李贽. 老子解注 [M]. 北京：社会科学文献出版社，2010.

[13] 陈鼓应. 庄子今注今译 [M]. 北京：中华书局，2009.

[14] 班固. 汉书 [M]. 北京：中华书局，1962.

[15] 王继如. 汉书今注 [M]. 南京：凤凰出版社，2013.

[16] 范晔. 后汉书 [M]. 北京：中华书局，1965.

[17] 王先谦. 后汉书集解 [M]. 北京：中华书局，1984.

[18] 脱脱. 宋史 [M]. 北京：中华书局，1985.

[19] 淮沛，汤墨. 宋史选译 [M]. 南京：凤凰出版社，2011.

[20] 黄云眉. 鲒埼亭文集选注 [M]. 济南：齐鲁书社，1982.

[21] 朱铸禹. 全祖望集汇校集注 [M]. 上海：上海古籍出版社，2000.

[22] 俞平伯等. 唐诗鉴赏辞典 [M]. 上海：上海辞书出版社，2013.

[23] 夏承焘等. 宋词鉴赏辞典 [M]. 上海：上海辞书出版社，2013.

[24] 唐圭璋等. 唐宋词鉴赏辞典 [M]. 南京：江苏古籍出版社，1994.

[25] 周汝昌等. 唐宋词鉴赏辞典 [M]. 上海：上海辞书出版社，2014.

[26] 罗国杰. 中国传统道德·普及本 [M]. 北京：中国人民大学出版

社，2012.
[27] 罗国杰．中国传统道德·名言卷［M］．北京：中国人民大学出版社，2012.
[28] 仇兆鳌．杜诗详注［M］．北京：中华书局，1979.
[29] 章锡琛点校．张载集［M］．北京：中华书局，1978.
[30] 王夫之．张子正蒙注［M］．北京：中华书局，1975.
[31] 孔凡礼等．苏轼诗词选［M］．北京：中华书局，2005.
[32] 李之亮．苏轼文集编年笺注［M］．成都：巴蜀书社，2011.
[33] 高克勤．王安石诗词文选注［M］．上海：上海远东出版社，2013.
[34] 吕薇芬等．张可久集校注［M］．杭州：浙江古籍出版社，1995.
[35] 黄宗羲．明夷待访录［M］．北京：中华书局，2011.
[36] 刘斯奋等．岭南三家诗选［M］．广州：广东人民出版社，1980.
[37] 李鍌．中国文化基础读本［M］．桂林：广西师范大学出版社，2013.
[38] 钟明善．中国传统文化精义［M］．西安：西安交通大学出版社，2009.
[39] 潘吉星．天工开物译注［M］．上海：上海古籍出版社，2008.
[40] 孙关龙等．自然国学：21世纪必将发扬光大的国学［M］．北京：学苑出版社，2006.
[41]［英］李约瑟著，陈立夫译．中国之科学与文明［M］．台北：台湾商务印书馆，1975.
[41]［比利时］普里戈金，［法］斯唐热著，曾庆宏，沈小峰译．从混沌到有序［M］．上海：上海译文出版社，1987.

再版编后记

本书从高职教育的实际，尤其是编者多年的教学实践出发，力求编写出一本实用的国学教材。高职教育对理论的要求是以“够用”为尺度。所以，在高职院校中编纂国学教材开展国学教育，既不同于语文课，也不同于普通高校中文系的专业教育，更不能混淆于以纯理论教育为主的思政课，需把握住其人文课、公共课、通识课的课程性质。

在编写过程中，我们坚持批判继承，古为今用，融会贯通，推陈出新，努力实现融知识性、趣味性、审美性、思辨性、延续性、发展性于一体，选用综论与原典摘选相结合的体例形式，将国学基础知识按思想内容划分为七个学生较感兴趣、而又有较高理论价值和现实意义的专题，配合提纲挈领的原创专题导读、尽可能详尽的注释、与主选文相关的延伸阅读材料、发散性较强的思考与探讨题，部分重要篇段还配以声情并茂的诵读音频，或示范教学视频，希望能将国学中蕴含的精神正能量传递给每一位读者。

本书具体编写分工如下：杨芸负责编委组织协调和全书各章节内容质量把控，并独立负责第六专题“婚姻爱情”、第七专题“革故鼎新”的编撰工作；马飚负责初版结构性统筹，前言撰写和第四专题“刚正廉洁”的初步编撰；杨琇玮负责第二专题“修身自强”初步编撰，和第一专题“忠孝爱国”、第三专题“民本仁爱”的初步再版重编；刘细妹负责第五专题“自然和合”的初步编撰；吕素珍负责部分事务性工作。音、视频部分及其他二维码链接资源由各编委合作完成，不一一赘述。

除以上人员，我们还要衷心感谢侯德富、王学礼两位教授对本书编写出版各项工作的倾情关怀和大力支持，彭波教授在教学过程中对本书修缮工作提出的宝贵意见，洪博老师在音频录制工作中的倾情演绎，以及陈享冬、李浩老师对本书初版第二、三专题编写工作的辛勤付出。

本书编写工作于 14 年底开始酝酿筹备，16 年 8 月初版面世，至今已是第四个修订版。囿于编者水平，错漏恐仍难免，欢迎各位读者、专家批评指正。